O Amor de Um Mestre

"Uma crônica cândida e honesta da jornada de um jovem, navegando seus mundos internos e externos, enquanto era, intimamente, tocado pela forma do Mestre Espiritual. Uma ótima leitura".
– David Allen, autor de *Getting Things Done: the Art of Stress-Free Productivity*.

"Esse é um livro surpreendente sobre as viagens e o crescimento de dois de meus melhores amigos: J-R e Jsu. Se quiserem saber sobre os altos e baixos do trabalho com um mestre espiritual e se aquecer no amor incondicional que está presente, absorvam esse livro. Aqueles que não tiveram a experiência direta que Jsu e outros tiveram podem questionar o que foi escrito. Sugiro que suspenda a descrença e permita que o que foi escrito, assim como a energia por detrás cheguem à sua consciência, nem que seja por um instante. Você poderá tocar seu Eu Maior, que sempre está disponível, mas que nem sempre enfocamos".
– Gregory Stebbins

"É fascinante ler sobre a vida de Jesus e suas experiências únicas com J-R, ao longo das décadas. O livro é convincente, cheio de *insights* maravilhosos e histórias pessoais contadas a partir de sua perspectiva única. A pura devoção de Jesus a seu professor espiritual e amigo – tanto quanto sua jornada espiritual – é profundamente emocionante e inspiradora".
– Elaine Lipworth, jornalista premiada por suas publicações, incluindo *You Magazine*, *The Guardian*, *Harper's Bazaar* e *Thrive Global*.

"J-R era um Mestre Vivo ou Satguru. Enquanto tive o prazer e a honra de trabalhar com ele, ao longo de quatro décadas, Jsu teve a honra de viver e trabalhar com ele todos os dias. *O Amor de um Mestre* é uma oportunidade deliciosa (cheia de luz) de saber sobre o que é viver com um Mestre, de forma pessoal e íntima. J-R costumava dizer que 'ser comum é estar próximo de Deus'. Jsu exemplifica essa mistura maravilhosa de Deus no comum. Faça-se um favor: Peça a Luz e percorra os reinos internos, enquanto Jsu nos leva a uma viagem incrível para a consciência".
-Russell Bishop, autor de *Workarounds That Work*.

Reflexões sobre esse livro

Completei a leitura de seu livro *O Amor de um Mestre*. Cada sentença do livro mostrou sua intensa devoção a seu Mestre. Os Mestres Espirituais operam como seres humanos comuns e, ao mesmo tempo, como super-homens. Atender e cuidar de uma pessoa única, não é fácil e apresenta inúmeros desafios. De repente, ele precisa algo próprio de uma pessoa comum e, logo depois, ele é Mestre de tudo. Não precisa de nada, a não ser preencher as necessidades do outro. Jsu, você fez um grande trabalho cuidando de J-R. Elogio a seu Seva (Serviço)[1]! Estabeleceu um exemplo para que outros sigam. Envio-te meu amor e bênçãos do Mestre Maior!"

- Ishwar Puri

(**Iswar Puri** *é um iniciado de seu amado Satguru Hazur Baba Sawan Singh Ji, o Mestre Maior).*

---

[1] NT. Seva é uma palavra em sânscrito que significa "ato de serviço desinteressado" ou "o trabalho realizado sem nenhum pensamento de recompensa ou reembolso".

O Amor de Um Mestre

Rvdo. Jesus Garcia, D.C.E.

Scott J-R Publishing

©2018 Scott J-R Productions. Todos os direitos reservados.
Publicado por Scott J-R Productions
c/o Jesus Garcia, D.C.E.
1626 Montana Ave, Suite 624
Santa Mônica, Califórnia 90403
http://www.soultranscendence.com
utah7@mac.com

Impresso nos EUA
ISBN - 978-0-9996010-1-3
Número de Controle da Biblioteca do Congresso: 2018902758

Título original: The Love of a Master ©2017
Design da capa por David Sand e Maria Rajput – Designer XD e Scott J-R Productions
Copyright ©2018 Scott J-R Productions
Tradução para o português: Lana Barrera com o apoio de Alecsandra Matias.

Extratos do livro *O Guia*, de John-Roger, D.C.E.
©2011 Movimento da Senda Interna da Alma.

12 Sinais do Viajante, extrato de *O Caminho para Maestria*, por John-Roger, D.C.E.
©1976 y 1982, Seminários Teológicos para Paz & Universidade de Filosofia®

Extratos não publicados de John-Roger, D.C.E. arquivos/data-base
©2017 Movimento da Senda Interna da Alma

Abu Ben poema por James Henry Leigh Hunt (1784–1859)

Zenóbia: A Vida Real da Princesa Guerreira.
© 1997 Glenn Barnett

Pheidippides and the Marathon
©2017 Glenn Barnett

Extrato do artigo do *The New Day Herald* por David Sand
©2017 Movimento da Senda Interna da Alma

Fotos por Laurie Lerner. Copyright ©1988 Laurie Lerner

Fotos por Betty Bennett e David Sand
©2017 Movimento da Senda Interna da Alma

Fotos por Jesus Garcia. ©2017 Scott J-R Productions

Fotos de Sawan Singh por Ram Nath Mehta (tomadas1903 - 1948)

Dedicatória

Para meu amigo, Guia e Grande Mestre, Dr. John-Roger.

Sumário

Introdução . . . . *xv*
Prólogo *17*

1. Um Novo Capítulo Começa em Minha Vida *21*
2. Reflexões sobre a Morte e a Perda *27*
3. Começando a me Estudar *31*
4. O Banco Traseiro, me Arrastando à Trincheira Mentalmente *35*
5. Alguns Pensamentos sobre a Perda de J-R *39*
6. Uma Breve História sobre J-R *43*
7. No Começo (Pelo Menos Para Mim) *51*
8. Alcançando ao Viajante *61*
9. O Treinamento Começa *73*
10. Viajando com o Viajante *79*
11. Seguindo em Meu Caminho Espiritual *89*
12. Trabalhando para J-R *95*
13. Movendo Terremotos *103*
14. Histórias do Trabalho com J-R & Coisas Aprendidas *107*
15. Estar com J-R Foi Estar na Escola *113*
16. Conduzindo J-R *125*
17. Mais do que o Encontro dos Olhos *131*
18. J-R e Minha Carreira de Ator *137*
19. A História de Scott *149*
20. Pesadelos *155*
21. Minha Ordenação *159*
22. O Trabalho Invisível de J-R *167*

23.	Mais Viagens com o Viajante	*175*
24.	Viajando sem J-R	*225*
25.	A Vida é uma Maratona	*233*
26.	Heróis e Julgamentos	*239*
27.	Integridade	*249*
28.	Marcos Históricos: Mudanças pelo Caminho	*253*
29.	Pequenos Milagres	*271*
30.	A Vida é Apenas um Sonho	*277*
31.	Experimentando Graça	*285*
32.	Fazendo o Primeiro Filme	*291*
33.	Mais sobre Fazer os Filmes	*297*
34.	O que o Espírito Quer, o Espírito Consegue (ou as Coisas Podem Ficar Realmente Tensas)	*313*
35.	Técnicas para Seguir pela Vida	*317*
36.	Escola e Escolas de Mistério	*325*
37.	Sobre Relacionamentos & Amar	*329*
38.	Na Vida, Todas as Coisas Boas Chegam a um Final	*333*

Epílogo *337*
Posfácio *341*
Apêndice A - Recursos *347*
Apêndice B - Os 12 Sinais do Viajante *351*
Apêndice C - Glossário de Termos *363*
Agradecimentos *377*
Sobre o Autor *387*

J-R: Sabem, com amigos se verifica a realidade o tempo todo. Por exemplo, Zeus é um dos meus melhores amigos. Por Deus! Vejo se ele está acordado ou se está dormindo. Eu verifico a realidade frequentemente com você?

Zeus: Sim

J-R: Ele vai me dizer uma coisa. Eu direi: – Deixe-me ver isso. Ele se levantará para me trazer algo e eu vou olhar para ele e direi: – Seu danado, isso é muito bom. Esse cara está relatando o real com precisão. Então, um dia ele me diz algo e eu digo: – Deixe-me ver. Ele diz: – Eu não tenho nada. Só tenho isso. Começo a confiar muito nisso. Mas nunca dou tudo, porque aquele pode ter sido o momento em que confiei muito e havia algo errado que poderia ter pegado. Então, chego ao ponto em que confio, mas também verifico. E eu digo: – Você verifica e eu também. Logo ao compararmos, teremos a mesma informação.

– JOHN-ROGER, DCE (RANCHO WINDERMERE, DURANTE UM TREINO PAT, 1991).

"Pauli Sanderson, Zeus e eu saímos para cavalgar por uma hora e dez ou quinze minutos, e nunca corremos – pensei que fizemos aquilo, apenas para infernizar, mas, o que fizemos foi observar padrões de erosão. E passamos super bem, comentando sobre o que víamos e como aquilo era lindo – e duvido que faríamos o que falamos, mas, puxa foi superdivertido socializar".

– JOHN-ROGER, DCE (REUNIÃO DE DIRETORIA EM MARCIELO, SANTA BÁRBARA, 1992).

"Agora, essa noite, eu quero lhe mostrar uma técnica da Corrente do Som, essa coisa como qualquer outra coisa no mundo, precisa ser praticada, para que se torne familiar a você. Assim, não vamos escutar o que chamamos de som físico aqui. Vamos escutar o que chamamos de fluxo audível da Corrente do Som. E para fazer isso vamos nos conectar, simplesmente cantando o tom da Corrente do Som e, depois de cantar por cerca de cinco minutos, nos sentamos para escutar. **Agora, o que pode ajudar esse exercício é colocar sua atenção sobre o Tisra Til ou a assento da Alma.** *O ser básico de nossa consciência, que reside primariamente no mundo negativo, resistirá ao impulso espiritual. Prepare-se para isso. Quando você começar a mover a Corrente do Som para esse nível, ele fará todo o possível para lhe parar. Mas, também sei que nenhuma Alma se perderá. Isso quer dizer, que existirão oportunidades e oportunidades e oportunidades. Mas, se puder fazer isso agora, porque não, certo?"*

– JOHN-ROGER, DCE.

Introdução

Meu nome é Jesus Garcia. Meu professor e guia espiritual é John-Roger, também conhecido como J-R.

J-R me chamava de "Zeus". Escrevo este livro para dar uma olhada na vida com um mestre espiritual e um "guerreiro espiritual", para compartilhar minhas experiências e para colocar as coisas em um contexto, com o propósito de que as pessoas que não conheceram a J-R fisicamente, como eu, possam entender melhor quem ele foi e de onde veio.

Também escrevo este livro para explorar as coisas que aprendi, tanto dele como de mim mesmo, no processo de estar com ele praticamente 24 horas ao dia, sete dias na semana, por 26 anos. Por muitos desses anos, fui seu braço direito e os únicos momentos em que estive distante foram quando produzia, dirigia ou atuava em filmes.

Muitas das coisas que falarei não foram apenas aprendizados para mim, mas podem ser lições de valor para outros. Estou consciente que, todos que foram tocados por ele, têm já sua própria experiência interna, portanto, as minhas são apenas uns poucos exemplos ao redor do mundo. E claro, estou escrevendo este livro para eu mesmo, a fim de capturar melhor minha experiência com J-R. Quero completar o que ele me recomendou anos atrás no rancho de Windermere.

Recordo certa vez que J-R me pediu para tirar fotos e fazer um álbum. Ele disse que tudo aquilo iria passar muito rápido. Ele tinha razão. Por isso, quis escrever este livro enquanto estava fresco e me lembrava de como vi as coisas. Peço desculpas se deixo de fora nomes de pessoas ou se vi algo de uma forma e não de outra. Sei que o amo e espero que vocês saibam disso também. Estou escrevendo para que nunca me esqueça disso.

Agora é 2014. No momento em que terminarei este livro será 2017. J-R já terá ido por três anos. Ele definitivamente estava certo, estive com ele por 26 anos, a vida veio e saiu como se o tempo não tivesse passado. Ter vivido essa vida, ser muito grato e estar consciente disso, é uma bênção.

John-Roger veio a esse mundo pelo breve período de 80 anos e tocou milhões. Como sou grato por ter conhecido esse homem que sustentava o ofício a que chamamos de Viajante Místico e também o de Preceptor, uma consciência que aparece sobre a terra apenas a cada 25.000 anos. Eu fui puxado para sua órbita e simplesmente amei isso.

Espero que este escrito toque seu coração e desperte algo dentro, como John-Roger despertou em mim.

Prólogo

John-Roger passou ao Espírito, em 22 de outubro de 2014, às 2h49. Foi o fim de uma vida que me alterou completamente e me definiu.

O mais difícil para mim foi escutar o momento em que J-R soltou seu último suspiro e percebi que ele se fora de verdade. Levava esse fato para casa, quando uma pessoa me disse: –Isso é para o preceptor, ele se foi.

Muitas pessoas perdem um professor ou um guia, mas eu perdi muito mais, perdi um amigo.

Sempre pensei que no final seria apenas eu e Natanael Sharrat com J-R. Cuidamos dele por muitos anos. Entretanto, quando J-R faleceu no hospital, havia muitas pessoas presentes. Além de mim (e obrigado por isso) e Natanael, os demais presentes foram John Morton, Paul Kaye, Vincent Dupont e Mark Lurie. Esses últimos três são os que movem a organização MSIA e são conhecidos coletivamente como a presidência. A forma como estávamos posicionados ao redor de J-R veio como certa visão que obtive do Espírito.

J-R podia me enviar quadros através dos sonhos ou dos exercícios espirituais e eu verificava no mundo. Nesse particular, tenho visto John Morton na cabeça de J-R, os presidentes do MSIA à direita, Natanael à esquerda e eu aos pés dele.

Quando J-R, mais tarde, escolheu essas pessoas para estar no hospital, era a confirmação da visão que recebera. Assim, contei aos outros a visão que tivera e eles concordaram ser uma formação apropriada, quando o momento chegasse. O principal propósito dessa visão foi o de que todos nós rodeássemos o corpo de J-R, que eu considerava como o corpo do Cristo, de uma forma específica. Uma âncora simbólica para harmonia contínua que experimentamos um mês atrás em Israel no aniversário de 80 anos dele.

Sei que muitos dos leitores podem não concordar com a descrição, mas, minha experiência foi de que incorporava o espírito que as pessoas chamavam de Cristo.

J-R era uma pessoa única. Parte dessa singularidade era sua grande sensibilidade à "energia" dos outros, especialmente de seus "estudantes". Geralmente, ele não compartilhava publicamente como se sentia ou o que estava acontecendo com ele, em particular quando estava no hospital, porque as pessoas podiam se preocupar e ele teria que lidar com a energia de medo e preocupação vinda deles, quando já tinha mais que suficiente para lidar e se manter respirando. Assim, aqueles que estavam no hospital eram essas pessoas que sabiam o que realmente estava acontecendo.

Por causa de nossas respectivas posições de responsabilidade e autoridade, na organização MSIA, ao longo do tempo – principalmente, quando J-R passava menos e menos tempo consciente em seu corpo e mais tempo meditando em Espírito – tivemos nossos momentos de desacordo. Posso dizer-lhe que nada disso estava presente enquanto ministramos para J-R. Só havia amor na sala. Estávamos em harmonia internamente e entre nós, quando ele faleceu.

Pensei que estar no momento de sua passagem fosse a coisa mais linda e a mais dolorosa que poderia ver. Estar aos seus pés significou muito para mim, porque foi como uma conclusão. Houve um momento em que eu estava passando por uma experiência muito profunda durante um equilíbrio de aura em Las Vegas e ele estava aos meus pés. Senti que estar nessa localização quase primitiva era uma forma de mostrar meu apreço por ele ser minha fundação e por me sustentar todos aqueles anos. Eu iria sustentar ele agora.

Prólogo

Pensei que a localização daqueles que estavam presentes era muito importante. Tinha haver com a energia sobre a qual estava consciente e o que vira em Espírito. Por muitos anos, J-R persistiu que queria ser cremado dentro de três dias. Natan e eu sempre protegíamos o corpo dele quando estava meditando ou doente. Aquilo não era diferente.

Sabia que a Alma de J-R sairia pelo *chakra* da coroa e era esse que John Morton cobria. Alguns anos atrás, John Morton aceitara o manto e ser âncora para a consciência Viajante Mística. J-R costuma dizer que seria bom para ele porque John um dia cuidaria dele. Aprendi mais tarde que tradicionalmente o novo Viajante era o que assistia ao Viajante anterior em seu caminho. Assim, acreditei ser apropriado que John fora aquele a estar na direção da cabeça de J-R, como parte de sua responsabilidade.

Eu sabia que meu trabalho era basicamente me certificar de que ninguém manipulasse J-R ou entrasse pela planta de seus pés. Os outros os protegiam pelos lados. Sabia que minha intenção e dos demais presentes era que nenhuma espécie de poder negativo passasse por nós e alcançasse a J-R.

J-R nos avisou, através dos anos, sobre energias ou entidades que poderiam ser atraídas a possuir espiritualmente um ser tão poderoso como ele, quando fisicamente deixasse o planeta. Estávamos todos ali para proteger J-R enquanto ele atravessava seu processo.

E fizemos isso. E o fizemos em completa cooperação entre nós. Amamos nossa camaradagem quando estivemos em Israel. Era uma ação Crística, todos nós juntos.

"A centelha da Alma estava em toda parte, suas bochechas estavam rosadas".

CAPÍTULO 1

Um Novo Capítulo Começa em Minha Vida

Eu me lembro de ver J-R saindo e enviando Luz e eu sustentando para ele. No meio daquilo, também estava consciente de que haveria um novo trabalho para mim. Quando J-R fez planos para sua partida desse nível, ele providenciou um advogado para fazer uma carta, dando poderes para que eu e Natanael tomássemos decisões sobre os médicos, quando ele já não pudesse mais fazer as escolhas. Foi uma tarefa bem desafiadora e posso dizer, com toda humildade, que fiz isso com excelência.

Não sei se alguém pode imaginar o que eram os dias enquanto J-R declinava. J-R era muito reservado quanto a si mesmo, especialmente quando estava muito doente. Para protegê-lo das energias de preocupação e medo dos outros, mesmo dos que estavam mais próximos, nunca deixei de vigiar a ninguém. Meu amigo Natanael Sharratt era uma pessoa que estava comigo nisso e era com quem podia compartilhar meus sentimentos. Obrigado Deus, por Nat!

Depois que todos deixaram a sala do hospital, meu trabalho era ficar ali junto com Nat, até que buscassem o corpo de J-R. Então, poderíamos seguir em frente com o procedimento da cremação. J-R fora bem claro de que preferia seu corpo cremado em até três dias. Mas, em nossas leis atuais levaria até sete dias. Nat e eu vigiamos

O Amor de Um Mestre

para que o corpo de J-R ficasse em segurança e o mantivemos até que transcendesse.

Enquanto vigiávamos o corpo de J-R, todo o procedimento parecia ser bruto – e de certa maneira era bruto. Mas, conseguimos que um serviço de cremação providenciasse o processo e eles fizeram-no com muito respeito.

Estranhamente, depois de sua passagem, o corpo de J-R parecia saudável, como não parecia havia muito tempo. Nem eu ou Nat podíamos acreditar naquilo. Escutei história sobre Paramahansa Yogananda e como o corpo dele se preservou após sua morte. E acreditei nisso, porque J-R parecia preservado. Ele parecia ótimo. Ele parecia mais saudável do que enquanto vivo nos últimos seis meses. A centelha da Alma, a essência, estava em toda parte. Suas bochechas estavam rosadas. Talvez, aquele fosse um sinal de quanto J-R estava carregando para nós, talvez pelo planeta. Ele foi capaz de soltar tudo.

Mais tarde, Nat e eu acompanhamos o corpo de J-R até o crematório. Não pude chorar por meu amigo naquele momento. Não tive esse luxo. Precisava estar junto para lidar com todos os detalhes que seguiram sua morte. Mas, agora choro enquanto relembro esses detalhes. Foi difícil. Agora, depois de oito meses que meu amigo e professor – a quem eu considerava como o Cristo, faleceu. Tudo se quebrou. Pensei que descansaria e que J-R nos deixara algo lindo, mas, agora experimento mais intensamente sua perda.

Estranhamente, também, havia uma ressurreição em meu interior, com relação a tudo, se colocar carne e sangue nisso, penso que o retorno de Jesus é muito semelhante ao retorno de J-R. Inicialmente, o senti muito longe, em outras vezes, o sinto em sua casa, onde continuo a viver por agora. Sinto a presença do Espírito Santo me consolando. E agora, depois de todos esses anos de devoção e atenção a J-R em tempo integral, tenho Nicole, enquanto escrevo isso, ela é um consolo. Ela ajuda a me manter mais pacífico para assim ficar mais aberto a experimentar a presença de J-R.

Um Novo Capítulo Começa em Minha Vida

Não existe nada mais surpreendente do que sentir a solidão interna e, ao mesmo tempo, ser visitado por J-R. Com cada vez mais frequência, ele vem a mim através dos sonhos. Quando isso acontece, existe uma presença, uma sensação de que me sustenta. Em outros momentos, é como se ele estivesse sentado ao meu lado quando dirijo o carro dele.

Sinto agora que, definitivamente, estou finalmente triste e de luto. Por anos, levei J-R em seu carro por todas as partes. Ou talvez, possa dizer carros, pois foram alguns, ao longo dos anos.

Quando comecei em sua equipe, eu quis ser o motorista de J-R. Eu via John Morton dirigir para J-R e eu queria esse trabalho. Um dos primeiros carros que dirigi, foi um Lincoln marrom do qual a placa dizia VIAJANTE. Também houve um Lincoln azul, que tinha dois tanques de gasolina – produto da crise de gasolina dos anos 1970 (J-R sabia como funcionava). Eu dirigia o Lincoln azul e quando o primeiro tanque estava por esvaziar, precisava descer e girar o botão para ativar o segundo tanque. Depois, veio uma sucessão de Lexus e uma vez um Range Rover.

Menciono carros porque dirigir foi minha vida. Eu me lembro de como lutava para ficar acordado, enquanto J-R averiguava as fitas SAT, os CDs e outros produtos de mídia que a Now Production gravava, enquanto ele apresentava um seminário. Eu corria para me assustar e assim ficar acordado. E nos momentos em que J-R caia no sono no carro, roncando suavemente, eu evitava entrar em buracos. Precisava de uma maestria na direção para dirigir, quando J-R deixava seu corpo para fazer o trabalho. Tempos loucos.

Agora com frequência sonho que dirijo para ele em seu carro Lexus 2008. No passado, quando tinha esses sonhos, John dirigia o Lincoln marrom ou o Jeep e eu estava no banco de trás (eu não gostava daquilo e meu lado competitivo da personalidade surgia, queria ser o motorista). Agora, me encontro na cadeira da frente, como uma metáfora, conduzindo o Mestre.

O Amor de Um Mestre

Tive um sonho em junho de 2015, no qual tentava encontrar que direção tomar. Não sabia se para direita ou esquerda. Nesse sonho, não podia ir à parte alguma, procurava por J-R e parecia que ele me dizia para chorar. Tudo que estava fazendo no carro era estar triste. Era como se J-R me dissesse que não poderia prosseguir até que lidasse com meu luto.

"O que me toca é o que Uta Hagen se refere em seu livro, O Desafio de um Ator, como objetos internos. Ela diz que algo acontece na psique para recordar um evento em relação a um objeto e quando se toca ou se vê esse objeto esse traz a memória de volta".

"(Com relação ao luto) Sei que ficar jogado por aí, não ajuda. Já tentei isso. Fiquei por aí, mas J-R já se foi e eu ainda tinha que lavar meu prato".

CAPÍTULO 2

Reflexões sobre a Morte e a Perda

Hoje, enquanto escrevo, Beau, o filho do vice-presidente Joe Biden, faleceu e eles estão fazendo o serviço funerário. Penso que não existe nada pior que um pai enterrar seu filho. Nunca pude entender esse tipo de tristeza, pois é preciso compaixão. Raramente, se pode entender a profundidade da experiência até que se passe por algo semelhante.

Aos 23 anos, perdi meu meio-irmão Carlos. E vi como isso afetou minha mãe. Não pude entender na época. Mas, agora perdi minha avó e John-Roger, no mesmo ano. Acho que consegui uma dose substancial de empatia. Com essas experiências em meu cinturão, meu coração vai até as pessoas que perderam membros da família e amigos e, agora, posso entender a tristeza deles. Agora, sei como é difícil dizer às pessoas que as coisas vão melhorar. Li de verdade os passos do luto e toda a psicologia do processo e acredito que intelectualmente captei que as coisas melhoram com o tempo. Mas, no momento, isso não conforta.

Também sei que a maioria das pessoas que perde alguém precisa digerir isso e voltar às suas vidas e ao trabalho. Ainda não sei como eles fazem isso. Por sorte, não precisei seguir esses passos. E tenho grande respeito e compaixão por aqueles que precisam voltar à rotina de trabalho. Mas, talvez, ser forçado a confrontar a nova realidade ajude. Sei lá, acho que não existe uma resposta certa para todos. Só posso falar por mim. Sei que ficar deitado por aí, não ajuda, tentei isso. E depois de deitar por aí, J-R continuava não estando e eu ainda tinha que lavar meus pratos.

Mas, eu ainda vivo na mesma casa que foi de John-Roger desde 1988. Não me incomoda ficar por aqui. Amo as fotos, o conforto da familiaridade e isso é realmente sanador. Não é de forma alguma estranho ou assustador.

O que me pegou foi o que Uta Hagen se refere em seu livro, *O Desafio de um Ator*, sobre os objetos internos. Ela diz que algo acontece na psique, ao recordar um evento em relação a um objeto, ela diz que: "Ao se tocar ou se ver um objeto, ele traz uma memória de volta". Nada ficou tão aparente ou tão claro sobre o significado de um objeto interno, como quando toquei sem querer a cadeira de rodas de John-Roger outro dia. Isso soltou minhas amarras. Toquei o braço de sua cadeira de rodas e tudo fluiu por mim, tudo veio à tona. Não podia acreditar naquilo. Você nunca sabe o que pode lhe soltar, essas coisas não são ruins. Não são eventos para julgar; é apenas vida cotidiana, como o aroma das roupas dele. Simplesmente coisas que amo. Menciono isso, pois talvez essa tomada de consciência possa ajudar alguém.

"Ele era um grande homem, acima de tudo. Meus olhos não verão mais ninguém como ele".

– WILLIAM SHAKESPEARE (*HAMLET*)

"Acredito que seria o ideal, se tivéssemos salas de autoconsciência, onde pudéssemos ir e ser autorrealizados, caminhando por aí nesse estado no mundo. Acho que teríamos um mundo muito melhor".

CAPÍTULO 3

Começando a me Estudar

Quando este livro for publicado, se passaram três anos desde que J-R faleceu e terei concluído os estudos em Psicologia Espiritual com os Drs. Ron e Mary Hulnick na Universidade Santa Mônica, fundada por John-Roger. Há muito o que aprender, usando as técnicas trazidas por John-Roger, Carl Jung, Erik Erikson, Carl Rogers, Fritz Perls e muitos outros, pois são muito mais expansivas que a psicologia acadêmica. O mais interessante é como podemos combinar técnicas psicológicas e talentos, como a intuição – que é a parte espiritual, e realmente fermentar isso, como parte do crescimento. O programa da USM se inicia com o despertar para o estudo da Alma de uma maneira acadêmica/científica/fundamentada. E é mesmo muito legal.

Cheguei a esses estudos pela parte espiritual, através de meu trabalho com John-Roger no Movimento da Senda Interna da Alma (MSIA) e pelos Seminários Teológicos para Paz & Universidade de Filosofia (PTS), essas escolas existiam para mim já anos atrás, desde um algum lugar longe, antes de nascer. Ainda tenho a memória de um encontro com seres antes de nascer e que me mostraram como desceria e seguiria meu caminho.

Agora, estou em meu caminho, parte do qual é servir a J-R e me manter conectado à Corrente do Som, dentro das escolas de mistérios, nas quais estou para aprender consciência.

O Amor de Um Mestre

Acredito que seria o ideal, se tivéssemos salas de autoconsciência, onde pudéssemos ir e ser autorrealizados, caminhando por aí nesse estado no mundo. Acho que teríamos um mundo muito melhor.

Autoconsciência é o que mais busco agora, isso é ser consciente do que está ao meu redor, através de mim e à minha frente. E então servir Deus e ao Senhor, estar aqui e estar a serviço (E Deus, se eu puder ser um ator, isso seria ótimo).

Antes de me envolver em qualquer estudo espiritual, estava em uma escola para atores com pessoas, como Stella Adler, Uta Hagen, Howard Fine, Peggy Fury e John Abbott. Todos alinhados com isso: tudo era momento a momento. Estar no momento, promove autoconsciência. Nessas aulas, não aprendíamos autoconsciência em nosso trabalho como ator ou como artista, mas a sermos autofocados. Howard Fine me disse, enquanto filmava o *Guerreiro Espiritual*, que atuar é uma ação reveladora sem dissimulações. Esse é meu caminho. Isso é atuar – e isso é o mesmo na vida.

CASSIUS: Adeus para sempre.
Realmente se nos virmos, sorriremos.
Sendo o oposto, foi bom nos despedirmos.

BRUTO: Muito bem, avançai. Oh!
Se soubéssemos o fim dessa jornada, antes do início!
Mas basta que esse dia chegue ao término,
que o fim já saberemos. Vamos! Vamos!

– WILLIAM SHAKESPEARE (JULIUS CESAR)

"Mais do que o estrondo das águas impetuosas, mais do que as ressacas do mar, o Senhor nas alturas é poderoso".

– Nova Bíblia Standard, Salmo 93:4

CAPÍTULO 4

O Banco Traseiro, me Arrastando à Trincheira Mentalmente

Se nada mais tirar deste livro, pelo menos, leve meu sentido honesto de devoção, que ficará à frente de seu rosto. Não quero me gabar, apenas quero compartilhar minha história, o mais honestamente que puder. A amo. Consegui ser grande em devoção. E com a passagem de J-R, me encontrei refletindo sobre minha vida.

Uma de minhas lembranças hoje é a de meu padrasto batendo em minha mãe. Quando criança meu padrasto costumava bater em minha mãe implacavelmente. Eu tentava intervir, mas a boa sorte era que ele era um homem forte e grande e eu um menino franzino. Costumava acontecer no carro e depois de uma inútil tentativa de fazê-lo parar, eu rastejava para o piso do assento de trás. Podia simplesmente ficar ali encolhido, desamparado, esperando que tudo passasse. Estou sentindo essa inutilidade e desamparo, hoje, com 50 anos de idade.

No meio desse desamparo, tive uma tomada de consciência sobre as pessoas que sentiam raiva de mim. No momento em que sentia algo como um confronto, eu simplesmente queria desmoronar e escorregar para trincheira. Ou em meu caso, no piso do banco de trás. Aquele era um lindo espaço para as pessoas do banco de trás.

O Amor de Um Mestre

O banco de trás é bem familiar para mim, assim como escorregar para a mentalidade de trincheira. No momento em que me encontre em alguma situação, na qual exista uma discussão, violência ou gritos, tenho a tendência de me esconder. Quando estou em encontros nos quais existem conflitos, tendo a me tencionar e me preparar para o pior. O que eu sei é como o J-R me fez expandir, colocando-me em posições de liderança para que eu aprendesse a ser mais forte. Havia uma parte de mim que queria desmoronar e J-R me encorajava a ficar forte. O risco de sair da minha zona de conforto e pedir o que eu queria, tal como solicitar papéis em um filme, também fazia parte disso. Eu estava sempre indo para audições para me tornar mais forte. Ele estava me empurrando para que eu permanecesse forte em minha integridade sem me machucar e tão pouco aos outros. Era cuidar de mim mesmo em vez de ser do contra.

Eu preciso me perdoar em relação às minhas crises. J-R sempre disse que somos responsáveis pelo que acontece em nossa vida. Eu permiti, promovi ou criei.

Nas escolas laicas, a perspectiva se concentra mais no mundo físico/material. No reino da psicologia espiritual, como na Universidade de Santa Mônica, eles trabalham arduamente para que entenda sua intenção, sua responsabilidade e sua aceitação de qualquer problema. Eu realmente gosto disso porque "ensina o homem a pescar", em vez de dar o peixe ao homem. Constrói fortaleza e independência. Eu acho que é importante que existam escolas como estas; elas ensinam as pessoas a pensarem por si e não a culparem os outros. Essa é a chave.

*"Coisas que são bem-feitas e cuidadas,
se isentam do medo"*.

– WILLIAM SHAKESPEARE (*HENRIQUE VIII*)

"Tudo está ótimo, mas pessoalmente ... Uau! Eu sinto falta do John-Roger. Mesmo estando frágil e envelhecido como ele estava, eu ainda estava apegado a ter ele por aqui conosco; comigo".

CAPÍTULO 5

Alguns Pensamentos sobre a Perda de J-R

Desde a passagem de J-R, através dos dias e semanas, minhas experiências nos reinos internos têm sido incríveis. Capto mais em meus sonhos. Com toda devoção e com todo o aprendizado que veio de John-Roger, realmente, me destaquei na abertura dos mundos internos. Joguei o papel de estudante muito bem. E gosto muito disso.

Então o que ficou comigo é a realização dessa abertura e conhecer minha competência nas formas, como J-R me ensinou como fazer as coisas. E o que está bem claro para mim, é como eu me amo e amo a outros e como as coisas mudaram dramaticamente para mim depois da morte dele.

Claro que as coisas não mudaram apenas para mim. Depois da passagem de J-R, ocorreu definitivamente uma mudança em meu universo. J-R estabeleceu que – para que pudesse ter um substituto para carregar as chaves como parte de seu trabalho nesse planeta – treinaria um sucessor muito bem e esse foi John Morton. A presença de John-Roger e o que experimentei nele, como a Consciência Preceptora, se foram; e essa energia, que era tão prevalente nesse planeta, não está mais aqui. Então, podemos sentir sua ausência – bem, pelo menos, eu posso sentir isso. Mas, se você conhece o trabalho de Jung sobre o inconsciente coletivo, saberá que tudo está conectado. Então, isso quer dizer que J-R em Espírito está conectado a todos nós nesse momento, nós não estamos separados. Separação é uma ilusão.

Tudo está ótimo, mas pessoalmente ... Uau! Eu sinto falta do John-Roger. Mesmo estando frágil e envelhecido como ele estava, eu ainda estava apegado a ter ele por aqui conosco; comigo. Tenho falado com outros que não eram tão próximos de J-R e a perspectiva deles era que depois da passagem de J-R, eles ainda se sentiam conectados a ele. Assim, claramente era meu processo de perda. Todos tinham uma conexão com John-Roger e John Morton.

Com frequência J-R me disse que Jesus era o chefe dele. Na linha espiritual de sucessão, vemos que Jesus e J-R eram os chefes de John. Senti que estávamos em boas mãos. Também reconheço John Morton como o Viajante presente, ancorando a energia do Viajante na Terra. É uma época maravilhosa.

Estar também apaixonado por minha noiva Nicole é como um presente de J-R. Eu a amo profundamente. Em última instância, o que J-R me ensinou foi me amar. Portanto, ainda estou trabalhando no aprendizado de me amar. Enquanto isso, amo Nicole. Amo e sinto saudades de J-R.

Na verdade, acho que existe algo cosmicamente engraçado em tudo isso. Como J-R costumava dizer: "Se for rir de algo depois, melhor rir agora". Assim, estou rindo.

*"Não há nada bom ou nada mau,
mas o pensamento o faz assim".*

– W̶illiam S̶hakespeare (*H̶amlet*)

"J-R compartilhou inúmeras histórias como essas sobre sua infância e a família. A partir desses contos, parece que seus pais eram seus principais professores".

CAPÍTULO 6

Uma Breve História sobre J-R

Muito do que vou relatar não foi grande no esquema das coisas. J-R raramente falava sobre essas coisas. Mas, acho que vocês gostariam de um pouco de contexto já que falo tanto sobre J-R, portanto, aqui vamos.

J-R nasceu como Roger Delano Hinkins, em 24 de setembro de 1934, bem no meio da Depressão. Cresceu em Utah e era considerado parte da geração dos "silenciosos". Essa era a geração de cerca 50 milhões de pessoas que nasceram entre 1925 e 1945. Eles experimentaram instabilidade financeira e foram os que lutaram na II Guerra Mundial e na Coreia.

A família dele não tinha muito dinheiro, mas sempre teve abundância de amor, porque os fundos eram escassos nesses primeiros anos; em um natal as crianças Hinkins – dois meninos e três meninas, só encontraram pedaços de carvão em suas meias de natal. Mas depois de deixar Roger e seus irmãos pensarem um pouco, o pai deles disse que iria sair e que eles podiam pegar os sapatos. Eles correram para pegar os sapatos e com os sapatos encontraram seus presentes.

J-R compartilhou inúmeras histórias como essas sobre sua infância e a família. A partir desses contos, parece que seus pais eram seus principais professores e a fonte de muitos de seus ensinamentos posteriores.

J-R relata que, em 1957, lhe foi perguntado pelo Espírito se aceitaria o manto do Viajante. Como ele mesmo conta, recusou. Por volta daquele tempo, seu irmão sofreu um acidente nas minas de carvão que o machucou bastante, literalmente queimou grande parte de seu rosto. J-R deixou o trabalho dele e aceitou outro no hospital, onde seu irmão estava em recuperação para que pudesse ficar com ele.

E então poderosas mudanças de vida pessoal se seguiram nos anos seguintes. J-R não falou sobre coisas específicas, mas em seminários contou que o Espírito lhe pedira que levasse duas Almas de volta ao Reino da Alma e ele concordou. E ele disse que essas Almas eram as de seu pai e de sua mãe.

J-R também compartilhou comigo algo que aconteceu naquele período. Disse que havia uma jovem que ele amava; que tinha um filho chamado Scott. Ambos morreram devido a um acidente de carro. Devo dizer que existem momentos em que você escuta as coisas e pensa "isso é interessante"; outros em que escuta algo e sabe que é verdade de alguma maneira, de alguma forma – essa história foi para mim. Quando eu e J-R escrevíamos o roteiro do *Guia*, incluímos esse incidente no filme, mas como foi uma cena rápida, acho que muitos a perderam. Não estou dizendo isso aqui para tentar convencer alguém de algo. Você pode acreditar ou não. Isso são apenas coisas que J-R compartilhou comigo de como foi a vida dele. Não são informações para minha mente, isso foi o que experimentei enquanto falava com ele sobre isso.

Dos seus ensinamentos, é evidente que J-R está fundamentado firmemente na realidade e na praticidade do mundo físico. Ele sabia que para prosperar espiritualmente, você precisa cuidar das responsabilidades do nível físico. Ele costumava dizer que a vida não é uma carona gratuita, você precisa de um trabalho se quiser ficar por aqui. Se alguma vez, saiu para comer com J-R, veria seu

Uma Breve História sobre J-R

tempo-de-Depressão, refletido na escolha de sua comida. Seus gostos eram muito modestos. Ele era um "comedor" muito simples. Falando em comer, J-R me contou a história de um guru que costumava comer muito. Quando seus espectadores o julgavam, o guru explicava que era como ele comia o karma de seus estudantes. J-R me disse que ele fazia o mesmo. Algumas vezes, ir ao banheiro era uma forma de se purificar. Mas, essencialmente, J-R era uma esponja. Isso é o que o amor faz.

Ele levou muito karma das pessoas ao redor dele. Isso era a coisa com J-R, se alguém tinha câncer, se lhe fosse permitido, ele o levava. Se alguém estava passando um momento difícil, se separando e lhe fosse permitido, ele retirava o karma. Não acho que era fácil, mas como J-R não estava apegado ao mundo material, essas coisas podiam passar por ele. Ainda acho que ele pagava certo pedágio em seu corpo de alguma forma.

Ver J-R em seu papel como Viajante Místico sempre foi incrível. Mas, uma das coisas que me fascinava, enquanto trabalhava no documentário sobre sua vida, *Viajante Místico*, era imaginar como era J-R antes de carregar as chaves que mudaram completamente sua vida. Sei que ele cresceu em Utah e que seu pai trabalhou nas minas, até que conseguiu um emprego de gerente. Sei que ele trabalhou até conseguir ser gerente em uma loja de cornetas e foi à universidade em Utah. Ele trabalhou em um presídio por um tempo, então, se mudou para Califórnia, onde era um ávido surfista. Viveu em São Francisco, onde se tornou um investigador particular, logo depois, foi para Los Angeles, onde passou a ensinar em uma escola. Mas, fora de sua família, poucos sabiam da vida de J-R. E eu não estou certo sobre a vida pessoal dele, depois que deixou Utah (Nota: se você gostaria de obter mais informações sobre a história pessoal de J-R, ele estava próximo quando escrevemos o filme *Viajante Místico*. O filme é preenchido por anedotas sutis e não tão sutis sobre a vida de J-R. Você pode ver o quanto consegue captar).

O Amor de Um Mestre

Em uma das viagens anuais a São Francisco, eu, Natanael, Zoe (Golightly), Lumiere e Eddie Chow – amigos do Movimento e residentes da área – decidimos fazer alguma pesquisa para o documentário *Viajante Místico*. Como codiretor com J-R, queria captar o ambiente onde J-R esteve por aquele período de sua vida. Então, saímos na chuva para ver se podíamos verificar algumas histórias que escutamos dele, quando jovem antes que iniciasse seu trabalho espiritual.

A história que conseguimos acontece por volta dos 24 anos, quando ele foi um investigador de fraudes de seguro, em São Francisco. Então, fomos a um endereço perto do distrito de Tenderloin, que J-R mencionou como um lugar que ele viveu, encontramos o local e estávamos bem impressionados por ter podido localizá-lo. Mas, também foi algo como "tudo bem, e agora?" Percebi que reconstruir a vida mundana de J-R era uma forma de me ajudar a perceber o que ele experimentou antes de sua jornada para procurar Deus que estava incorporada em seu DNA.

Para dar uma ideia do lado combativo de J-R, segue uma história que ele contou sobre quando deixou São Francisco, no livro *O Guia*:

> Algumas das maiores pessoas no mundo disseram algo assim: -Conheça a si mesmo para que você mesmo seja a verdade.
>
> Quando eu estava por volta dos 20 anos, vi no topo de uma escola secundária em São Francisco a seguinte placa: "Seja você mesmo sua Verdade". Recordo-me de parar o carro e pensar: Por que eles colocariam algo tão confuso, no topo de uma escola secundária? Por que não colocaram algo mais simples, como: "Saúde, Bem-estar e Felicidade". Isso é universal, todos querem saúde, bem-estar e felicidade. Mas, "que você mesmo, seja sua verdade" parecia para mim uma perda de tempo.
>
> "Desonestidade, impede a ajuda divina". Mas, nunca vi onde estava sendo desonesto, sabia que não podia dirigir o carro se o tanque estivesse vazio e que receberia uma multa, porque não

Uma Breve História sobre J-R

podia mover o carro. Então, pensei: Que diferença faz? Eles vão me multar de toda forma, assim vou estacionar aqui, mesmo que não esteja sem gasolina, portanto, sigam em frente e me multem. Isso era a mesma coisa em minha mente, mas ainda assim algo em mim poderia dizer: "Com quem está brincando?"

Sabia que depois de dois anos, deixaria aquela cidade e o estado e eles não saberiam para onde eu iria, assim, todas aquelas multas seriam gratuitas na cidade. Bem, eles me deram um bom acordo, acho que estacionei em qualquer lugar em São Francisco por dois anos e meio por 50 centavos ao dia.

Eu me lembro do juiz, um lindo homem. Ele me olhou e disse: –O que pensa que está fazendo? E eu respondi: –Acho que vou me sair bem dessa.

Ele se sentou ali e me fez perguntas e eu simplesmente as respondi, mas minha atitude não era muito boa, era mais parecido com "O que pode fazer comigo? Me matar?". E dentro de mim: –Nem tente, não faça isso!

O juiz disse:

–Está arrependido de onde estacionava o carro?

Eu disse: –Não me sinto arrependido. Mas, não vou fazer isso de novo.

–Bem essa é minha próxima pergunta: Aprendeu?

–Claro! Não é divertido estar aqui na sua frente e do advogado de acusação.

Ele me perguntou o que estava fazendo aqui embaixo e eu simplesmente olhei para ele nos olhos e contei tudo para ele. Ele disse: –O que está procurando?

Eu disse: –Procuro por mim.

–Já foi ver um psiquiatra?

–Sim.

–E o que ele lhe disse?

–Que ele também não tinha encontrado.

O juiz me disse para procurar um ministro e lhe respondi que procurara vários. Citei o nome de todas as pessoas que

vira – os professores, psicólogos, psiquiatras, ministros. E ele me perguntou:
 –Não está envergonhado?
 –Não estava procurando ajuda como se estivesse doente. Estava procurando. Procurando por eu mesmo – o eu dentro, "esse seu ser que é verdadeiro".
 –Bem, boa sorte!
 E me tocou. Ele não disse Boa Sorte, mas Sorte em Deus. Algo dentro de mim começou a dizer: –Hei, dundum, escute. E também pensei, não vou escutar todas essas coisas. Começara a encontrar o que era o ser e, cada vez, conseguia uma tomada de consciência do que era e isso me assustava. –Quer dizer que está em mim? Por favor! Isso é mais do que quero ver. Não acho que eu.... Oh não!

Como um aparte, encontrar a escola em São Francisco com essa citação: "tornar meu ser verdadeiro", passou a fazer parte da minha pesquisa, para o filme *O Viajante*. Estava fascinado seguindo os passos de J-R, antes de ele receber as chaves e muitos de seus seminários que também me ajudaram a unir os pontos. Era importante que fizesse aquele filme, o mais preciso possível e isso levou três anos para terminar.

Nos primeiros dias, J-R aparentemente usava acrônimos divertidos para seus "chefes". Amigos me disseram que J-R dizia coisas como: "O bus precisa de gás". Aparentemente o BUS significava (*Boys upstairs* – ou os meninos lá em cima) e GAS ficou para (The Guardian Angels Society – Sociedade de Anjos Guardiães).

Existem milhares de outras histórias de como J-R não tinha medo de testar limites e de ser implacável consigo mesmo, averiguando as coisas. Felizmente, podemos escutar muito disso nos seminários gravados. A história sobre as multas e o juiz está no conjunto de CDs de *O Guia*, na parte que diz *Em Busca de Meu Ser Verdadeiro* e também no livro com o mesmo nome.

"Acima de tudo seja fiel a ti mesmo. Disso se segue, como a noite ao dia. Que não podes ser falso com ninguém".

– WILLIAM SHAKESPEARE (HAMLET)

"*Eu me lembro do Conselho Kármico. Eu era nada e me encontrei com esses anciãos. Eles me falavam algo sobre as escolas de mistérios onde eu deveria estudar ou que já as frequentava. Eles me mostraram tudo e eu concordei. Também precisei decidir se queria vir com um pai forte ou um cuidadoso. Escolhi o pai forte – e acredito que isso me preparou para trabalhar com John-Roger.*"

CAPÍTULO 7

No Começo
(Pelo Menos Para Mim)

Uma Lembrança Antes de Nascer.

Eu me lembro do Conselho Kármico. Eu era nada e me encontrei com esses anciãos. Eles me falavam algo sobre as escolas de mistérios onde eu deveria estudar ou que já as frequentava. Eles me mostraram tudo e eu concordei. Também precisei decidir se queria vir com um pai forte ou um cuidadoso. Escolhi o pai forte – e acredito que isso me preparou para trabalhar com John-Roger.

E uma Memória de Estar Nascendo

Eu me lembro de estar em linha com um grupo de outras Almas, no topo de um pilar branco, como se estivéssemos todos em um cinturão de transporte. Éramos seres de luz, dentro de centenas de corpos humanos, esperando para entrar na Terra. Então eu nasci.

Essas duas memórias estabelecem o estágio para minha vida nesse tempo. É como se tivesse um pedaço do roteiro de um filme e, depois, compartilhado o que vi na tela. De toda forma, aqui vai um pouco sobre mim e minha vida.

Nasci com o nome de Jesus Garcia. Meu nome de ator é Jsu Garcia e J-R, eventualmente, simplesmente me chamava Zeus – até ele falecer, por ser um nome monossilábico.

Vim de uma família quebrada, assim, imagino que super compensei no Movimento da Senda Interna da Alma e na conexão com John-Roger. Também sei que fui amado por minha família. O Movimento levou isso a um nível diferente. Minha família é formidável.

Nasci em Nova York e fui criado em Newark, Nova Jersey. Vivi perto do rio, próximo à Cervejaria Ballantine. Eu me lembro de quando era bem jovem que intuitivamente me sentia como se alguém me vigiasse. Não sentia perigo, apenas que era observado – ou vigiado. Sempre me senti protegido. Talvez, por isso, mesmo crescendo entre prostitutas e ladrões, aprendi a amar.

Havia essa presença comigo toda minha vida. A cor púrpura que vi quando tinha treze anos parecia como uma próxima respiração para mim. Quando J-R falou sobre o nível etéreo era como aquilo. Isso pode ser um pouco assustador. Mas, preciso me lembrar de que o passado era a Alma. Talvez, estivesse perto porque está comigo hoje. Eu me lembro desse conto no qual uma pessoa pensando que Deus o abandonara, via apenas um conjunto de pegadas na areia, quando na verdade eram as pegadas de Deus que o carregava no colo.

Também sabia que a casa em que vivia tinha o que poderia chamar de "criaturas astrais" podia senti-las nos quartos escuros. Imaginava isso, eu era bem criança, sentindo todas essas coisas estranhas. Tinha medo de atravessar a rua porque pensava que ali havia bruxos. Era muito parecido ao estilo Harry Porter, antes do Harry Porter. Mas, era real para mim – pelo menos em minha imaginação. Era vívido e, com frequência, assustador.

Tudo parecia ser preto no branco para mim, em Nova Jersey, nos fins dos anos 1960. Parte do que fazia parecer assim era o

No Começo (Pelo Menos Para Mim)

relacionamento com o homem que se tornou meu padrasto. Vamos chamá-lo de Jorge, apesar de não ser seu nome verdadeiro. Naquele tempo, ele era casado com minha mãe e era uma espécie de pai substituto. E ele era mesmo bom para mim. Mas, tinha maus hábitos, entre os quais, ele traia minha mãe e podia bater forte nela também. Cresci ao redor disso e foi ruim. Tinha muita raiva disso.

Mas, ao mesmo tempo, eu amava aquele homem. Para mim, ele era meu pai. Mas, como ele podia tratar minha mãe tão mal? Certo dia, ele e minha mãe tiveram uma briga feia, no meio da rua, na qual os dois me puxavam, cada um em uma direção diferente. Finalmente, Jorge me olhou e exigiu: –Você vem comigo ou fica com ela? Como se supõe que uma criança possa fazer uma escolha dessas? Mas, eu precisava e escolhi minha mãe. Isso foi muito dolorido, até que tomasse consciência que foi para meu bem maior porque assim poderia trabalhar com J-R.

Esse foi um ponto de referência para o resto de minha vida. De que precisava ser cuidadoso e responsável, quando me encontrasse em uma posição de escolha. Odiei aquilo. No entanto, hoje vejo que algo ou alguém em meu interior sabia melhor. Eu reconheço e amo essa parte, ele me guiou para John-Roger. Obrigado, Senhor!

Ainda assim quando penso nisso, aquilo foi simplesmente uma coisa feia de se fazer com uma criança. Mais tarde, comentei com minha mãe que me sentia culpado de ter rejeitado Jorge, mas ter escolhido a ela, foi a melhor escolha, porque em última instância isso me guiou a meu caminho espiritual. Às vezes, penso que se tivesse seguido com Jorge, ele teria me guiado à prisão.

Muito depois, disse à minha mãe que não procurei um psiquiatra para trabalhar essas coisas porque estava com John-Roger, um dia com ele era como um ano de psicoterapia.

De toda maneira, fiz uma escolha e foi pelo amor. Ou, pelo menos, foi para o que hoje acredito que J-R quisesse para mim nessa vida. E acredito que os seres poderosos – que J-R chamava dos "meninos lá de cima" (BUS –*boys upstairs*) – fizeram acontecer. Acredito que esses amigos me ajudaram a escolher minha mãe, em vez do Jorge, o que me guiou para John-Roger e para o trabalho espiritual que sou muito grato de estar envolvido.

Bem, o fato é que sou um bastardo. Sei que meus amigos estão sorrindo e balançando a cabeça, mas o que quero dizer aqui é que minha mãe e meu pai biológico não eram casados. As pessoas costumavam me chamar de bastardo e eu respondia que era verdade. Não acrescentava que estava em muito boa companhia, considerando que Alexander Hamilton, Leonardo Da Vinci, Oprah Winfrey, Confúcio, Steve Jobs e T.E. Lawrence (poderia seguir e seguir) também nasceram fora do casamento.

Quando jovem pensava que Jorge era meu pai porque foi isso que me foi dito. Mas, mentiram para mim. Ou, pensaram que estavam me protegendo, bem, não sei. Quando tinha 16 anos, encontrei quem era meu pai verdadeiro, assim reconheci Jorge como um pai não biológico. Isso foi um grande choque naquele momento, mas fui capaz de ultrapassar isso bem rápido.

Quando era pequeno, minha mãe ficava muito tempo fora de casa ou trabalhando ou fazendo outras coisas – era comum passar o tempo em outras casas. Quando nos mudamos para Flórida, um dos meus locais preferidos era a casa de minha tia em Orlando. Minha tia era uma linda mulher e eu a amava. Eu me lembro de brincar com meu trem elétrico e meus carrinhos, além de comer laranjas, quando estava por volta de oito ou nove anos. Amava subir nos pés de laranja da úmida Flórida e desfrutá-las.

Também me lembro de caminhar uns dois quilômetros para ir à escola todos os dias e de ver um punhado de aranhas em suas teias, ao longo do caminho. Elas não eram aranhas minúsculas, eram monstros. Imagino que muitos se assustaram com elas, mas, de fato, eram muito comuns em Orlando. Elas eram simplesmente parte de minha vida diária. É engraçado o que nos lembramos da infância.

Tenho muitas memórias de estar com minha tia. Uma noite de madrugada, vi um homem em um terno branco, ele era meio angélico. Não senti nada negativo, ele simplesmente apareceu no meu quarto por uns momentos e estava bem com isso. Não disse nada sobre isso, mas minha tia disse que ela podia ver a pessoa que vivia ali, mas que ele morrera na casa. Quando ela me falou sobre isso, comentei o que vira na noite anterior e ela confirmou que era ele. Assumimos que o homem no terno branco era o fantasma dessa pessoa, mas, de fato, minha tia e eu estávamos tocando algo que poderia surgir mais tarde em minha vida.

Não posso dizer que tive uma infância mediana. Algumas coisas em minha jovem vida foram bem incomuns. Por exemplo: meu avô que se divorciara de minha avó e se mudou para Los Angeles. Ele trabalhava para refinaria de San Pedro e como *hobby* jogava no "*number racketes*"[1]. Eu me lembro de ver meu avô coletando dinheiro e pedaços de papel, quando era adolescente na barbearia. Com o tempo juntei as peças.

Minha avó também jogava nessa loteria, assim como muitos dos vizinhos. Minha avó e seu outro marido viviam em Miami em uma área chamada de pequena Havana. E foi aí que cresci, quando não estava em Orlando.

Algumas vezes, as pessoas podiam sonhar com números para jogar ou tinham alguma superstição sobre os números. Outros jogavam o mesmo número uma e outra vez. Não importava quantas vezes o número deles não aparecia, eles achavam que ganhariam cedo ou tarde. Isso lhes parece familiar?

As pessoas em meu ambiente, quando era jovem, estavam cheias de outras ideias estranhas também. Todos acreditávamos no Cristo e, claro, orávamos. E havia os santos. Meu Deus! Havia toneladas de santos e isso era muito confuso. Havia Lázaro com o cachorro e as feridas. Havia Maria e Elisabeth, a mãe de João Batista. Suas figuras estavam por todas as paredes de nossa casa e na casa de nossos vizinhos.

---

[1] NT: como o jogo do bicho no Brasil.

Poderiam ter a imagem típica de Jesus, o Cristo, de face branca e olhos azuis. Quando caminhava com amigos latinos, escutava as pessoas dizerem: –Por que Jesus não era latino? Por que Jesus não era negro? As pessoas americanas e europeias gostam de reconhecê-lo como vindo do Oriente Médio. A Bíblia disse que ele era um hebreu israelita da Galileia, assim, os estudiosos acreditam que ele teria uma aparência semítica escura com pele cor de azeitona.

Assim, a imagem de rosto branco com olhos azuis e cabelos morenos, provavelmente, não era como se parecia Jesus. A Bíblia, na versão King James, diz: "Sua cabeça e seu cabelo eram brancos como das ovelhas, tão brancos quanto à neve e seus olhos eram como chamas de fogo". Então, talvez, ele tivesse um permanente ou um afro-branco. Ou ele poderia ter sido apenas como todo menino americano (tudo bem, talvez não!).

Quando era pequeno, fui a um tipo de igreja dos "Seguidores Entusiasmados" (*Holly Roller*), em Orlando. Na escola dominical, o sacerdote ou ministro gritava: –Sentem o Cristo chegar ao coração de vocês? E todos gritavam de volta: –Sim! Sim! Sim! Eles estavam chorando e parecia autêntico. Mas, eu parecia estar por fora. Pensei: "Espera um pouco por que Jesus não pode estar em mim?" Queria ser amado e aceito, assim que disse sim, apesar de não sentir Jesus em meu coração. Avançamos e agora sinto Jesus em meu coração. E mais que isso; sei que o Cristo está em J-R, experimentei esse enorme amor e conforto de J-R/Cristo e estou lançando Jesus nisso também. Essa era a experiência que eu buscava, quando era jovem, eu apenas não sabia.

Não ajudou estar em um relacionamento obsessivo, confuso e interessante com Jesus Cristo por algum tempo. Mas, meu nome de nascimento era Jesus. Na escola, me batiam e me intimidavam por causa de meu nome. As crianças na escola implicavam comigo cantando a música do filme *Jesus Cristo Superstar* bem conhecida na época: "Jesus Cristo superstar quem você pensa que é?". Olhando

No Começo (Pelo Menos Para Mim)

para trás, talvez, eles só estivessem implicando comigo de uma forma divertida e fui hipersensível. Penso que tudo em minha vida me preparou para ser forte, firme e vulnerável. E J-R estava certo! Isso me deu muita força quando entrei em minha vulnerabilidade.

Outra parte de meu crescimento foi em Los Angeles (Estávamos por perto). Eu me lembro de quando criança, caminhar com meu avô em direção ao barbeiro para cortar o cabelo. Ele tinha aquele tipo de cadeira de couro, como a de dentista, e um apoio que costumava bater em meu tendão de Aquiles. Minha cabeça e pescoço nunca estavam confortáveis na cadeira do barbeiro. Eu me lembro de que o barbeiro podia surgir, como Sweeney Todd, o Barbeiro demoníaco da Rua Fleet, esquentando e afiando sua lâmina em um pedaço de couro. E o creme de barbear morno que colocaria em meu rosto.

Claro que nunca fiz a barba ou nada como isso lá, mas ele usava a lâmina para dar as crianças uma linha bem feita na parte de trás do pescoço. Ao acabar, ele colocava talco em uma escova e passava pelo pescoço e ombros. E isso era legal. Até hoje, independente das cadeiras desconfortáveis, amo as barbearias em estilo antigo com os barbeiros de camisa polo listrada e os ventiladores de teto que sopram os fios.

Outra pessoa que fez uma grande impressão e afetou minha vida foi uma senhora que contava histórias de Jesus Cristo e da Bíblia, quando eu e mamãe chegamos a Los Angeles. Eu a amava muito! Ela juntava todas as crianças a seu redor no corredor atrás de meu apartamento, próximo à Rua do Templo e contava histórias da Bíblia sobre Jesus Cristo. Era como voltar no tempo antes que as histórias fossem gravadas. Nada de livros, apenas as histórias dela – era muito real – eu estava lá com Jesus Cristo, mas nos becos de Los Angeles. Quando perguntei a J-R quem ela era espiritualmente, ele me disse: –Ela era seu anjo.

Logo depois dessa experiência com ela, comecei a ver mais e mais a luz púrpura. Eu me lembro de que isso foi na mesma ocasião em que Bruce Lee morreu no verão de 1973.

O Amor de Um Mestre

Isso foi um pouquinho de minha infância. Algumas coisas que se destacaram e outras que influenciaram o que me tornei. Então, quando completei 20 anos, as coisas começaram a mudar.

"Deixem vir a mim as crianças e não as impeçam; pois delas é o Reino dos céus."

(VERSÃO KING JAMES, MATEUS 19:14)

"Se eu ficasse com muita fome, atacava o Centro Vedanta e roubava morangos dos jardins. Às vezes, eu até dormia no Templo Ramakrishna."

CAPÍTULO 8

Alcançando ao Viajante

Os eventos que me guiaram a encontrar John-Roger começaram em 1980, na casa da atriz Leigh Taylor Young, durante um encontro de Insight para adolescentes. Os Seminários Insight são uma organização de desenvolvimento pessoal fundada por John-Roger para adultos e adolescentes. Eu era um adolescente atingindo a idade adulta, assustado com o poderoso amor que encontrava naquela sala. Eu procurava pelo amor, mas não sabia como procurar. Precisava de uma sensação de pertencer. Queria pertencer a algo. Mas, não sabia como deixar o amor entrar. Foi intenso naquela sala com todos aqueles jovens se expressando corajosamente e sendo muito abertos e vulneráveis. A sala estava cheia de uma luz brilhante. Sonhei estar assim, mas, aparentemente, tinha outras experiências para atravessar antes de me abrir genuinamente ao amor.

Quando entrei na casa, no *foyer* tinha o quadro de um homem em um terno branco, parecendo bem angélico. Isso me parou porque era aquele homem que vi naquela noite, muitos anos antes, na casa de minha tia, na Flórida. Aquilo me perturbou, mas ainda não sabia quem era aquele homem.

Sei agora que o quê vira na casa de minha tia foi o Viajante em sua forma radiante. Ainda assim, antes de perguntar a alguém sobre o quadro, o evento começou. Ocorreram muitas contribuições

O Amor de Um Mestre

dos adolescentes de forma muito pessoal e profunda. Eu não podia lidar com a energia. Estava envolvido em meus próprios problemas e não estava disposto a compartilhar isso na frente de um monte de estranhos. Pensava que estava errado por ter aquele tipo de problema. Era muito sensível sobre aquelas coisas e sobre meus sentimentos com relação àquilo e simplesmente os mantinha. Em vez de seguir pela rota do crescimento pessoal, escolhi as drogas para lidar com minha dor. Mas, também comecei a perseguir meu sonho de atuar e comecei a explorar como podia fazer isso acontecer.

Sempre soube desde criança que queria ser ator. Mais que isso, queria ser uma estrela. Comecei por procurar pessoas que conheciam pessoas nesse negócio e comecei a experimentar a loucura de vida que ocorre ao redor do *show business*. Existe uma grande diferença entre atuar e o *show business*. Procurar pela fama e pelo *show business* pode machucar. John Lennon escreveu uma música chamada *Fama*, que David Bowie cantou – apenas, escutem essa música e entenderão o que quero dizer. Algumas vezes, se cai na armadilha da fama.

Quando tinha por volta de 16, fui viver sozinho. Precisava sobreviver. Para fazer dinheiro era uma espécie de aspirante de pseudo-carpinteiro. No melhor, sabia como pregar uma tábua.

Vivi no porão de uma mansão em Hollywood Hills, junto com uma porção de criaturas não identificadas que podia escutar correr por perto no escuro. Na verdade, não queria saber o que eram.

O dono da casa chamava-se Dr. Julian. Seus pais viviam no andar de cima e eram muito gentis comigo. Eles reconheceram que era um ator faminto e que iriam me alimentar. O velho vovô me enviava sanduíches de amendoim e de geleia. Nunca esquecerei a gentileza daquele homem.

Dr. Julian era um grande homem. Eventualmente, conseguiu que seu amigo Michael Bell me levasse sob suas asas e me ensinasse até que tivesse 18. Michael era ator de voz e um excelente ator de tela e me deu a oportunidade de entrar no mundo da representação graciosamente.

Alcançando ao Viajante

Na esquina da casa de Dr. Julian, havia um Centro e Templo Vedanta. Eu não tinha muito dinheiro... OK! Na verdade, estava nas franjas da pobreza e dos sem teto. Vivia num porão. Se tinha muita fome entrava no Centro de Vedanta e roubava morangos do jardim. Algumas vezes, dormi no Templo de Ramakhrishna.

Não tinha a menor ideia do que se tratava esse grupo espiritual, ainda que dormisse no Templo, pedindo a Deus por ajuda para me salvar. Até que um dia, J-R compartilhou comigo sobre eles.

J-R confirmou que foi uma bênção estar conectado com eles, realmente, apreciei o Centro Vedanta, por tudo que ele me deu e, quando fiz dinheiro em minha carreira de ator, fiz uma generosa doação a esse Centro Vedanta na intenção de retornar algo pelos morangos abençoados. E queria agradecer a Ramakhrishna, pelo conforto que encontrei em sua organização, quando era jovem e também ao Dr. Julian por sua bondade.

Certa vez, pedi a J-R que viesse comigo conhecer o Centro Vedanta e ele veio. Abençoamos a área. Desde esse dia, abençoo e oro pelo Dr. Julian e o Centro de Vedanta. Ainda que naquele tempo minha vida como ator não fosse muito glamorosa.

Com o tempo, encontrei um agente que me colocou firmemente na rota. Passei a frequentar aulas de representação e a estudar fervorosamente. Naquele tempo, meu foco era a materialidade e as coisas materiais. Sempre me sentia vazio, especialmente quando tentava escapar pela perseguição às coisas mundanas. Com frequência, simplesmente sentia um vazio dentro e não sabia como preenchê-lo.

Assim, como muitos, continuei me voltando para o mundo: fama e drogas. Isso me provia alívio temporário. Então, comecei a trabalhar em filmes e eu achava que seria o máximo porque seria o cumprimento de algo que eu tinha estabelecido em minha mente para fazer. Seguramente, isso não se tornou verdade. Enquanto conseguia o que pensava que eu queria, me encontrava pensando se aquilo era tudo que havia, eu pensava... eu esperava... tem mais na vida que isso?

O Amor de Um Mestre

Enquanto continuava a perseguir minhas metas, permanecia frustrado. Eu tinha ou estava no caminho para obter todas as armadilhas de sucesso na representação e a realidade não combinava com minha crença sobre o que seria.

Por exemplo, estava fazendo um filme, no qual eu era mais jovem que James Dean, quando começou a ser famoso. Realmente, pensava que me tornaria outro James Dean. Mais tarde, depois de mais realizações e aparecendo em papéis significativos em alguns filmes bem-sucedidos, percebi que era bom o suficiente para alcançar e ultrapassar as alturas que James Dean alcançou. Mas ainda assim, isso não foi o suficiente para preencher o buraco que havia em meu interior. Eu ainda era muito jovem e tinha meus heróis, queria ser um deles. Então, percebi que eu era um deles, só que a minha maneira. Tomei consciência que conquistara mais como um jovem ator do que muitos outros – mas, isso não estava me fazendo feliz.

Pior, quando alcançava uma meta, me deprimia porque não sabia o quê fazer para ultrapassar. Então, fiz a única coisa que sabia, me coloquei metas maiores. Queria estar na TV e na revista de adolescentes, como Scott Baio, um ator que admirava naqueles tempos. E consegui isso. Mas, ainda havia algo que estava perdendo. Sem importar qual meta me colocava e o que conseguia nada satisfazia aquela fome e o vazio.

Não passou muito tempo, parei e dei uma boa olhada em minha vida. Estava no alto de minha carreira. Tinha um grande agente, mas estava entorpecendo a mim e a meus sofrimentos com substâncias; estava infeliz[2]. Buscava algo, mas não sabia o que era.

Naquele momento de minha carreira, os Seminários Insight ainda estavam na periferia. O que fez isso mais divertido era a energia surpreendente que exista no prédio dos escritórios dos Seminários Insight, em Santa Mônica. Não conseguia entender o

---

[2] Nota do Tradutor: o autor faz aqui um trocadilho com as palavras alma e *soul-less* – menos alma.

Alcançando ao Viajante

que acontecia por lá, a energia era explosiva e elétrica. Havia uma loja, onde se podiam comprar os seminários de J-R em cassetes, também livros e outros materiais de estudo. Havia uma clínica Baraka, onde você podia fazer vários tratamentos alternativos, entre eles, quiropráticos, acupuntura e outras terapias energéticas. Podia-se estudar psicologia espiritual, na Universidade Koh-E-Nor, agora chamada de Universidade Santa Mônica. Podia se inscrever nos Seminários Insight ou ir com Tony Robbins e preparar brasas de carvão no quintal. Uau! Me inscrevi! Encontrei-me experimentando experiências surpreendentes da mente sobre a matéria.

Lembrando o contexto, naquele tempo atuava e estava indo muito bem. Agora, estou prestes a voar.

Caminhei sobre o fogo, no hotel Sheraton, onde, mais tarde, passaria décadas em *workshops* com J-R. Em um seminário com Tony Robbins, andei sobre as brasas quatro vezes, mais do que se permitia por seminário. Tony estava irritado e, ao mesmo tempo, impressionado. Eu queria mais e, claro, no momento em que disse em minha mente: "Uau! Estou caminhando sobre o fogo!", me queimei. Tony nos ensinou um ponto para pressionar e no dia seguinte, não tinham bolhas. Ele foi maravilhoso e parte integral de minha vida.

Tive pessoas a meu redor (conhecidos, não amigos) me dizendo que precisa fazer um dos Seminários Insight, eu os afastei por um tempo, mas, eventualmente, fiz o Seminário Insight I. Enquanto me inscrevia para os Seminários Insight I e II, observei uma multidão e no meio delas estava John-Roger caminhando para saída com uma comitiva. Pensei comigo mesmo: –Uau! John-Roger! Ele se parece com o Elvis. Os Seminários Insight foram impactantes o suficiente para que eu parasse com as drogas. Não muito depois do Insight I, conheci e comecei a sair com uma garota, disse a ela que precisava fazer o Insight I e ela fez. Ela gostou e acho que estávamos indo bem, então, me senti fora da trilha.

O Amor de Um Mestre

Bem, minha namorada tentou me manter sóbrio, mas era mais como o perder de uma batalha. Por fim, me enchi de meu comportamento e fiz o Insight II, um seminário mais focado e mais profundo que o Insight I. Foi o seminário mais incrível que já fizera e ele literalmente mudou minha vida.

Através desse seminário percebi – de forma bem visceral – que o que procurava era amor. Queria saber o que era o amor. Sempre pensei que amor fosse aquele momento em que tiramos as calças, mas comecei a perceber que era mais do que aquilo. Escutei as pessoas falarem sobre o amor incondicional: mas, que coisa era aquilo? O Seminário Insight II me deu uma pequena prova daquilo, mas eu queria mais. Minha vida estabeleceu um novo curso, quando ao sair da graduação do Insight II, o facilitador do seminário me olhou e disse: –Você precisa ler as *Dissertações*. E eu o escutei.

Depois de meu Insight II, queria conquistar o mundo. O seminário abriu meu coração e eu queria começar a viver os princípios que descobri durante o seminário. Um desses princípios era ser integro e manter minha palavra.

Logo depois da graduação do Insight II, surgiu a oportunidade de aparecer no filme de Steven Spielberg. Mas, para fazer isso, precisaria romper o acordo para atuar em um filme menos prestigiado que seria rodado na América do Sul. E pelo que aprendi no Seminário Insight, escolhi manter meu compromisso original. Um amigo do Insight II, que sabia que viajaria para atuar em um filme, me desejou tudo de bom e me deu alguns livros espirituais para que eu lesse enquanto estava fora. Eram livros de John-Roger. Eu devorei aqueles livros espirituais durante as filmagens na Colômbia.

Antes de viajar a América do Sul e dando uma olhada nos livros, vi uma foto do autor na parte detrás da capa. Era a mesma foto daquele com manto na casa, onde fui para reunião de adolescentes anos atrás; a mesma pessoa que vi na casa de minha tia mais de 10 anos atrás. Tudo bem! Aquilo foi estranho! Não tinha ideia de que vira na casa de minha tia fora a forma radiante de um Mestre.

Esse é o tipo de coisa que acontece quando um Mestre lhe marca. Apesar de minha ignorância do que realmente estava acontecendo, decidi que levaria os livros para a locação.

Assim que fui para a Colômbia, me lembro de que rezei a Deus para ter mais amor, um amor real em minha vida. Estando na Colômbia e naqueles dias, cercado permanentemente pela tentação das drogas, cai do trem de novo. Mas, também conheci uma garota e me apaixonei. Havia muita dor emocional em mim e com certeza não estava tão claro como costumava ser. Queria experimentar amor verdadeiro e me casei com ela seis meses depois que voltamos para os Estados Unidos.

Enquanto isso, li todos os livros espirituais que levei comigo e de forma equivocada decidi que se quisesse ser espiritual teria que abrir mão de tudo. E eu não estava preparado para isso. Claro, que mais tarde, percebi que não precisava sacrificar tudo; apenas precisava encontrar a disciplina dentro de meu coração para não estar apegado a nada. Mas, não estava aí ainda.

Depois de rodar pela Colômbia com minha futura esposa, lendo os livros espirituais que trouxera, decidi voltar para casa, estudar as *Dissertações* e, realmente, ter mais foco no caminho espiritual. A forma como vi isso, foi a de seguir o conselho de meu facilitador de Insight II e começar a ler as *Dissertações para o Conhecimento da Alma*, pequenos livretos com as chaves dos ensinamentos de John-Roger. As *Dissertações* eram e ainda são o material de estudo primário do MSIA, a organização fundada por John-Roger – uma organização que reconheceria como uma escola de mistérios.

De fato, quando refleti sobre meu sonho antes de nascer, comecei a tomar consciência que aquela não era uma escola terrena que encontraria nessa vida e, em verdade, era a escola pela qual me preparei.

Pelas instruções que vieram com aquelas *Dissertações*, deveria ler apenas uma ao mês. Cada uma descrevia um princípio como, perdão ou trabalhando com a energia espiritual chamada de Luz ou mesmo coisas mundanas como, procrastinação e relacionamentos.

O que não percebi naquele tempo foi que as *Dissertações* não eram apenas informações. J-R as carregara de tal forma que elas, realmente, conectavam o leitor com a Consciência do Viajante Místico e com a Corrente do Som para aqueles que escolhiam esse caminho. Cada *Dissertação* de alguma forma se relacionava com o desafio ou a lição que estava lidando naquele mês. Logo que comecei a ler as *Dissertações*, me vi tendo experiências incríveis.

Uma delas se relacionou com uma *Dissertação* em si mesma. Na capa detrás das *Dissertações* tem o desenho de um homem. Ele era idoso e de olhar sábio, exatamente, o que se espera ver em um mestre espiritual. Um dia, aquele homem apareceu durante meus exercícios espirituais (uma forma de meditação do MSIA, na qual se canta o nome sagrado de Deus).

Outra experiência foi que eu vi o Senhor de um dos reinos não materiais. Essa poderosa presença veio a mim e eu sabia que experimentava algo que não era desse mundo.

Outra era a flor púrpura no meio de meu terceiro olho. Essa flor podia pulsar e se mover, aumentando e diminuindo. Em certo momento na leitura de minhas *Dissertações*, tive um lampejo de quando pela primeira vez vira a flor e aquela cor. Tive a realização que J-R, o Viajante, sempre esteve me vigiando; que nunca estive sozinho. Essa cor púrpura é o sinal do Viajante e daquele tempo de John-Roger em particular. Em seminários, escutara J-R mencionar sobre seguir essa luz e que essa era a luz que lhe puxava para Corrente do Som. O Viajante é o que mostra o caminho para o coração de Deus e um de seus cartões de visita é a luz púrpura.

No meio disso tudo, descobri que além dos livros e das *Dissertações*, existiam fitas que John-Roger gravava de suas palestras ao redor do mundo (não tão antigas como as 8-tracks, mas perto, me lembro de que isso foi antes da era do CD e MP3). Assim, pedi inúmeras dessas e mergulhei nesses ensinamentos. Eu simplesmente estava deslumbrado com aquele homem e tudo o que ele dizia.

Não passou muito tempo para que percebesse que as fitas tendiam a me tirar do corpo. E isso acontecia, sentado em minha cadeira ou em qualquer outro lugar. Era como estar em um estado de meditação. Ainda que fosse superlegal, queria de verdade captar o que estava sendo dito. Assim, passei a escutar no aparelho cassete de meu carro, enquanto dirigia por horas. Dirigir me forçava a estar acordado e focado, enquanto absorvia o que estava sendo dito nas fitas. Eu estava mesmo me saturando com aquele conhecimento. Era como se aquelas coisas já estivessem em meu interior e que eu precisava despertá-las.

Por esse tempo, minha namorada e eu voltamos aos Estados Unidos e decidi me casar com ela. O casamento tinha seus desafios, mas, eu estava batalhando para manter as coisas seguindo. Um dos desafios foi que minha esposa antes tivera um relacionamento com uma pessoa que praticava intensamente meditação, quando ficaram juntos. Ele podia sair e passar horas meditando todos os dias, deixando-a com a sensação de ter sido abandonada.

Quando a conheci, foi antes de entrar nas *Dissertações*, indo a festas e usando drogas; eu me envolvendo com espiritualidade, era uma das últimas coisas que ela esperava. No entanto, aquilo era algo pelo qual estava realmente faminto. Então, foi assim exatamente o que aconteceu, tenho certeza que foi um *déjà vu* para ela e esse foi o problema: passei a meditar duas horas por dia, como seu ex-marido e ia a todos os eventos – o que criava uma separação entre nós.

Comecei a perceber que precisaria sacrificar, um ou outro, minha busca espiritual ou minha esposa – não que fosse isso que precisasse fazer, para ser espiritual, mas porque eu não tinha a disciplina, nem o espaço ou as ferramentas para manter ambos. E como vocês podem imaginar, à medida que mergulhei no material como fiz, não foi uma escolha fácil.

Mais tarde, me trouxe entendimento e aprendi com uma das muitas citações de J-R: "A liberdade que lhe dou é a mesma que dou a mim".

*"O Espírito é quem dá a vida.
A carne de nada serve para entender esse mistério.
As palavras que lhes digo,s
ão Espírito, Vida e Som.*

– João 6:63

"Percebi que precisava mudar algumas coisas realmente básicas sobre como abordava a vida. Decidi me comprometer 100% com meus estudos espirituais. Então, tive meu primeiro encontro cara a cara com John-Roger".

CAPÍTULO 9

O Treinamento Começa

Ao tentar sustentar meu relacionamento com minha então esposa, participei de inúmeros *workshops* que as várias organizações fundadas por John-Roger ofertavam. Em 1987 ou 1988, fomos juntos ver John-Roger em um seminário em San Diego. Foi maravilhoso porque foi a primeira vez que vi J-R no palco e escutei em minha mente que ele era meu amigo: "eu o conhecia". Não tinha ideia como o conhecia, mas eu o conhecia.

Em uma de suas idas ao palco, ele caminhou perto de nós e parou junto a um casal à nossa frente. E perguntou se eles planejavam ter filhos e disse que não havia razão para estarem casados, se não intencionassem ter filhos. Olhei para minha então esposa e me lembrei de que dissera a ela que não queria ter filhos. Oh, oh! Lembro-me de caminhar para o estacionamento com ela e entrar no carro. No momento em que entrei na rodovia, ao meu lado, estava um Lincoln marrom – o motorista era John Morton e John-Roger estava no banco de trás lendo. Vi aquilo e nunca mais esqueci. Sonhei que um dia eu estaria dirigindo para ele, especialmente para John-Roger.

Em algum momento depois disso, John-Roger, junto ao Dr. Ron e Mary Hulnick, ofereceram um evento chamado *Relacionamentos* que fora adaptado do livro de John-Roger *Relacionamentos, Amor, Casamento e Espírito*. E foi facilitado pelos Hulnick, eu já escutara que eles eram um fenômeno, então me inscrevi, não quis perder aquela oportunidade.

O *workshop* foi maravilhoso. Tratou de amor incondicional e de como melhorar o relacionamento consigo mesmo. E percebi que era aquilo que precisava fazer, se quisesse salvar meu casamento. Pensei que poderia aprender no *workshop* como consertar minha esposa. Mas, o que aprendi foi que era, na verdade, sobre mim, não ela. Se algo teria que mudar, seria eu. Foi então que comecei. Claro, que isso foi mais fácil de dizer do que fazer.

No *workshop* também aprendi que não precisava alinhar ou amansar minha esposa, mas que poderia apoiá-la. Tentei e tentei fazer com que minha esposa trabalhasse comigo nas coisas que aprendera, mas não era a forma como ela fazia as coisas. E em algum momento percebi que precisava dar a ela a liberdade para ser quem ela era e fazer o que ela queria fazer.

Percebi que precisava realmente mudar algumas coisas básicas da forma como abordava a vida, assim decidi me comprometer com meus estudos espirituais em 100%. Então, durante esse *workshop* tive meu primeiro encontro cara a cara com John-Roger.

Uma das características chaves desse evento é que as pessoas podiam falar sobre seus problemas e preocupações com o facilitador em frente do grupo. Podíamos aprender muito sobre nossas próprias situações ao escutar como os outros lidavam com seus problemas. Mas, compartilhar isso com John-Roger era um nível todo diferente. Era como se ele pudesse ver profundamente no coração das pessoas que compartilhavam.

Já amadurecera o suficiente para que minha resistência a compartilhar em frente ao grupo não fosse tão grande quanto em minha adolescência. Já assistira seminários e cursos de representação suficientes para ver que esse tipo de compartilhar era mesmo um benefício – seja para a pessoa que compartilhava, seja para as pessoas que escutavam. Assim, quando o momento de compartilhar chegou, não podia esperar para ter meu momento com J-R.

O Treinamento Começa

Estava na primeira fila e ao caminhar para o palco, J-R parou e se voltou perguntando meu nome. Eu disse: –Jesus Garcia. E ele disse: –Não, o Espírito está me dizendo outra coisa. Pensei por um segundo e disse meu nome de palco: –Nick Corri. E J-R balançou a cabeça e disse: –É isso.

Apenas brilhei, pensando que de alguma forma fora reconhecido. Foi um reconhecimento diferente: experimentar que J-R estava verificando com o Espírito que me conhecia daí. Meu ego disse que ele me reconhecera de meus filmes.

Então, J-R foi no placo, estava escolhendo duas ou três pessoas para compartilhar com ele. Levantei minha mão junto com outras 10 ou 40 pessoas e para minha surpresa, ele me chamou, me levantei, J-R me olhou e como aconteceu em San Diego, naquele momento, reconheci, em um lugar muito profundo, que conhecia John-Roger há muito tempo. É muito difícil de explicar, mas existem pessoas que conhecemos através de muitas vidas. J-R era uma dessas pessoas para mim.

Uma das coisas que perguntei a J-R foi se poderia continuar sendo um ator e fazer o trabalho espiritual com ele. J-R disse que sim. E ele me ajudou ao longo dos anos a ser um ator de sucesso e também a soltar minha necessidade de fazer isso.

Também me lembro de como fiquei "elevado" com aquele compartilhar de John-Roger. Em algum nível sabia que fiz mais do que conhecer o homem. Talvez, não tenha o vocabulário, mas sabia que algo acontecera. Percebi que conhecera um guerreiro espiritual real, o Viajante Místico.

Outra coisa que veio à tona em meu compartilhar, naquele dia, foi que disse a John-Roger que queria trabalhar com ele. Naquele tempo, a equipe que trabalhava com ele era pequena e disse que queria ser um deles. Disse que queria fazer o que John Morton fazia, queria ser como John Morton. O que dizia era: –Quero ser seu amigo e me devotar a você e ao seu trabalho.

O Amor de Um Mestre

Ele me pediu que falasse com John. Assim, marquei um encontro com John para uma entrevista. Mas tarde, naquela noite, quando as pessoas estavam deixando o evento no estacionamento, vi o que parecia ser John Morton e J-R no Lincoln marrom. Corri para o lado do passageiro – e o carro parou, a janela desceu e fixei meu olhar em John-Roger. Ele parecia não se lembrar de mim, assim, me apresentei de novo: –Sou Nick, o ator. Ele concordou e disse: –Eu sei, vimos você no filme *Gotcha*. Não podia acreditar que eles me reconheceram do filme.

Definitivamente, queria uma forma de me aproximar de J-R, mas como? Enquanto isso uma grande amiga, Martha Ludwig, me disse que a melhor maneira de chegar a J-R seria em um trabalho de quintal em Mandeville. Assim, comecei a fazer trabalho voluntário, no quintal de Mandeville Canyon House, onde J-R vivia.

No dia de meu encontro com John, ele me encontrou do lado de fora, na piscina que ficava atrás, me lembro de que ele usava *short* com meias. Era claro que ele era um atleta e eu sabia que muitos o admiravam. No momento em que estive com John, eu sabia como ele inspirava todo mundo para ir em frente e se manter em forma.

A entrevista em si mesma foi muito legal, eu me mantive dizendo "claro", enquanto ele falava. E tudo que pensava era em viver com o chefe.

John ainda não recebera as chaves da Consciência Viajante e eu estava ignorando seu aviso de que trabalhar para John-Roger não era glamoroso. Agradeci, mas insisti que dissesse a J-R que queria trabalhar com ele. Fui àquele lugar todos os dias até que um dia, enquanto trabalhava com os canos de PVC da quadra de vôlei, J-R veio segurando dois picolés e me deu um. Fiquei sem chão não podia acreditar que ele estava parado ali comigo. A experiência foi maravilhosa. Eu estava preso.

Amei o que ele era. Houve uma conexão profunda na qual éramos Almas e senti como se Deus vira seu filho.

"Tem certeza que está desperto? Parece que mesmo dormindo, sonhamos."

– William Shakespeare
(Sonhos de uma Noite de Verão).

"Curiosamente John-Roger, que tinha sua base em Los Angeles, passou a dar seminários e a fazer outros trabalhos espirituais em Nova York, na mesma época em que eu estava lá (Uma coincidência cósmica?). Assim, arranjei uma forma de enviar a ele uma nota, convidando para que viesse ao set do filme para me visitar. Total surpresa, ele apareceu com seu assistente e isso me enlouqueceu".

CAPÍTULO 10

Viajando com o Viajante

O que se seguiu foi que comecei a escutar sobre as viagens anuais que John-Roger guiava para o Oriente Médio e a Terra Sagrada, chamadas de viagens de PAT IV, que era como um mês de retiros espirituais e peregrinações. PAT era a sigla para Treinamento para Consciência da Paz e havia uma série de três (PAT I, PAT II e PAT III) que era feita em retiros por cinco ou seis dias. Participar desses PATs, primeiro era o pré-requisito para preparar o fundamento para o PAT IV. No total foram sete viagens PAT IV, de 1984 a 1990.

Naquele ano, nessa viagem 150 pessoas voariam para Assam e Egito, cruzando o Nilo, fazendo meditações, visitando templos e fazendo o processo interativo PAT enquanto estavam no barco. Eles também fariam turismo visitando a Terra Santa Israel. Explorando a cidade antiga e ficando em um *kibutz* chamado de Nof Ginosar onde fora reservado.

Eu precisava ir. Mas, não cumprira com os pré-requisitos que era fazer os PAT I, II e III, que custavam algumas centenas de dólares cada. Eu, realmente, não tinha esses mil e poucos dólares para reservar meu espaço no PAT IV. Mas, não me importei, de alguma forma, eu iria.

Enquanto comecei a ter mais e mais experiências profundas com J-R, me vi mudando coisas em minha vida. Uma das coisas foi que deixei tudo para me manter sóbrio e limpo. Infelizmente, quando me tornar limpo virou uma meta em minha vida, os amigos que ficavam bêbados comigo, que faziam parte integral de minha vida, começaram a ir embora. À medida que isso acontecia, percebi que eles de certa forma me tornavam capaz do uso de drogas. Não os culpo, mas me responsabilizei e rompi os relacionamentos com as pessoas que ainda restavam. Minha esposa me ajudou e seguimos em frente.

Bem, então estava sóbrio e comecei a ver que minha carreira começou a mudar. Não podia dizer que estava declinando. Era mais como se ela tivesse menos prioridade para mim do que minha alma e meu progresso espiritual. Cuidar de mim mesmo (em relação a meu Ser) se tornou minha prioridade número um. Comecei a ver que minha fome era do Espírito. Todos aqueles anos de não aprender quem era eu, de onde vinha e, do que se tratava a vida, me manteve distraído de minha real paixão. Claro, estava aprendendo como pagar o aluguel, fazer dinheiro e ser um ator de sucesso. Mas, estava tão imerso em ser uma estrela de cinema que me esqueci de viver a vida. Eu me travara e senti que estava no fim da minha inteligência e não sabia porquê.

Estar casado foi lindo a princípio, então, toda a culpa católica apareceu. Minha crença era que deveria ter sucesso nesse casamento porque afinal de contas, eu era católico e não havia outra opção. Estava preso à crença falsa que o divórcio não era permitido aos católicos. Mas, enquanto o tempo passava, comecei a perceber muitos problemas com minha carência, baixa autoestima e parecia que eles começaram a aparecer em meu casamento. Pelo menos, era o que estava projetando.

Nesse processo, nos esquecemos de nos amar e de sermos verdadeiros em nosso relacionamento. Simplesmente, estávamos muito ocupados representando algum papel que precisávamos representar, mas que era impossível de preencher, chamado de "karma".

Em meio a tudo isso, estava seguindo cada vez mais profundo nos ensinamentos do Viajante. Estava em meu segundo ano de leitura das *Dissertações* e quando apareceu a oportunidade de completar a série de equilíbrios de aura, me dirigi até Las Vegas, no último minuto, para fazer meu Equilíbrio de Aura 3, que era outro pré-requisito para ir à viagem do PAT IV.

Para explicar um pouco mais sobre isso, aqui está o que John-Roger escreveu em sua coleção de três livros *Cumprindo sua Promessa Espiritual*: "Equilíbrio de Aura é feito pessoalmente por pessoas especialmente treinadas para isso. É uma técnica que limpa a aura (ou campo de energia) que envolve o corpo físico. No MSIA, oferecemos uma série de três equilíbrios de aura, a primeira trabalha com a aura física, a segunda com a aura emocional e a terceira trabalha com a aura mental/espiritual. Cada equilíbrio de aura ajuda a limpar desequilíbrios na aura e a fortalecer a consciência para que possa lidar melhor com o estresse do dia a dia, tensões e mudanças emocionais. Os equilíbrios de aura também podem ajudar a mente, o corpo e as emoções a um maior fluxo criativo. Uma aura equilibrada pode lhe assistir a ter uma percepção mais precisa de si mesmo, do mundo e estar mais disponível à presença do Espírito em sua vida".

Fui profundo, no terceiro equilíbrio de aura. Em certo momento, notei que J-R entrara no quarto. Ele ficou de pé junto a meus pés tocando meus dedos e a planta dos pés. Não consigo descrever a vocês quão profundo eu fui. John-Roger estava me sustentando enquanto a pessoa terminava o que estava fazendo.

Esse foi o primeiro de dois "epílogos" que se completaram muitos anos depois, quando fiquei aos pés dele, sustentando até que ele desse seu último suspiro na Terra.

Não muito depois dessa experiência em Las Vegas, ganhei um grande trabalho no filme de Merchant Ivory, chamado *Escravos de Nova York*. Assim, eu e minha esposa seguimos para Nova York, conseguimos um pequeno *loft* e tudo corria muito bem. Então, algo começou a acontecer comigo e só posso chamar de milagres.

Curiosamente, John-Roger, que tinha sua base em Los Angeles, passou a dar seminários e a fazer outros trabalhos espirituais em Nova York, na mesma época em que eu estava lá (Uma coincidência cósmica?). Assim, arranjei uma forma de enviar a ele uma nota, convidando para que viesse ao *set* do filme para me visitar. Para minha completa surpresa, ele apareceu com seu assistente e isso me enlouqueceu.

Aquela visita teve um grande impacto sobre mim, não só porque ele veio. Mas vê-lo com seu novo assistente me tocou pesado. Quase que perdi a cabeça porque pensei que aquela pessoa fora contratada e tirou meu lugar no *staff* de J-R. Eu me lembro de representar minha cena, enquanto pensava que eu poderia ser aquele cara e pensando o que estava fazendo em frente àquela câmera em vez de estar ao lado de J-R.

Aquilo realmente realçou para mim que eu queria ser aquela pessoa. Tinha que ser aquela pessoa. Pensei que havia uma chave de consciência que iniciou uma mudança kármica real em minha vida. Também pensei que se o filme que estava rodando fosse um sucesso, minha vida teria dado uma volta bem diferente – suspeito que nunca tivesse ido à minha primeira viagem PAT IV e não tivesse terminado no *staff*. Mas, o filme foi um fracasso e minha vida decolou.

Olhando para trás, parece que J-R e os poderosos que trabalham com ele trabalharam aquilo para que de alguma forma tivesse o dinheiro para o PAT IV para Israel. Podem imaginar o preço para viajar por um mês no Oriente Médio mais os voos? O custo era de alguns milhares de dólares. E, claro, que não tinha aquele dinheiro. Já estava pagando cotas para viagem, mas ainda assim ...

Quando chegou a hora, J-R deixou o *set* de filmagem e eu, realmente, me conectara a ele – foi surpreendente. Eu me senti apaixonado, não como um amor romântico, era mais como uma reconexão com meu melhor amigo de muitas outras vidas. Foi uma experiência de completa imersão no amor espiritual, que é puro, como o amor de uma mãe por seu bebê. Acreditei que aquilo era o produto de éons de reencarnações ou simplesmente o "saber" das inúmeras vezes que estivemos juntos.

J-R falou sobre o impulso da Alma e quando isso acontece, ocorre um momento de convergência para mudança. Então, às vezes tinha uma experiência com a Corrente do Som, uma brisa, um trovão o som da chuva e isso podia definir um curso completamente diferente na minha vida. Era assim que acontecia.

Depois de uns dias que J-R estivera no *set*, fui convidado a uma festa. Seria bom para minha carreira estar na festa e conversar com as pessoas dali, assim, decidi ir. Andy Warhol acabara de morrer e muitos artistas *underground* das cenas de Nova York apareceriam. Isso foi em Tribeca.

Tribeca estava à beira de explodir, mas na época estava bastante degradado. Havia muitos sobrados industriais e era por ali que me encontrava com esses artistas, atores e tipos criativos. Naquela noite, em particular, peguei um táxi com um grupo para a festa. Aquelas festas eram muito loucas com muita bebida e drogas.

De repente, me toquei que queria falar com J-R. Não me envolvi exatamente, mas em algum lugar em meu interior eu tinha a sensação de que eu era a porta e a oportunidade estava batendo.

E foi nesse momento, que fiz a escolha que afetaria o resto de minha vida. Sei que essa é uma afirmação dramática, mas é a verdade. Escolhi ir até J-R, não até a festa e tudo que isso implicaria. Estudava as *Dissertações* naquele tempo, não estava usando drogas e estava sendo puxado para J-R. O amor é o que te puxa para Corrente do Som. J-R era a Corrente do Som. Eu apenas não sabia como voltar a isso até então.

Olhei para fora pela janela do táxi e vi que estávamos em frente ao Hotel Sheraton, que era o hotel onde J-R estava. Sem um segundo pensamento, pedi ao motorista para parar, sai do táxi, enquanto os outros passageiros me olhavam surpresos e perplexos. Paguei o motorista e me dirigi a um telefone público. Coloquei algumas moedas no telefone da cabine e chamei o quarto de J-R – e ele respondeu! Aquilo foi surpreendente. Terminou que conversamos por horas: eu estava na cabine e ele, literalmente, estava acima de mim em seu quarto no hotel.

Estava no mundo da representação, mas estava buscando aquela outra vida – a vida espiritual de estar com John-Roger. Vi que era aquilo que eu realmente queria. Mas, não sabia como fazer aquilo acontecer. Não achava que podia fazer parte daquela vida, J-R já estava cheio de pessoas trabalhando para ele. Ainda assim, conversamos. E algo maravilhoso acontece, quando o estudante vê seu professor, ou mestre, ou guia. Finalmente, encontrei o que estava buscando, como se em toda minha vida, no fundo de mim, eu soubesse disso. Desde aquele momento eu era o homem de J-R. J-R sempre dizia: "A disposição de fazer, dá a habilidade para fazer". Uma vez que fiz dessa minha intenção, o método se manifestou.

O interessante foi que não muito depois dos eventos em Nova York, eu estava em Miami. Fui ao seminário em casa de John-Roger e havia um rumor de que J-R passara as chaves da Consciência Viajante a John Morton. Enlouqueci, pensando que perdera minha oportunidade de estar com o grande mestre John-Roger. Pensei que isso significava que J-R se aposentaria.

Ao mesmo tempo, estava feliz por John e estava profundamente conectado a J-R. O chamei chorando e ele disse: –Não se preocupe, te pego. Sou seu Viajante. Aprendi, mais tarde, que o Mestre marca seus iniciados e fui marcado por John-Roger.

Estava aliviado. Mas, não queria apenas estar conectado a John-Roger, queria estar no *staff* dele. Então veio meu grande desafio: como entrar no *staff* pessoal de J-R?

A primeira coisa que fiz foi deixar que ele soubesse que eu queria ir à viagem PAT IV, ainda que não tivesse todos os pré-requisitos – que seria ter completado os PAT, I, II e III – e para os quais ainda não tinha o dinheiro. Mas, não muito depois, a filha de

Gisèle Bersot estava com o mesmo problema, um dia veio a mim e disse que ela iria para o PAT IV. Quando lhe perguntei como tinha feito, ela replicou sorrindo: –Escrevi para John-Roger e perguntei a ele. E ele disse: –Sim! Uau! Como a famosa citação da Bíblia, diz: "Você não recebe, porque não pede" (Tiago 4:2). Pedi e ele me aprovou. Essa era a primeira lição que nunca esqueceria. Independente dos problemas financeiros, sempre serei grato a Ozzie Delgadillo (que faleceu recentemente), que colocou para mim os primeiros 1 mil dólares de depósito para que pudesse entrar na lista. Um mês depois paguei a ele esse total.

Um pouco depois de terminar as filmagens, recebi meu cheque. Conseguira! Paguei por minha viagem e ainda dei a minha esposa uma boa quantia. Mas, havia mais coisas com que lidar e era o nosso casamento. Precisava explorar aquele novo mundo, na verdade, ela concordou que precisava ir, ainda que relutante, me disse que ela ficaria em Nova York. Assim, fui ao meu primeiro PAT IV.

No começo da viagem, estava no voo para Israel, J-R estava na primeira classe e a maioria de nós pegou o mesmo voo, mas na classe econômica. Depois que o avião decolou, J-R deixou a primeira classe e veio nos visitar, pois havia muitos na econômica que iriam para o PAT IV. Eu me sentia um pouco de fora, como se não fizesse parte do grupo. Parecia que todos se conheciam muito bem e eu não conhecia ninguém. Mas, J-R caminhou diretamente para mim. Outra vez, senti como se ele fosse um velho amigo que não via tinha algum tempo e que estávamos encontrando onde nos separamos pela última vez.

Depois que J-R voltou a seu lugar, fiquei pensando no que queria e quanto mais pensava, mais me sentia compelido a experimentar o que estava sentindo internamente. Assim, tomei uma respiração profunda, fui até a primeira classe e comecei a falar com ele. Não sabia o que estava acontecendo, mas logo me vi quase ruindo ao chão com minha cabeça no colo de J-R, chorando. Pareceu que chorara por horas, como se limpasse muitas vidas de karma. Não sei se foi isso que acontecera, mas é o mais perto que posso descrever.

J-R me sustentou enquanto coisas que não conhecia emergiam. Aquele fora outro marco em minha jornada de reconexão com J-R, que fora meu amigo por muitas e muitas vidas antes.

Agora minha vida estava começando com ele de novo.

Dois anos depois, do PAT IV, em 1990 (quem disse que seria o último?), me inspirei em um membro do *staff*, Michael Feder, e respeitei a forma como ele administrou a viagem. Eram tempos loucos. Saddam Hussein acabara de invadir o Kuwait e por causa do tumulto na região, existiam longas linhas de ônibus, tentando atravessar o Mar Vermelho. Quando Michael trabalhava com J-R, pude ver milagres. Encontrávamo-nos em uma fila de caminhões e ônibus de cerca de 2 km, mas, de alguma forma, Michael foi capaz de conseguir três ônibus juntos na frente da fila. Admirei a liderança de Michael e a devoção de John Morton por John-Roger. Essas eram as duas qualidades que adotei enquanto me movia à minha nova vida.

> "*Ame tudo, confie em poucos, não faça mal a ninguém.*"
>
> – William Shakespeare
> (*Tudo está bem, se termina bem*).

"Para adicionar ainda mais glacê ao bolo, no trem para Leningrado, fui iniciado na Corrente do Som de Deus. Foi uma experiência incrível. Eu diria que todos os meus equilíbrios de aura, ordenações e iniciações foram em trens ou locais exóticos, aventureiros e lugares onde nunca pensei ir. Eu definitivamente nunca esquecerei nenhuma das minhas viagens, especialmente esta".

CAPÍTULO 11

Seguindo em
Meu Caminho Espiritual

No MSIA, depois de ler por dois anos as *Dissertações*, o estudante pode pedir para ser iniciado na Corrente do Som. Isso significa que o estudante se preparou e desenvolveu apoio interno para aprender a próxima fase do estudo espiritual que é cantar o tom sagrado, ou nome de Deus, que é espiritualmente carregado apenas para eles.

Era nessa fase que estava em meus estudos quando fui para viagem do PAT IV, de certa forma, a beira dos próximos passos. Mas, claro que não sabia se estava pronto para receber aquele nível de iniciação, apenas podia pedir por isso.

Quero enfatizar quão poderosas são as *Dissertações*. São livretos compactos e a informação que contêm são, muitas vezes, bem simples. Mas, através dos anos e depois de ter terminado os 12 anos, posso testemunhar como um conhecedor, não como um pensador, que nelas não se trata apenas das palavras. Elas são um portal para a consciência do Viajante Místico que está dentro de nós e no que podemos chamar dos reinos externos do Espírito. Elas são a porta pela qual as pessoas podem entrar no que chamamos na Corrente do Som de Deus.

Talvez, esteja projetando, mas com certeza, não captei o que tinha em minhas mãos quando iniciei a leitura das *Dissertações*, especialmente nos três a quatro anos antes do falecimento de J-R, nos quais as *Dissertações* foram o catalizador das experiências mais profundas na Corrente do Som e se tornaram marcos no caminho para onde eu seguia e indicadores do que me tornaria. Desde que desenvolvera um amor real por fazer seguimento das coisas, algo que aprendi com John-Roger – me tornei mais consciente dessas experiências.

Mas, voltando à história. A primeira parte da viagem PAT foi Amsterdã. Passamos uma noite ali, depois voamos para o Cairo, Egito. Depois foi uma noite de trem para Assam. Quando chegamos a Assam pela manhã, abordamos o navio que nos levaria pelo Nilo até Alexandria. E isso foi a mais bíblica e linda experiência que tivera em toda minha vida.

Enquanto estávamos na peregrinação, precisamos ler ou ter lido três livros: *A Jornada para o Oriente*, de Hermann Hesse, *Iniciação*, de Elisabeth Haich e, claro, *As Dissertações*, do MSIA. A coisa com *As Dissertações* é que, frequentemente, o tópico que se desenvolve a cada mês, de alguma forma, é exatamente o que a vida lhe traz para lidar. Essa é a mágica das *Dissertações*. Você lê a informação e o Espírito lhe traz as lições para que possa integrar nos ensinamentos. Assim, a viagem era muito interessante.

Amei a viagem. Fomos a cada templo ao longo do Nilo. Grudei imediatamente em John-Roger e fui a tudo o que ele foi.

Continuava desejando desesperadamente estar no *staff* de J-R, mas não tinha ideia de como fazer isso acontecer. Simplesmente, continuava aparecendo e fazendo o que precisasse ser feito. Foi aí que entendi que a intenção vem primeiro, depois o método aparecerá do Espírito. As coisas estavam embaçadas, mas me recordo que em algum momento da viagem, me disseram que agora estava no *staff* do J-R.

Na verdade, não sabia o que eles queriam dizer com isso, mas não me importava. Estava com J-R. Uma coisa que entendi foi que estava habilitado a fazer coisas com John Morton e os outros membros da equipe. Precisava ficar por perto e observar como J-R trabalhava com o *staff*, como ele compartilhava e aquilo foi lindo.

Durante meu primeiro PAT IV, em 1988, comecei a aprender que J-R era um leitor voraz. Houve ocasiões, em que vira que ele lera um livro e fazia referência a ele no seminário. As coisas inspiravam a J-R, ele era um buscador. Certa vez ele me disse: – Procure primeiro o reino dos céus e tudo mais lhe será acrescentado. Lembre-se que essa afirmação diz procure, não ache. Captei aquilo, apenas procure. Tentar encontrar pode ser frustrante, mas procurar é ótimo. Assim, também me tornei um buscador.

No PAT IV de 1990, J-R, eu e uma pessoa do *staff* passávamos horas em uma cabine lendo os livros de Anne Rice, *Crônicas de um Vampiro* e *A Mamãe*. Eu não era um leitor veloz, assim algumas vezes, pegava o livro que os outros já haviam lido. Talvez, isso não seja grande coisa para vocês, mas, me ajudou quando fui ter com Tom Cruise, anos depois (Essa história vem mais tarde).

Estava me acostumando a ser um membro do *staff* não oficial, quando entramos na Terra Prometida. Israel era linda. Tive experiências profundas por lá e me vi aprendendo rapidamente como funcionar em minha nova posição. A viagem foi incrível e em algum momento ficou nebulosa. Eu sabia que estávamos por deixar a Terra Santa.

Com o PAT IV terminando, John-Roger e outras pessoas estavam à frente de uma viagem de trem para a Paz, na Alemanha e na Rússia, através da Europa Oriental. Não estava preparado para ficar longe de J-R. Queria ir a essa viagem estendida para estar com ele. Ele olhou para Brooke Danza, que dirigia a agência Spirit Travel, responsável por planejar todo o PAT IV e outras viagens do *staff*, e disse: –Inscreva ele no resto da viagem. Então, se virou para Phil Danza, diretor da Now Produções e disse: –Dê a ele um *walkie talkie* e um rádio. Ele se virou para mim, piscou e disse: –Agora, você é parte de meu *staff* pessoal. Não tinha ideia do que isso implicava, mas não me importei. Apenas queria estar ao lado de J-R.

E para acrescentar mais glacê ao bolo, no trem para Leningrado, fui iniciado na Corrente do Som de Deus. E essa foi uma experiência sagrada e maravilhosa. Posso dizer que todos meus equilíbrios de aura, ordenações e iniciações aconteceram em trens ou em locais exóticos e aventureiros. Nunca pensei que essas coisas aconteceriam. Mas, definitivamente, não vou esquecer minhas viagens, especialmente essa. Então, na Alemanha, a caminho da Rússia, tudo parou.

Olhando para trás, estava experimentando morrer para esse mundo. Comer do maná e o que John-Roger me deixava ver nos reinos internos, abriu meu terceiro olho, ainda que estivesse apegado a esse mundo. J-R dizia que não era o apego que provocava sofrimento, mas o desapego. Parte disso era que tinha saudades de minha esposa. Fiquei dilacerado ao perceber que aquela viagem não era apenas uma viagem na jornada da minha vida, ela estava se tornando o caminho principal para mim. Estava lutando para decidir – realmente decidir – se era aquela a vida que eu queria.

Quando comecei a agonizar sobre isso – algo ficou bem claro para mim: eu cruzara o ponto do sem retorno. E essa foi uma realização impressionante. Sentia saudade de minha esposa, mas profundamente em meu interior sabia que aquela era a vida que queria. Até que finalmente me esclareci o suficiente para admitir isso para eu mesmo.

O movimento espiritual que estava acontecendo dentro de mim era muito forte e poderoso. Era um maremoto que não podia ser detido, seja por um relacionamento, um casamento, uma carreira, por nada. E quando essa percepção se assentou, chamei minha esposa. Estava inquestionavelmente apegado a ela, mas também estava inquestionavelmente dedicado ao meu "ser verdadeiro". Eu me recordo que ela atendeu ao telefone e que lhe disse que pegaria o primeiro avião de volta se ficássemos juntos.

Houve um longo silêncio na linha.

Quando eu disse a J-R o que acontecera, ele me aconselhou a voltar para ela depois da viagem e pedir o divórcio para que ambos ficassem livres. Ele disse que me via em Mandeville Canyon, em sua casa, em outubro – o que seria um par de meses à frente. Reconhecendo a sabedoria em seu conselho, me preparei para fazer o que ele sugerira. E tudo saiu como ele disse. Foi fácil para ela e para mim, ambos sabíamos que aquilo era o melhor para os dois. Então, em novembro, tudo se completou e eu mudei para casa de John-Roger.

Apesar da excitação e da aventura de minha nova vida e mesmo sabendo que não poderia sustentar adequadamente meu casamento, levei anos para superar minha esposa. Foi difícil. Quando isso me aborrecia muito, J-R me dizia que era melhor cortar o rabo do cachorro de uma vez, ao invés de um pedacinho de cada vez. Esses pequenos passos eram muito mais dolorosos do que o corte de uma vez – *boom* – e não ter que lidar com aquilo de novo. Mas, o melhor que pude fazer foi cortar centímetro a centímetro e a dor se alongou por muito, muito tempo.

Depois do divórcio e da partilha em Nova York, nunca mais vi minha ex-esposa. Deus a abençoe. Em seguida a viagem para Rússia, J-R e John foram para Coreia e eu terminei de fazer o filme do Merchant Ivory, voltando a filmar cenas.

Então, minha nova vida realmente começou.

"John-Roger passou as chaves da Consciência do Viajante Místico a John Morton em 19 de junho de 1988. Essa transferência se completou e foi confirmada em 18 de dezembro de 1988 para se certificar que John poderia manter a energia. Porque John estava se movendo à outra posição. Senti uma sensação desesperada de aprender tudo".

CAPÍTULO 12

Trabalhando para J-R

Em 01 de outubro de 1988, me mudei para casa de Mandeville Canyon, onde o *staff* de J-R vivia e me vi limpo das drogas, livre do álcool e sem qualquer laço legal de relacionamento. Era como um renascimento. Então, meu treino com John-Roger, o guerreiro espiritual começou.

Permitam-me lhe dar umas ideias: sempre quis ser um sacerdote ou uma espécie de monge. E quando me mudei para Mandeville, era como um monastério. As regras eram, sem sexo, a não ser que fosse casado. O Phil e a Brooke eram o único casal que vivia ali, foram apadrinhados naquele lugar, porque depois, se alguém da equipe imediata de J-R se casasse, precisava sair da casa. Além de sexo, sem álcool, sem fumar, sem alho, cebola ou porco. Era uma casa espiritual pura.

Mandeville também era um local de trabalho. Now Production tinha seus escritórios, estúdio e toneladas de equipamentos de áudio e vídeos guardados no porão. J-R, eu e outros do *staff* estávamos acima das escadas. Ao lado do quarto de J-R, havia outros dois quartos a cada lado do corredor, onde morávamos e também usávamos para preparar as bagagens para viagem. O pessoal do *staff* de J-R trabalhava, fazia exercícios espirituais e preparava as bagagens para as viagens naqueles quartos.

Trabalhávamos esperando que J-R nos chamasse no comunicador passando as ordens. Quando ele chamava, precisávamos responder rapidamente. Por exemplo, se J-R dissesse que sairíamos, tínhamos apenas alguns minutos para nos arrumar e correr para a área de estacionamento. Se demorasse você ficaria para trás, de pé no estacionamento.

Meu primeiro trabalho com J-R foi ser seu guarda-costas, em um pequeno restaurante. Amei aquilo, era como se estivesse em um filme ou coisa assim. Entrei no *staff* no final das ameaças contra a vida de J-R. Ele não tinha medo, mas eu não queria perdê-lo, se pudesse ajudar. Ele me pediu para sentar em um lugar e observar. Fiz isso e nada aconteceu, graças a Deus. J-R e aquela pessoa conversaram e terminaram. Aquele era o começo de muitos encontros e lugares que fui com ele, onde ele me dizia: —Sente-se ali e observe. Não captei completamente o que ele estava me ensinando até agora.

No que diz respeito às finanças, eventualmente, assim como J-R, fiz um voto de pobreza, o que significava que eu não possuía nada; a Igreja tratou de todas as minhas necessidades. Isso aconteceu de 2007 a 2016. Antes disso, de 1988 a 2006, fui voluntário.

A casa de Mandeville era pura energia e mágica. Era e ainda é fenomenal. Era de verdade um clube de espiritualidade e vivíamos apertados. Fazíamos o trabalho do Senhor e isso se parecia aos Beatles de muitas maneiras. Claro, que se um dos rapazes se casava ou tinha uma namorada, havia um período de ajuste à nova pessoa para que essa fizesse parte da banda. Mas, chegávamos lá.

A parte favorita da casa de Mandeville era a sala de estar, onde J-R assistia a filmes, indo e voltando, ou a cozinha, onde abríamos as cartas, cada membro do *staff* tinha sua caixa de correio.

Jason Laskay, que vivia na casa e era um mestre carpinteiro, fez um excelente trabalho, fazendo com que a casa parecesse linda. Mandeville era uma casa construída no estilo de um rancho entre os anos 1930 e 1940 e era modernizada várias vezes. No quintal, havia cães weimarenses, *rottweilers*, *boxes* e até dálmatas. Se já escutou muitos seminários, verá que J-R fala deles.

    Um dos melhores momentos em Mandeville era o natal, quando os presentes ficavam empilhados até a cintura. Era quase uma aventura abri-los e compartilhar o que os membros da Igreja mandaram. Certo dia, talvez em 2011, J-R parou de abrir presentes e o resto de nós decidiu parar de abrir presentes também. Foi estranho, havia presentes embrulhados por anos nos cantos da casa. Finalmente, durante um jantar, em 2016, abrimos todos honrando a John-Roger. Foi como um rito de passagem também – penso eu.

    Uma das regras em Mandeville é que se quebrasse algo, consertasse. Nunca nos culpavam por ter quebrado algo, mas definitivamente ficávamos pendentes daquilo até que se consertasse.

    Outra regra que aprendi foi "O que acontece em Mandeville, fica em Mandeville". As pessoas compartilhavam coisas muito sagradas e não nos cabia comentar sobre isso. Também, o trabalho de J-R era sagrado e ele deixava que as pessoas soubessem o que elas precisavam saber. Portanto, se víamos algo que acontecia na casa, não queríamos nunca ficar no caminho do que o Espírito estava trazendo. Assim, mantínhamos nossa boca fechada.

    Essas eram as regras. Se estivesse perto de J-R ou planejando mudar-se para Mandeville, essas coisas seriam ditas a você.

    Enquanto me acomodava e o choque das maiores mudanças se assentava, notei que o *staff* mudara. Quando comecei a trabalhar e a cuidar de J-R na viagem estendida do PAT IV, havia alguns caras em seu *staff* pessoal. Mas, em novembro, alguns deles se casaram e outros se mudaram, assim quando cheguei só havia John Morton, J-R e eu. John-Roger passara as chaves espirituais da consciência viajante para John Morton, em 19 de junho de 1988. Em 18 de dezembro desse mesmo ano, a transferência se completou uma vez confirmado que John poderia sustentar a energia. Porque John se moveria a uma nova posição, me senti realmente desesperado por aprender tudo e poder ajudar a J-R pessoalmente, para ser efetivo em seu *staff*.

O Amor de Um Mestre

Olhei para John Morton como a pessoa que conhecia o negócio. Sua devoção e dedicação eram realmente um exemplo brilhante para mim. Ele ficava na cozinha perto das caixas de correio, vendo TV, com Cheerio, o gato, em seu ombro ronronando, enquanto lidava com toda a correspondência de J-R. Naquele tempo, não havia *e-mails* ou *internet* ou computadores, além do Apple Lisa e do MAC II. John se tornou um modelo real do que J-R precisava ao redor dele.

E, então, John se casou. Primeiro fiquei triste quando ele deixou a casa. Depois me senti bem porque ficou apenas J-R e eu.

Vivendo com J-R, aprendi muitas coisas rapidamente e uma das primeiras coisas era a autodisciplina. Na verdade, começara a aprender autodisciplina quando estava no curso de recrutas para o exército, durante o ensino médio. Gostava do uniforme e da ordem que o curso oferecia. Ainda que tenha falhado na maior parte do curso de recrutas para o exército, em certo momento, o sargento me perguntou se dispararia uma arma. Disse que podia e ele me levou para escola de tiro. Foi ótimo. Ele me colocou no time de tiro e tiramos o segundo lugar no Campeões Estaduais de Tiro ao Alvo.

Nosso curso de campo de recrutas para o exército era no Forte Ord, em 1980, enquanto estava na escola de ensino médio de Fairfax. Ficávamos em barracas e fazíamos turnos de vigília enquanto os outros descansavam. Isso era para atuar "como se estivéssemos em tempos de guerra". Estar atento e servir para proteger e defender era algo que começaria a se formar no meu DNA e me prepararia para servir J-R.

Foi em verdade meu treino para o que chamávamos noite de vigília em Mandeville. Esse era um trabalho que rodava pelo *staff* no qual passávamos a noite, mantendo e sustentando a energia clara para que J-R e os outros pudessem dormir. Eu amava aquilo e eventualmente me tornei muito bom naquilo. E ainda faço noites de vigília quando o Espírito me chama para isso.

Trabalhando para J-R

Anos mais tarde, eu conduzia J-R na rota do Forte Ord para o Hotel de Conferências Asilomar para os retiros Vivendo em Graça. A energia e as colunas de Luz sempre estavam lá para que entrasse.

Quero reconhecer que quando comecei no *staff*, John Morton foi de grande ajuda. Ao trabalhar e estar por perto de J-R foi uma experiência única, para dizer o mínimo e John realmente me ajudou e facilitou o processo – que no mínimo era como ser jogado no fundo da piscina.

Uma das primeiras coisas que John Morton me ensinou, quando apareci em Mandeville foi "fale a verdade e que seja verdade o que você diz". Isso pode parecer banal, mas, com J-R você realmente precisava fazer isso ou quase certeza você estaria com problemas (aprendi sobre esse grande momento). Também fiz muita meditação para me manter equilibrado.

Com frequência, cuidava de J-R enquanto ele meditava em seu quarto. Ficava na cadeira de fazer exercícios espirituais, lendo ou trabalhando no computador (se esse não fizesse muito ruído). Depois de um tempo, ficava impaciente e dedilhava a maçaneta da porta para girar e sair. Então uma voz do escuro, perguntava:

–O que está fazendo? (A consciência de J-R era onipresente em sua totalidade).

–Nada, respondia.

–Aonde você vai?

–Quero sair para pegar um ar.

–Tudo bem, pode ir, mas não faça ruído ao voltar.

Ele sabia de tudo. Era impossível vê-lo em um sono profundo, ele sentia toda a casa.

J-R tinha vários tipos de sono. Se estivesse roncando, era um sono superficial, então, precisávamos observá-lo com mais cuidado. Quando não o escutava roncar, isso significava que estava em um bom sono. Por muitos anos, observei o estado de descanso de J-R e também descobri que dependendo de como dirigia ele podia dormir mais profundo ou superficialmente.

O Amor de Um Mestre

Uma das coisas que desejei guardar era a coleção de notas que eu e J-R escrevemos um para o outro ao longo dos anos. Meu quarto era no final do corredor de Mandeville. O *staff* com frequência acordava cedo para escrever notas. Muitas vezes, antes de sair, escrevia uma nota para J-R e colocava embaixo da porta do quarto dele. Algumas vezes, ele perguntava: –Zeus? É você? E algumas vezes eu dizia: –Sim. Algumas vezes, ele queria ir junto, outras vezes cancelava minhas notas, pegava a estrada e parávamos para comer.

Algo que aprendi no início, depois de juntar-me ao *staff*, foi que você só podia estar livre das "teias" espirituais, quando J-R especificamente pedia que você passasse por seus arquivos. Lembro-me de um membro do *staff* que passou pelas gavetas da mesa de J-R, olhando inocentemente através de coisas, sem verificar primeiro com J-R, foi atingido com força. Ele sentiu o rosto e os olhos reagirem como se estivesse preso a uma teia de aranha.

Ele perguntou a J-R sobre isso à noite para que pudesse ajudá-lo. J-R disse diretamente na cara dele: –Mantenham o nariz fora das minhas coisas. Depois, ele me explicou que todas as suas coisas estavam protegidas por essa teia espiritual. Todos entenderam que a casa de J-R em Mandeville Canyon estava protegida por seres. Se tivesse alguma má intenção, captava karma. O *staff* que vivia ali entendeu isso e coexistíamos com esses seres. Eles eram os guardiões do universo.

Certa vez, durante o retiro Vivendo na Graça, em 1990, levei as cartas de J-R para ele. As cartas dos iniciados em geral ficavam no quarto do retiro, mas naquele momento pensei que economizaria tempo se levasse para o quarto do hotel. Entrei com as cartas na mão, ele me disse:

–Te pedi que trouxesse as cartas?

–Não (e estava me sentindo horrível), pensei que lhe ajudaria, se fizesse isso.

–O inferno está pavimentado de boas intenções (repetiu severamente). Vou permitir que experimente o karma que vem nessas cartas. Ele me olhou e a dor universal e a escuridão de todas aquelas pessoas que escreveram para J-R me pegou.
–Você precisava experimentar o que atravesso, quando faz coisas que não lhe concerne, a não ser que lhe peça.
E acho que ele me deixou com esse karma por uma hora. Estava chorando e profundamente alquebrado. Ele se dirigiu a mim, sorriu e me tocou no ombro. E subitamente, me senti aliviado – fui Atlas por um momento e ele removeu o mundo que estava me quebrando. J-R disse: –Leve essas cartas de volta.
–Sim Senhor!
E corri de volta para o quarto de treinamento. Ele me amou o suficiente para me mostrar o que ele atravessa e o que ele faz todos os dias pelos iniciados.
A coisa mais interessante não era porque vivia com um mestre, um guerreiro espiritual, que ele estava constantemente ativo, sempre me ensinando, nada disso. Meu relacionamento com John-Roger começou e se construiu através de uma forte amizade. Após meu divórcio, definitivamente ele esteve a meu lado como amigo. Essa parte de ser um guerreiro espiritual corta qualquer coisa, que não seja a verdade, com a espada da verdade. E seu coração é seu escudo para persistir. Se você cair, se levanta. Se me divorciar da minha esposa, foi uma das coisas mais desafiadoras de minha vida, acho que passei porque tinha um bom e sólido amigo a meu lado. Nunca houve um amigo melhor do que John-Roger foi para mim.

"Alguns dias depois, um terremoto atingiria aquela área. Tornou-se bem comum que J-R dissesse que precisávamos ir e já esperávamos que um terremoto se seguisse. J-R costumava dizer que estava movendo terremotos, fazendo-os mais fáceis na terra".

CAPÍTULO 13

Movendo Terremotos

Trabalhei e cuidei de John-Roger por 26 anos. Precisam entender que era um trabalho de 24 horas ao dia, sete dias na semana. E digo isso literalmente. Tirando alguns momentos quando estava representando, ou filmando, ou trabalhando nos filmes de J-R, estava com ele dia e noite. E J-R era uma pessoa 24 horas.

Não era incomum para ele me procurar à meia-noite ou mais tarde e pedir que pegasse as chaves do carro para ir a algum lugar. Com frequência, me pedia para dirigir para leste. Assim, pegávamos a interestadual 10 e saíamos no Rosemead, onde ele vivera e ensinara na escola secundária na encarnação como "Sr. Hinkins" e íamos tão longe quanto Iddyllwild.

Estávamos nos Bonnies às 3h da manhã, ficávamos por um tempo, até que J-R dissesse para dar meia-volta e voltar. Alguns dias depois, um terremoto atingiria aquela área. Tornou-se bem comum que J-R dissesse que precisávamos ir e já esperávamos que um terremoto se seguisse. J-R costumava dizer que estava movendo terremotos, fazendo-os mais fáceis na terra.

Eu mencionei isso porque queria tocar na ideia de alguns dos trabalhos que J-R fez. E ele fez muito trabalho interno sobre os quais não nos contou. Talvez, de vez em quando, ele falasse sobre algo assim, mas não com frequência.

O Amor de Um Mestre

Uma das coisas sobre a qual falou foi na viagem à Europa em 1988, quando visitamos o muro de Berlim. Na época, o comunismo parecia estar no seu auge. J-R, então, fez um exercício conosco, em que colocamos uma "minhoca de Luz" no muro e disse que esse cairia, dentro de dois anos.

Muitos que conheciam a J-R valorizaram isso, outros não podiam acreditar. E não acreditaram até que o muro caiu em 1989.

Eu acredito que J-R estava fazendo coisas desse alcance e natureza o tempo todo. Mas ele não falava sobre isso. E não sabíamos para perguntar. Mesmo se soubéssemos, duvido que J-R discutisse sobre isso.

Em certo sentido, se fossemos membros da Igreja Católica, não tenho dúvidas, de que poderíamos provar que ele fez três milagres e que se tornaria São John-Roger.

Uma nota interessante aconteceu há alguns anos atrás, quando fui para Iddyllwild com Nicole. Fomos lá para comemorar o aniversário de outra pessoa que estava no *staff* de J-R comigo.

Foi bom levar Nicole naquele dia. Parecia que J-R estava conosco e comecei a contar histórias dos tempos em que J-R e eu íamos para lá. E com quase certeza, Iddyllwild teve três terremotos ao longo do tempo em que estávamos lá. Nicole sentiu o primeiro às 6h da manhã naquele dia.

"Nossas dúvidas são traidoras e nos fazem perder o bem que podemos ganhar, temendo tentar".

– WILLIAM SHAKESPEARE (MEDIDA POR MEDIDA)

"Quando entrei, viajávamos a lugares, ficava entusiasmado. Claro, se estivéssemos em uma praia, gostava de estar com as meninas. Mas eu estava com J-R. Podia perguntar a ele quando ficaríamos com as meninas. Não demorou muito para perceber que, para nós, não havia garotas para sair. Tínhamos trabalho a fazer. Meditávamos muito, saíamos do corpo, que é a viagem da Alma".

CAPÍTULO 14

Histórias do Trabalho com J-R & Coisas Aprendidas

Não muito depois de começar a trabalhar com J-R, estávamos em um avião voltando de uma viagem ou outra. J-R tinha um maço de correspondências de PRANA, a sede da Igreja que agora se chamava Labirinto para Consciência da Paz e Jardins (PALG).

(Como uma nota, as pessoas que primeiro se envolveram com o trabalho de J-R, antes de 2000, ainda tendiam a chamar o lugar de PRANA, que era a sigla para o Ashram da Rosa Púrpura da Nova Era, o Movimento começara no final dos anos 1960 e princípio dos 1970, quando a procura pela Nova Era Espiritual era grande, especialmente com os *hippies*. Eu me lembro de que J-R disse que os *hippies* trouxeram uma consciência amorosa, aberta e corajosa).

J-R começou a trabalhar com os maços e maços de papel, que eram na maioria cartas de ministros e iniciados que podiam escrever para J-R. Ele separou uma pilha e empurrou para mim dizendo: –Você fica com as coisas em espanhol. Isso era comum com seu *staff* pessoal.

Olhei para ele meio que em branco e ele me perguntou se eu poderia ler as cartas em espanhol e respondi que podia. Disse aquilo, mas podia dizer qualquer coisa para ser capaz de estar ao lado de

O Amor de Um Mestre

J-R. Basicamente, pensei que fora uma mentira, mas J-R disse que precisava fazer o que fosse preciso para ficar por perto.

O fato era que estava lutando para ler espanhol; eu podia ler um pouco. J-R me olhou, como se tivesse me atravessando, pegou um pedaço de papel me entregou e perguntou o que a mulher estava dizendo. Dei uma olhada e tentei entender. Até que finalmente disse não tenho a menor ideia.

J-R balançou a cabeça e encontrou outro que traduzisse a correspondência em espanhol.

Uma vez, no *staff*, rapidamente aprendi que J-R era muito pontual. Quando me mudei para Mandeville Canyon para trabalhar também era pontual, coisa que aprendi na experiência do serviço militar da escola secundária, depois o mesmo quando precisava estar a tempo para alguma filmagem. As companhias de filmagem, podiam lhe chamar para estar às 5h ou 6h da manhã e você precisava aparecer. Tempo é realmente dinheiro no mundo de negócio de filmes. Rapidamente, aprendi que se J-R dissesse que estaríamos em algum lugar em uma determinada hora, se alguma pessoa não estivesse pronta, o carro sairia sem ela. Escutei mais de uma história de membros do *staff* seguirem a pé depois do carro de J-R.

Aprendi sobre isso porque nos primeiros nove anos, quando era apenas J-R e eu, era muito comum para J-R interfonar no meu quarto para estar pronto para sair, isso significava que tinha apenas alguns minutos para ficar pronto, sair e pegar o carro, antes que ele se afastasse para tomar café da manhã ou para falar com John Morton. Não o faça esperar ou ele diria: –Dólar em espera de um peso. Isso foi especialmente verdadeiro em Santa Bárbara, aonde eu conduzia J-R e John Morton para reuniões durante o café da manhã, almoço e jantar.

Preciso dizer, como uma nota, que os melhores momentos com J-R eram no café da manhã, ele simplesmente era um companheiro de comida.

J-R também viajava muito, era natural de seu trabalho, fomos a muitas cidades por todo país e no mundo. J-R trabalhava com seus iniciados onde quer que eles estejam. Não havia um lugar em que J-R não fosse para salvar ou batalhar por suas Almas. Não era problema ser pontual e cigano para mim. Meu padrasto me levava por toda parte, vivemos em hotéis e algumas vezes no fundo de um caminhão, então, estava acostumado a esse tipo de vida. Quando passei a estar com John-Roger, notei não apenas que poderia tolerar aquele estilo de vida, mas que também desfrutava viajar com ele.

Às vezes, especialmente no início, sentia como se um ambiente confortável ou uma casa se despedaçara. Então, com o tempo, simplesmente decidi que gostava dos Holiday Inns, Radissons e La Quintas. À medida que nossa família MSIA amadureceu e começou a se tornar mais bem-sucedida no mundo, nos permitia ficar em melhores hotéis, pois as pessoas cuidavam de J-R. Mas, não importava onde ficássemos, Denny's era o restaurante de escolha. Eu acho que nossos sistemas se acostumaram com as receitas do Denny. Eu acho que isso também foi outro reflexo da educação de J-R sobre a época da Depressão. Quando me acostumei à rotina, basicamente colaborei com quase tudo (pois, se não colaborasse apenas ficaria irritado).

Quando entrei no *staff* e estávamos viajando e indo a lugares, eu ficava excitado. Se estivéssemos em uma praia, queria sair com as garotas. Mas, J-R era o chefe, assim, perguntava a ele quando sairíamos com as garotas. E não levou muito tempo para que percebesse que não haveria garotas para sair. Tínhamos trabalho a fazer.

Viajar com J-R sempre trazia uma lição. Era muito parecido com a vida em geral, se você estiver prestando atenção. Mas, viajar trazia suas experiências únicas.

Certa vez, estava com J-R em Amsterdã, em uma escala e estávamos fazendo um *check in*. Estava com o carrinho das bagagens e vigiava a maleta de J-R, onde ele mantinha o dinheiro para gorjetas, transporte ou para pagar os eventos do dia. Nessa ocasião, estávamos prontos para ir à Rússia e Alemanha, J-R nos observava

O Amor de Um Mestre

a apenas uns metros de onde eu estava com a bolsa. Ele me dissera para cuidar de sua bagagem e isso se tornou um momento decisivo que me trouxe um aprendizado muito profundo.

Eu estava bem vigilante, mas tirei minha atenção. Deixei o carrinho onde estava a bagagem do J-R e caminhei até ele, que estava a apenas quatro ou cinco metros de distância. J-R olhou para mim e perguntou se eu estava vigiando a maleta. Eu disse: –Claro! E, então, olhei de volta para o carrinho de bagagem. Meu coração gelou. A maleta de J-R desaparecera.

J-R nem piscou. Ele me olhou e disse: –Espero que a pessoa precise mais desse dinheiro do que nós. Deus o abençoe! E acho que a coisa mais surpreendente que experimentei, foi que J-R nunca trouxe isso à tona, nem me culpou.

Estou mencionando isso porque essa experiência bastou apenas uma vez para que eu realmente ficasse de guarda da bagagem de J-R nos aeroportos e me tornasse muito mais vigilante. Fiquei muito mais focado, quando comecei a ter mais responsabilidade nas viagens PAT e, realmente, vigiava porque era responsável por contar a bagagem, uma tarefa de responsabilidade. Podem acreditar que depois dessa experiência nenhuma outra maleta foi roubada de minha visão.

A principal coisa que levei disso foi o amor que experimentei que foi preenchido de Graça. J-R sempre me ensinou com amor.

Em outra viagem, estava em Paris com J-R. Estava me sentindo deprimido e não sabia bem o porquê. Falei com J-R sobre uma experiência passada que tivera em um apartamento em Paris, que chamavam de apartamento de modelos. Aquele era o lugar onde os atores e modelos ficavam quando estavam viajando a trabalho e dividíamos os custos.

Falei com J-R sobre estar nesse apartamento, durante uma filmagem que fiz de Paris até a Itália. Disse que me senti muito deprimido ao estar lá. À medida que contava a história, J-R disse para levá-lo ao apartamento. E o levei. Ficamos do lado de fora do lugar e apontei para janela, dizendo que aquele era o apartamento.

Histórias do Trabalho com J-R & Coisas Aprendidas

J-R ficou ali, como se estivesse meditando e depois me perguntou como me sentia. Respondi que naquele momento me sentia ótimo e que tudo estava bem. Então, me disse que nunca mais pensasse sobre isso de novo. Mais tarde, J-R me contou que completara o que deixara lá e que apagou qualquer energia ectoplásmica que pudesse me puxar.

Desde aquele dia em diante, não me senti atraído por aquele apartamento ou experimentei ter estado lá em Paris quando era ator.

Aprendi que você sempre precisa apagar as experiências negativas de uma pessoa, lugar ou coisa. Por exemplo, se você teve alguma experiência desagradável em algum lugar, você pode atualizar voltando ao lugar e passando super bem. É uma forma de atualizar a memória e liberar os sentimentos que lhe deprimem.

J-R era capaz de mudar meus passos do passado. Ele fez isso em outros lugares também. Quando me juntei ao *staff*, fui com J-R para São Francisco e ele me pediu que o levasse ao lugar onde tive um desafio emocional com minha ex-esposa. Assim fiz, ele apagou como mágica a energia que eu tinha amarrado naquele lugar. Atualizei São Francisco com experiências maravilhosas com John-Roger e muitas delas nas livrarias, nas maratonas de J-R e na exibição dos filmes.

Como você pode imaginar: viajar com J-R era mágico.

"Esse ditado que eu aprendi com John Morton 'Diga a verdade do que você quer dizer e seja verdadeiro com o que você diz' aplica-se inquestionavelmente a J-R. Tudo o que J-R disse, ele quis dizer e se ele dissesse algo para me alinhar, eu sabia que era melhor eu correr. Aprendi que ele era rápido, seus reflexos eram rápidos. Antes que eu pudesse piscar, ele teria (no sentido figurativo) me batido e comido uma rosquinha".

CAPÍTULO 15

Estar com J-R Foi Estar na Escola

Não vou dizer que era um anjo. E como estava em uma espécie de pico em minha carreira de ator no início de meu trabalho com J-R, minha autoestima digamos era alta. Assim, eu não era a pessoa mais fácil de ter em uma viagem de trabalho. Mas, J-R vira algo em mim – ou, simplesmente, era a consciência de muitas e muitas vidas que estivemos juntos antes – isso o ajudou a me ter por perto.

Não estou desculpando minhas palhaçadas, mas não sei se alguma vez fui agressivo perto de J-R. Não julgo isso agora porque naquele momento eu não sabia de nada. Essa era uma das coisas chaves que J-R costumava dizer: –Cada um está fazendo o melhor que pode com o que sabe. Quando souberem melhor, farão melhor. Do jeito que eu funcionava, não aprendera a ser suficientemente sensível.

Sensibilidade foi o talento que J-R realmente me trouxe. Uma pessoa como eu, pode ser difícil. Eu pressiono para conseguir o que quero no mundo. Mas, para estar com J-R, não precisava fazer isso; de fato se eu fizesse isso, ele simplesmente sairia.

Ainda que pareça uma contradição, outra coisa que aprendi de J-R foi perseverança. Descobri que existe uma diferença entre se manter por algo e pressionar por algo.

O Amor de Um Mestre

Assim que comecei a trabalhar com o J-R, comecei a aprender. Através dos anos, basicamente, J-R me treinou. Esse ditado que aprendi com John Morton, "Diga a verdade do que você quer dizer e seja verdadeiro com o que você diz", aplica-se inquestionavelmente a J-R. Tudo o que J-R disse, ele quis dizer e se ele dissesse algo para me alinhar, eu sabia que era melhor eu correr. Aprendi que ele era rápido, seus reflexos eram rápidos. Antes que eu pudesse piscar, ele teria (no sentido figurativo) me batido e comido uma rosquinha (J-R amava rosquinhas).

Um bom exemplo disso ocorreu na viagem ao Egito, estávamos em um PAT IV, nos preparando para o show de luzes e som em frente à esfinge. Esses shows eram bem dramáticos e se iniciavam ao entardecer. O show era realizado por atores ingleses acompanhados por sons de trovoada. Isso passava mesmo uma sensação de tempos antigos. Bem, estava entardecendo, J-R e eu sentamos um em frente ao outro e comíamos. Eu estava fazendo perguntas e, francamente, sendo um chato. Finalmente, J-R disse: —Pare de falar (Eu continuei falando) e ele pegou o copo de água dele ... – Vou jogar isso em você, se continuar falando ... – Duvido! (É antes que me desse conta...) Splash! Eu estava todo molhado. As pessoas estavam rindo e eu rebentando. Então, captei. J-R não fala para ameaçar, se ele disser que fará algo, ele toma ação.

Aprendi ali que J-R era real. O que acabei aprendendo foi que J-R podia acessar muitas coisas em níveis multidimensionais. Era jovem e ainda não apreciara a arte de me sentar quieto e observar J-R trabalhando. Mas, ainda foi divertido.

J-R podia usar qualquer coisa para ensinar e, especificamente para me ensinar. Quando me mudei para casa de J-R em Mandeville Canyon, não era uma pessoa de ver televisão. Era mais uma pessoa de ler roteiros e livros, porque vinha do mundo da representação. Amava enciclopédia, ganhei meus livros e possuía minha própria enciclopédia e coleção de livros. Isso foi antes do Google. Tinha livros porque sempre estava curioso sobre as coisas.

Estar com J-R Foi Estar na Escola

Esse comportamento continuou com surpresas quando mudei para Mandeville. J-R adorava se deitar e assistir TV, mas ele passava muito rápido pelos canais. Nunca ficava em um canal tempo suficiente para se envolver. Foi realmente irritante assistir TV daquela maneira. Costumava perguntar a ele, que diabos ele estava fazendo. Ele dizia que estava assistindo televisão. Eu dizia que ele definitivamente não estava assistindo televisão porque não estava em nenhum canal o tempo suficiente para assistir qualquer coisa. Ele fez isso por meses, talvez anos comigo.

Com o tempo descobri que quem tinha o controle remoto era o rei, assim que tirei o controle dele e perguntei se podia usar, ele respondeu: –Claro! Assim, comecei a surfar pelos canais. Depois de um tempo, fui pego por um show. No momento que realmente me vi envolvido, J-R me disse, muda de canal. Então, fazíamos essa rotina, que era como uma comédia, ele dizendo para que mudasse de canal e eu querendo ficar em um show. Isso aconteceu mais de uma vez e muito mais.

Claro que J-R estava me ensinando algo, mas não captei. Será que queria de volta o controle remoto? Será que eu o estava atacando? Será que os shows o feriam? Quando perguntei o porquê dele querer que mude de canal, ele não respondeu minha pergunta. Em vez disse ele me disse: –Destruímos universos quando perguntamos "por que?" E claro, que eu disse: Por que? –Você acaba de destruir outro universo. Era uma rampa escorregadia, sentindo que está fora da borda. Então eu continuava me perguntando o que ele estava me ensinando e ele continuava mudando os canais.

Outra técnica em que J-R costumava me ensinar uma lição particular era assim:

Zeus: Quero fazer uma pergunta sobre minha iniciação
J-R: Com fome?
Zeus: Não. Bem, tive esse sonho e pensei...
J-R: Eu tenho fome

Zeus: O que gostaria?
J-R: Sanduíche de atum. Verifique que estará...
Zeus: Cortado em quatro. Claro, deixa comigo!

Assim, fui para cozinha para fazer o sanduíche de J-R, enquanto ele se sentava em sua cadeira reclinável para assistir TV. Quando terminei, levei para ele o sanduíche e tentei voltar ao assunto. Mas, antes que pudesse falar, J-R pulava de novo:

J-R: Pimenta?
Zeus: Claro, maionese?
J-R: Sim, por favor. Com torradas
Zeus: Aqui está.
J-R inspecionava o sanduíche cortado em quatro e eu feliz porque passara na inspeção. Assim, tentei de novo minha pergunta.
Zeus: Quando sonhei com um acidente isso significa que pode ter acontecido na vida real?
J-R: Pode me trazer água?
Naquele momento estava me sentindo frustrado.
Zeus: Vamos lá, J-R, você continua desviando.

J-R sorria e continuava a se divertir.
Com o tempo, percebi que J-R romperia meus padrões por não ceder aos meus pensamentos. Mas, naquele tempo, eu não sabia disso, mas a mente continua seguindo sem um propósito real. J-R estava na Alma e acima. Sua maneira era através do amor, não das perguntas.
Depois de um tempo eu apenas ria. Não importavam minhas perguntas ou o que passava na TV.
Com o tempo percebi que não se tratava de TV e sanduíches de atum, ele estava rompendo padrões que já não me serviam. Foi apenas quando desisti de saber o porquê dele mudar de canal, que ele me disse que queria distrair a mente, mas sem ser completamente

Estar com J-R Foi Estar na Escola

atraído pelo show da TV. J-R me ensinava como assistir TV (ou a vida) sem se prender ao drama.

Algumas vezes, J-R podia ser mais direto no romper de hábitos, padrões... adicções. Sim, eu tinha adicções e uma delas era bem insidiosa. Começou quando John e sua então esposa, Laura, levaram seu filho mais velho e J-R para os Jogos da Boa Vontade de Seattle.

Um dia o filho mais velho de Laura nos levou a uma cafeteria que estava inaugurando, que se chamava Starbucks@. O filho de Laura sabia tudo sobre grãos de café. Assim que provei o café Starbucks e seus grãos, um expresso com chocolate... não pude parar. Assim, me tornei um adicto do café Starbucks. Ao longo do tempo, através de todas as PATs e inúmeras viagens e eventos que eu assisti, estava (eu admito) energizado pelo café.

Claro, logo depois de estar apegado, as lojas Starbucks abriram por todas as partes. Não havia um lugar em que não pudesse ver uma loja. Esse logotipo verde, logo se instalou em meu cérebro.

Então, a partir daí todos os dias que conduzia J-R a algum lugar, eu pedia: −Oh, eu quero parar em algum lugar e ter um Starbucks. Acho que chegava a tomar sete expressos por dia. Foi muito difícil. E essa é a energia que eu estava usando e não a energia espiritual interna. Então, J-R começou a trabalhar comigo.

Logo o diálogo se tornou ...

Jsu: Posso descer e pegar um Starbucks?
J-R: Não.
Então, comecei a trabalhar com J-R.
Jsu: O que quer dizer?
J-R: Quero dizer, não.

Finalmente, comecei a afundar no vício de Starbucks.

O que acabei provando marcas diferentes para interromper o padrão, assim não pareceria que estava adicto. Assim, comecei a frequentar toda sorte de cafeterias.

Com o tempo, rompi o hábito de tomar café, porque ainda bebo café, mas não tomo oito expressos ao dia. E, claro, que não vou ao Starbucks com muita frequência.

Outra adicção que J-R rompeu em mim... e esperem por isso... foi a pipoca. Nós íamos muito ao cinema e digo muito. E sempre comprava pipoca porque eu amava aquilo, enquanto J-R comprava caramelos.

Um dia J-R me olhou e disse: –Sabe, você está tendo muito disso, que tal seis meses? –Seis meses! – Certo! E não te quero ver comendo pipoca. Pare por seis meses. Oh, Deus! Seis meses! Mas concordei e depois de um tempo, isso não me incomodava. Como pipoca agora? Sim. Agora, desfruto, não mais como um hábito ou adicção.

J-R era um mestre em me ajudar (e a todos os seus alunos) a romper padrões e limpar vícios. Tudo dele era sobre Transcendência da Alma e a natureza da Alma é a liberação. Se vamos alcançar a consciência da Alma, não podemos fazer se estamos acorrentados a um hábito ou a um vício.

Em minha observação, J-R era capaz de viver multidimensionalmente. Ele deixava os olhos e a mente se concentrarem em algo que não era realmente muito atraente. Ele apenas o mantinha interessante o suficiente para distrair a mente e então deixava seu corpo. Aqui está uma ótima citação de J-R sobre isso:

"Agora é o momento de seguir para seu lugar de quietude. Ninguém na casa precisa saber que você está fazendo exercícios espirituais. Você pode deixar a TV aberta, com seus olhos focados nela e viajar na Alma. Pode deitar na cama e cantar o HU ou seu tom iniciático e aquele que está ao seu lado nunca saberá que você está fazendo isso".

– JOHN-ROGER, DCE.

Estar com J-R Foi Estar na Escola

Essa foi uma das técnicas que aprendi com ele. Naqueles dias via muita TV e algumas vezes me interessava por algo. Mas, era como se a TV sempre fosse usada como ruído branco, como J-R eu ia a outros lugares. A coisa é que ele nunca me dizia para onde ia quando ele via TV, assim não posso dar testemunho da efetividade de minha viagem na Alma enquanto assistia TV. Mas, posso lhes dizer que com o tempo, me tornei muito bom em usar o controle remoto. Eu tinha o talento e fui treinado pelo Mestre. Eu o mantinha feliz. Sabia como ficar em canal tempo suficiente para que J-R deixasse o corpo. E quando isso acontecia o pessoal do *staff* de J-R dizia: -J-R está caído – o que em nosso código, era que ele estava viajando na Alma.

J-R também amava assistir comerciais. Durante os nove anos em que éramos apenas eu e ele, um dos meus trabalhos era escrever todos os pedidos do "0-800 nos envie seu dinheiro". Isso foi antes da *internet*.

Ele sempre gostou de nova tecnologia e queria que pedisse coisas ainda que parecessem estranhas. Costumava brigar com ele sobre as coisas serem falsas e ele seguia assim:

J-R: Peça isso
Zeus: Vamos lá, J-R, eles estão vendendo abdominais em 5 minutos e você sabe que os caras nos anúncios estão à base de esteroides e nós não.
J-R: Peça isso
Zeus: Mas...
J-R: Peça isso
Zeus: OK!
J-R: Consiga os acessórios especiais
Zeus: J-R, só de olhar posso dizer que é falso.
J-R: Eu não sei disso
Zeus: Eu sei. Não vamos parecer com eles em 5 minutos
J-R: Você não saberá até tentar

Zeus: Então, pedimos um?
J-R: E todos os extras.

Essa era a lição maior para mim. J-R era o tipo de pessoa do "ver é acreditar, testar é outra coisa". Experimentar e saber eram a chave. Permitir que a mente assumisse e assumir todas as coisas paravam a experiência. Podíamos pedir toda sorte de aparelhos e coisas que interessavam a J-R – e ele se interessava por todo o tipo de coisas.

A chave é que agora eu me vejo testando todas as coisas por eu mesmo (mas, ainda preciso encontrar como conseguir um bom abdômen em 5 minutos).

Os computadores Apple explodiram quando Steve Jobs voltou para companhia, sempre estávamos nas lojas desses aparelhos (antes das lojas Apple serem criadas), procurando por coisas novas, J-R amou o que Steve Jobs criou na Apple porque era muito inovador.

Isso definitivamente me influencia hoje. Sou um carrinho de compras dos infocomerciais da *internet*. Gosto de ver os novos aparelhos. Amo tudo que é novo e sou curioso sobre coisas novas. Penso que assim era J-R: sua natureza era o amor e a curiosidade.

Outra coisa que J-R amava ver na TV eram os tele-evangelistas e os palestrantes motivacionais. Gene Scott era um dos seus favoritos. J-R costumava comentar comigo que era um dos melhores estudiosos. Ele conhecia a Bíblia em diferentes línguas, melhor que ninguém.

Quando Tony Robbins estava nos comerciais, J-R enviava a ele luz. Ele amava Jim e Tammy Faye Bakker e nunca os julgava. Ele também assistia Kenneth Copeland e Paul Crouch e sua esposa. J-R tinha grande respeito por Billy Graham. Certa vez, eu, J-R e John Morton fomos ver Benny Hinn em uma arena gigante e, também, visitamos a Catedral de Cristal de Robert Schuller, em um natal para o público. Terry Cole Whittacker era outro que J-R assistia. Podíamos trocar de canal por horas procurando pelos os

Estar com J-R Foi Estar na Escola

tele-evangelistas; alguns dias eram horas de Igreja e aos domingos todo o dia em Mandeville.

J-R não afirmou saber tudo e vê-lo ver os evangelistas sempre foi interessante. Muitas vezes, quando o pregador na TV dizia: –Levante suas mãos e receba a bênção do Senhor. Eu olhava para o lado direito e J-R tinha os olhos bem abertos e as mãos no ar, prontas para obter a energia do Cristo. Ele olhava para mim e dizia: –Vamos lá! Levantava minhas mãos e me juntava a ele. Era sempre Igreja quando estava com J-R.

Mas, estar com J-R não era apenas estar na Igreja, era mais como estar na faculdade – com esteroides. De certa forma, a vida é como uma escola com aprendizados constantes. Estar perto de J-R era como estar sempre em uma escola de mistérios porque sempre estávamos com um professor. Em minhas vidas passadas, quando se apresentavam as lições, podia lidar com elas ou ignorá-las, mas quando estava com J-R e as lições se apresentavam podia lidar com elas ou deixá-las, mas eu escolhi lidar com elas, ainda que nem sempre fossem felizes.

Eu me lembro de uma oportunidade quando estava no carro com J-R, estava fazendo o que chamo de "atuando". Isso significava que estava pressionando para conseguir as coisas à minha maneira, ainda que meu Mestre/Professor/Viajante soubesse o que era o melhor para mim. Estava insistindo em conseguir o que queria e J-R se virou para mim e disse: –Pare o carro e saia! –Quê? Estamos a 300 km de casa!

Aquilo conseguiu minha atenção, então perguntei a ele o que queria dizer. Ele respondeu que queria dizer que eu saísse do carro. Então, eu sai, ele pegou a direção e saiu. Ele não deu a volta na esquina nem diminuiu a velocidade. Ele simplesmente me deixou lá, mastigando meus julgamentos. Tive a oportunidade de dar uma boa olhada no que estava fazendo por cerca de cinco a dez minutos, durante o qual quase borrei minhas calças.

Durante aquele tempo me dei conta de quanto idiota fui. Então, J-R voltou com o carro e me perguntou se estava bem agora. Ele não me julgou, me perguntou em completo amor, J-R nunca mantinha maus pensamentos ou ressentimentos. Ele estava sorrindo e amoroso quando voltou. Entrei no carro, esqueci minha infelicidade e comecei a rir sobre toda coisa. Tinha aprendido a lição. Infelizmente, passei por esse tipo de lição muitas vezes. Acho que J-R tinha paciência infinita.

Algumas vezes, minhas "coisas" vinham de algo muito profundo e só se esclareciam após alguns minutos de estar nesse local. Houve um período no qual não estava passando bem e não processava as coisas bem. Certa noite, durante esse período, voltamos para casa depois de ir a algum lugar e J-R me disse que precisava que eu saísse.

O fato é que ele pediria a qualquer um dos funcionários que se afastassem quando estavam desequilibrados. E isso costumava chegar até mim. Por muitos anos até sua transição, com frequência, perguntava a ele se estava interferindo e se queria que me mudasse. Eu nunca quis ficar no meio do trabalho dele. Algumas vezes ele dizia: –Sim. Como um teste, eu respondia: –NÃO, não vou. E ele me olhava, sorria, piscava e ria. J-R era um construtor forte.

Felizmente (para mim), a maior parte das vezes ele diria: –Não, pode ficar. Assim, eu não precisava sair (mas, eu suava frio toda vez que perguntava). Algumas vezes, ele dizia que se você precisava perguntar, era melhor sair. Mas, uma vez ele falou sobre o que fiz e aquilo foi real. Isso me sacudiu.

O pensamento de ter que sair me deixou doente. Até aquele momento toda vez que ele dizia que eu precisava sair, eu melhorava um pouco e ele deixava passar. Mas, daquela vez, não foi assim e com um gesto de mão, ele devolveu meu karma e me disse que eu precisava ir embora.

Fiquei arrasado. Tentei limpar meu caminho do que fiz. Provei tudo o que pude pensar inclusive chorar e nada funcionou. Na verdade, implorar e ser patético definitivamente não funcionou com J-R. Por horas, basicamente estava de joelhos com as mãos em seus pés, beijando-os. Fui levado à completa humildade. Nunca fora assim tão ruim.

Finalmente, ele disse que ia para cama e que eu podia passar a noite. Perguntei se o karma terminara e ele disse não. Então, perguntei se ele podia retirar de mim para que não precisasse atravessar aquilo. Sem resposta. Então, fui para cama devastado.

Pela manhã me levantei e comecei a fazer as coisas que sempre fazia ao redor da casa. Quando era tempo de ir a algum lugar J-R deixava que eu dirigisse. Foi aí quando soube que poderia ter a oportunidade de aprender mais sobre mim e me dirigir corretamente. Perguntei a J-R se o karma se purificara. Ele me olhou e disse: –Vamos ver.

Pouco a pouco, cada vez que mudasse meu comportamento, meu karma podia se elevar e podia voltar a ficar bem com J-R.

Acho que era difícil para ele, mas J-R era implacável em trabalhar comigo, sem importar o custo para ele. E acho que isso foi verdade com todos com quem ele trabalhou: J-R não buscaria a saída fácil ou deixaria algo pela metade. Tenho isso comigo, J-R podia retirar de mim tudo que erradamente pensava que eu era ou que tinha. Às vezes, era brutal. Era como se eu quisesse morrer um milhão de vezes. E também foi um processo surpreendente.

Ao longo do tempo, vi que J-R sabia exatamente como romper meus padrões. Assim que eu começava a me prender ao meu modo de pensar, ele o romperia. Ele era ousado assim. Suas rupturas foram muito calculadas e muito ousadas. Eu basicamente o respeitava. Embora ele fosse meu professor, ele não estava trabalhando para mim, eu estava trabalhando para ele.

Às vezes, para fazer com que J-R prestasse atenção em mim (e lembro a vocês, que sou um ator – eu queria atenção), eu chamava J-R de "Roger". Quando o chamava de Roger, ele sorria e às vezes ele ficaria com lágrimas – isso tocava a Roger Hinkins, essa parte dele ainda podia emergir de vez em quando.

"*Muitas vezes, quando dirigia com J-R, eu conseguiria uma espécie de sinal – coisas como luzes e flashes púrpuros – quando algo estava por vir. Essas luzes podiam ser relacionar com quase qualquer coisa, mas elas sempre significavam 'prestar atenção'*".

CAPÍTULO 16

Conduzindo J-R

Além de me ensinar através da TV, J-R trabalhou muito comigo ao dirigir. Por exemplo, podia estar perdido em meus pensamentos e perder a saída da rodovia. Então, começava a pensar no que estava pensando que fizera perder meu foco. J-R realmente não gostava disso. Ele em verdade podia mudar sua consciência e entrar na minha para saber onde estava minha atenção quando perdi a saída. Então, ele perguntava: –O que estava fazendo? Sabia que estava me repreendendo e teria que me responsabilizar pelo que estava fazendo com minha mente. Eu não podia mentir, inventar desculpas ou esconder meus pensamentos porque ele estava ali e sabia no que eu estava pensando.

A princípio não entendi aquilo, mas era difícil mentir para J-R porque eu não tinha muitas barreiras. Ele podia realmente ver através de mim. Para ele, eu era um livro aberto. Assim, dizia a ele qualquer coisa e tudo do que fazia ou pensava. Não havia nada que J-R não soubesse sobre mim.

Então, quando ele me pegava devaneando enquanto dirigia, a conversa era assim:

J-R: Sobre o que você está pensando?
Zeus: Naquela garota do filme.
J-R: O que sobre ela?

Zeus: Penso que ela era boa.
J-R: Ela era mesmo, não era?
Nesse ponto, J-R queria que eu falasse mais: –Oh! Sim...
J-R: Você a quer?
Zeus: Não! Estava apenas olhando.
J-R: Posso te ajudar a conseguir ela, fácil.
Zeus: Sei que você pode. Mas, não! Estou bem, apenas quero servir e estar aqui, mas algumas vezes fico enganchado.
J-R: Cuidado com o que você cria. Posso ajudar a limpar algo disso, mas se você fantasiar demais em sua mente, precisa preencher isso e não poderei ajudá-lo.

Nesse ponto, começava a implorar a J-R para limpar aquilo, da mesma forma que o via ajudar as pessoas a conseguir o que elas queriam. E eu não queria aquilo, queria estar trabalhando com J-R.

Assim, precisei aprender a cuidar de onde colocava minha mente porque o coração o seguiria e a fisicalidade seguiria aquilo. Imagino que por isso é tão importante estar presente no momento.

J-R me mostrava com enviar a Luz à frente para preparar uma chegada segura. E também pontos e *flashes* violeta podiam aparecer. Em uma dessas viagens longas – como nas grandes rodovias de Utah ou Nevada – especialmente, se dirigia um carro novo, J-R podia dizer para me abrir e acelerar para saber quão rápido o carro podia ir. Os pontos e *flashes* brancos eram bons, significava que J-R estava vendo por meus olhos e verificando minha consciência. Os *flashes* de cor púrpura eram com frequência avisos. Desde minha experiência, aprendi que essas luzes eram indicadores que J-R estava vendo. Esses pontos podiam ser muitas coisas, mas sempre significavam "preste atenção".

Observei que a consciência de J-R estava em toda parte, mas ele nunca se infligia. Precisava permitir que ele entrasse. Não era uma possessão, entidade ou qualquer coisa como isso: era consciência.

Quando J-R aparecia em minha consciência, não experimentava ser "tomado", como os médiuns. Ao contrário, J-R queria que

Conduzindo J-R

ficasse consciente quando estava dirigindo e não aéreo, portanto, aquilo era uma lembrança para isso, para ficar atento.

Estar atento é sempre uma boa ideia, mas ocorreu um momento em particular em que paguei caro fazendo isso. Estava conduzindo J-R para um encontro com um médico em Beverly Hills, em algum momento, nos anos 1990. Eu estava superatento aquele dia e notei quatro pessoas se aproximando lentamente pela calçada. Aquilo chamou minha atenção, então, percebi que era uma formação de três agentes com o presidente Ronald Reagan no meio. Naquela época, uma enfermidade enfraquecera muito ao presidente e ele parecia bem debilitado.

Naquele momento, pude me lembrar de ter uma conexão com Reagan; quando eu tinha 16, sonhei que ele seria baleado. Três dias depois, foi exatamente o que aconteceu. Assim que disse a J-R que queria dizer alô e enviar a Luz a ele. J-R disse que estava bem. Então, sai rapidamente do carro e me dirigi ao presidente Reagan e claro, os agentes me advertiram para voltar a meu carro. Então, o presidente me viu e reconheceu que não causaria qualquer problema. Trocamos olhares e ele sorriu, eu acenei e a mão dele se moveu lentamente reconhecendo por parar.

Os agentes continuaram a me falar para voltar para o carro e eu respondi: —Relaxem! Ele não está no escritório, estamos apenas nos cumprimentando. Então, a Luz se moveu entre todos nós e J-R estava ali energeticamente, conectando a todos. Foi uma experiência mágica ver a tensão drenada. Voltei para o carro com J-R e conversamos sobre a formação do presidente e oramos por ele. Foi mesmo um desses momentos especiais e isso aconteceu porque estava prestando atenção (Bem, tive bastante coragem para parar e não me intimidar pelos homens do Serviço Secreto).

Muitas vezes, eu e J-R conversávamos enquanto o conduzia, erámos duas pessoas conversando sobre nossa vida. Certa vez, enquanto o conduzia desde o retiro Vivendo em Graça, em Asilomar, para o norte da Califórnia, mencionei a experiência que tivera anos atrás dirigindo pelo Big Sur. Falei a ele que dirigira

O Amor de Um Mestre

por uma determinada área e senti uma sensação muito estranha, não podia voltar e a coisa começou a se intensificar, depois de um tempo estava morto de medo. Disse a ele que parecia quando era jovem e vivia em Nova Jersey com a sensação de que havia feiticeiras por perto. Enquanto dirigia pelo Big Sur, disse a ele, senti algo grande e poderoso, a energia estava grudenta e podia sentir isso sobre meu carro.

Descrevi que estava escurecendo e a maior parte dos lugares que passei estavam fechados. Fui à cidade, mas não tinha dinheiro para passar à noite em um motel, assim acelerei enquanto ficava mais e mais escuro e as árvores formaram uma cobertura sobre o carro.

J-R apenas escutou minha história, depois "saiu para algum lugar", em sua consciência, onde com frequência ele verificava as coisas. Ele me olhou e disse que passara pelo caminho do meridiano do dragão que vive lá.

Dragão? Bem, eu acreditei porque o senti. Apenas um dragão poderia descrever a vastidão da experiência que foi tão real para mim.

Um pouco depois, J-R mencionou que o voo 243 da Linhas aéreas Aloha em 1988, sofreu um dano extensivo depois de uma descompressão explosiva inexplicável que ocorreu no voo. Ele disse que percorrera internamente o plano, onde o caminho de meridiano ou das linhas de lei que os dragões usavam para viajar. Isso me tirou o fôlego porque fazia sentido depois de minha experiência no Big Sur.

A mente se limita ao que conhecemos e o que J-R falara para mim estava além da mente. Aquilo estava no "conhecimento do desconhecido", no se "tiver os olhos para ver e ouvidos para escutar".

Dirigir com J-R foi mais um despertar e essas são histórias inesquecíveis. Relato isso a vocês não para convencê-los, mas para que eu me recorde.

*Despertar significa observar-se para descobrir
o que está fazendo. Este realmente
é o processo mais fácil do mundo.
É chamado de meditação.*

– JOHN-ROGER (O GUERREIRO ESPIRITUAL, A ARTE
DE VIVER ESPIRITUALMENTE)

"Aceite o que acontece no físico sem julgar e será capaz de lidar com as coisas com muito mais sucesso do que antes. De forma semelhante, em Espírito, aceite o que ocorre e o que não ocorre sem julgar e a aceitação contribuirá para seu progresso espiritual".

– JOHN-ROGER, DCE.
(DO SEU LIVRO PASSAGEM AO ESPÍRITO)

CAPÍTULO 17

Mais do que o Encontro dos Olhos

Como indiquei no último capítulo, nem tudo que J-R ensinava era sobre autoconsciência. Ele me dava um lampejo de algo que eu chamava de coisas fantásticas. Por exemplo, J-R me mostrou como ver os templos etéreos nos Alpes suíços.

J-R, John, Laura e seus filhos, Claire e Zen, fomos à Suíça a trabalho e depois que John e sua família voltaram para casa, para a volta à escola das crianças, J-R e eu continuamos a viajar por lá. Fomos a lugares como Zermatt e outro Matterhorn, um tipo de montanha. Enquanto dirigíamos, J-R dizia coisas, como: –Olhe os Templos Etéreos. E eu olhava, mas não via nada mais que montanhas. Assim, J-R me dava pistas para me abrir e começar a olhar em outras dimensões além da dimensão física.

Ele me dizia para não olhar diretamente, mas com a visão lateral, periférica. Não era fácil, mas eventualmente comecei a ter lampejos desses lugares não físicos. Para mim, era como seguir as camadas superiores dos Alpes.

J-R me contava também sobre o espírito da chuva e como vê-lo. Ele disse que era uma forma espiritual que algumas vezes, chovia nas áreas verdes, como uma chuva leve. Algumas vezes, era o Reino Dévico flexionando seus poderes.

Durante um *tour* em grupo na Inglaterra, em 1990, os misteriosos fenômenos dos círculos, nas áreas de colheita, estavam por

O Amor de Um Mestre

todos os jornais no verão. Aquela viagem foi organizada por Brooke Danza, J-R e John Morton, como uma extensão da aventura na Irlanda. Viajamos em um ou dois ônibus para diferentes partes da Inglaterra, visitando muitos círculos nas colheitas que apareceram no Reino Unido.

Você não consegue ver os círculos de colheita quando está nele, precisa de altitude. A primeira impressão ao vê-los é que seria impossível imaginar um homem criando aquilo, muito menos em uma noite. Parecia que precisava de muito trabalho para produzir os desenhos, do tamanho da metade de um campo de futebol em hectares de feno. Cada círculo consistia em padrões intrincados perfeitamente, colocados e achatados feitos de feno grosso e de erva de elefante dobrada ou esmagada de uma maneira que não matava a grama. Os talos apontavam precisamente em uma direção ou outra, em redemoinhos ou espirais e, às vezes, eram tecidos como uma cesta. Claramente, nenhum instrumento terrestre poderia fazer isso de forma consistente, apesar dos céticos insistirem em suas teorias de fraude. Apenas para criar círculos perfeitos e simples, você precisaria cortar uma grande variedade contra a placa simetricamente, depois pressionar com força com muita força humana e, mesmo assim, alguns talos quebrariam ou apontariam em direções aleatórias. Nosso guia nos disse que os círculos foram criados, usando uma forma radiante de calor e muito peso para acomodar os diferentes padrões do feno, de forma circular, no sentido horário ou no sentido anti-horário. Eram desenhos únicos e imprevisíveis de um círculo de colheita para o outro. O método de produção deles nunca foi explicado. No entanto, uma crença comum entre as pessoas mais abertas era que eles foram criados por objetos voadores não identificados (óvnis).

Uma noite, enquanto muitas pessoas saíram para caminhar com o guia para tentar ver óvnis, J-R, Nat e eu ficamos no ônibus com uns poucos. J-R se sentou lá, apontando os óvnis no céu alto. Eu me lembro de que estávamos no campo inglês, em uma montanha,

Mais do que o Encontro dos Olhos

onde podíamos ver a pequena cidade, assim não havia poluição para ofuscar as estrelas ou as constelações. Podíamos ver o movimento de um largo número de óvnis que eram muito diferentes do piscar de luzes de um avião ou qualquer outro objeto aéreo da engenharia humana.

Menciono isso porque J-R sempre estava ensinando e demonstrando as energias sutis presentes nos mundos internos e externos, além da densa manifestação chamada Terra. Ele nos mostrava que mesmo dentro do corpo físico existiam muitos níveis – J-R estava em contato com todos eles. Também escutei em algum momento que J-R disse que alguns extraterrestres procuravam pelo Viajante para fazer uma conexão, ainda que pudessem ser de outras dimensões. Mas, ainda existem manifestações abaixo do reino da Alma, portanto, se o Viajante está trabalhando todos os níveis, posso apostar que os extraterrestres que ele se conectar como amigos se tornam companheiros. Esse não é um fenômeno "Guerra das Estrelas ou Dia da Independência", ainda que escutasse de J-R que essas coisas acontecem nos níveis internos. Falávamos sobre algo multidimensional. Eu rio quando os cientistas dizem: –Encontramos mais planetas em outras galáxias. Não, eles descobriam um melhor telescópio capaz de ver o que já estava lá.

Quando J-R ainda vivia, ocorriam alguns fenômenos incomuns ao redor da casa de Mandeville. Definitivamente, acredito que as coisas que víamos ou escutávamos se relacionavam a extraterrestres procurando Mestres Espirituais. Algumas semanas após a passagem de J-R, tivemos uns visitantes não físicos em Mandeville como ao longo dos anos. Mas, dessa vez foi louco. Eu estava no quarto da Nicole, perto da cozinha e tive uma forte sensação de que alguém entrara na casa, procurando pelo Viajante deles. Era fenomenal e algo profundo – muitas vezes, assustador, com os ruídos e as vibrações que agitavam as coisas nas prateleiras.

O Amor de Um Mestre

Menciono essas coisas para, talvez, dar a vocês a sensação de que J-R vivia em muitas realidades e era capaz de ver entre as dimensões e parte do que ele estava fazendo comigo, seus estudantes, era nos introduzir a algumas dessas coisas para nos provar que existia mais do que nossos olhos viam.

O amor é a chave para despertar o Espírito interior.

– JOHN-ROGER (O LIVRO DO CAMINHO DE SAÍDA)

"Um desses sinais é que o Viajante não promete realmente nada nesse mundo. J-R nunca me prometeu nada material, mas me disse em privado que sempre cuidaria de mim e que não precisava me preocupar com nada. Mesmo hoje, muito depois de sua passagem, sinto que ele realmente me cuida. E tenho certeza que ele cuida de centenas de outros".

CAPÍTULO 18

J-R e Minha Carreira de Ator

Nos primeiros dias no *staff*, enquanto estava muito com J-R, eu também tentava manter minha carreira de ator. Ainda que parecesse ter conflitos com dois trabalhos de hora integral, então perguntei a J-R como isso funcionaria. Para minha surpresa, ele disse que não precisaria desistir de minha carreira. Ele disse que trabalharia comigo nisso. Então, pensei: tudo bem!

Tenho estudado representação a um bom tempo (e ainda estudo de certa forma) e esse foi meu real foco de 1981 até 2001. Eu buscava meu ser verdadeiro ao representar. Ao contrário de muitas atuações que podem se esconder em um personagem, eu queria usar as partes verdadeiras de mim e usá-las no personagem que eu estava retratando.

Muitos dos exercícios e movimentos estudados nos cursos de representação eram semelhantes aos usados no Insight e na USM. Toda a minha procura foi em busca do meu ser verdadeiro. Uta Hagen fala sobre revelar, não se cancelar. Estudei com John Abbott, um ator de personagens de Shakespeare, por 10 anos. Fiquei muito emocionado encontrando-me através de suas palavras. J-R me dizia que Shakespeare era um Viajante. A coisa mais louca era ter J-R lendo Shakespeare para mim. Um Viajante lendo as palavras de um Viajante.

O Amor de Um Mestre

Não muito depois de minha conversa com J-R, estávamos em uma cafeteria e reconheci Ângela Lansbury atravessando a sala. Ela era a estrela de um show top de TV, naquela época, chamado de *Assassinato por Escrito*. E eu queria trabalhar nele. Mencionei isso a J-R e ele me disse para seguir em frente e dizer a ela que queria o trabalho.

Agora, era bem escandaloso, mas pensei que aquilo era bem corajoso. Assim mesmo ele me encorajou, fui falar com ela e disse que estava encantado em conhecê-la e que gostaria de um trabalho.

Ela disse que era um prazer me conhecer e se eu tinha talento.

Eu disse que sim e ela me deu um endereço onde eu poderia enviar minha fita de teste.

Enviei rápido, a fita de teste. Logo estava trabalhando em dois episódios de *Assassinato por Escrito*, que ela escreveu. A Sra. Lansbury gostava de mim e eu dela. Isso era legal. E comecei a pensar que talvez J-R fora trabalhar comigo em minha carreira.

Esse foi um começo para mim. Toda vez que J-R me pressionou para além do que eu pensava ser meu limite, eu aprendia algo novo. Nesse caso, estava aprendendo a pedir o que queria. Ele frequentemente citava a Bíblia: –Você não recebe porque não pede. Ao longo do tempo, eu aprendi a pedir.

Falando em pedir, J-R era grande em movimentar preocupações passadas e em perguntar para conseguir informações. E isso podia ser em qualquer área. J-R não assumia, cavava a informação e podia parecer um bobo se ele tivesse que ser, apenas para conseguir a informação que ele queria. E isso foi uma das coisas que ele me ensinou.

Segue aqui alguns exemplos de como seria isso:

Exemplo 1:

J-R: Você verificou e viu se Jack trouxe o cavalo?
Zeus: Não, ele não falou nada enquanto conversava com ele.
J-R: Você quer dizer que não perguntou?

Zeus: Sim
J-R: Quanto custou o cavalo?
Zeus: Não sei.
J-R: Você quer dizer que não perguntou. Se pensar que perguntar algo é mau ou que você vai parecer não tão esperto, vá em frente e pareça estúpido, mas pergunte.
Nesse momento fiquei em silêncio, porque eu sabia que a melhor coisa a fazer era não discutir. Discutir, por sua limitação com J-R, era se rebaixar.
J-R: Telefone para ele e faça a pergunta estúpida.
Zeus: Obrigado, J-R.

Exemplo 2: (depois de uma audição)
J-R: Como foi hoje?
Zeus: Bem, eles gostaram de mim.
J-R: Conseguiu o papel?
Zeus: Ainda não. Mas, eles sorriram e disseram que eu era bom.
J-R: Como você se sentiu com o que fez?
Zeus: OK!
J-R: Você acha que vai conseguir?
Zeus: Acho que sim.
J-R: Pegue o dinheiro.
Zeus: O quê?
J-R: Não pense na fama, simplesmente pegue o dinheiro.
Zeus: Captei
J-R: Não acabou, até que a Sra. gorda cante e o cheque esteja no banco.
Zeus: Ter o dinheiro.
J-R: Certo!
Então, comecei a perguntar o que deveria fazer.
Zeus: Devo chamar o diretor de seleção para o filme maior que lhe falei ontem?
J-R: Eu não sei

Zeus: Sabe o do *cowboy*? Posso praticar em Windermere?
J-R: Eu não sei.
Se J-R não tivesse suficiente informação, ele não especulava ou inventava.
Zeus: Então tenho que me inclinar sobre isso?
J-R: Sim.
Zeus: Você não pode responder isso porque não tem suficiente informação? Precisa de mais informação?
J-R: Sim. Se não a resposta será, "eu não sei".
Zeus: Ok! Entendi.

Não era apenas isso que J-R ensinava, era como lidar com a vida. Ele tinha um termo: "não empurre água para cima do monte porque acabará com lama em seu rosto". Experimentava isso quando achava que fiz uma ótima audição e não conseguia o papel. Quando me sentia inseguro e perdido, eu conseguia o papel. Por muitas vezes, quando tinha certeza, eu estava errado!

Também quando J-R falava a mim ou a Nat isso é "10%", não mexíamos nisso. 10% significavam que ele não nos apoiaria com sua energia e que estávamos por conta própria. Assim, na maior parte do tempo, nunca agíamos se J-R não nos apoiasse. Se ele dissesse: –Bem ou 10%. Era, não bom. Os 10% se referem a uma pequena porção da consciência humana que existe no nível físico; J-R enfatizava os 90% de nossa consciência, que na verdade, reside no nível não físico (espiritual) que, em geral, não estamos conscientes. O MSIA ensina como se tornar mais consciente desses 90% de nossa existência.

Eventualmente, eu e Nat nos tornamos um time consensual. Éramos alertados internamente e quando trazíamos as coisas para J-R, ele dava a aprovação. Tudo combinava com o que pensávamos. Essa era a melhor prova que estávamos aprendendo e crescendo.

Enquanto aprendia tudo isso, o que podia chamar de milagres, começaram a se tornar mais óbvios para mim. Muitos dos meus

J-R e Minha Carreira de Ator

milagres se manifestaram aqui no mundo físico. Não era garantido, mas os via com antecipação. Muitos deles me empurraram ao ponto certo, mas eu não podia simplesmente assumir que J-R me ajudava fisicamente.

Um dos sinais do Viajante é que ele trabalha nos níveis espirituais e não promete realmente nada nesse mundo (ver no Apêndice, os 12 Sinais de um Viajante). De acordo com isso, J-R nunca me prometeu nada material, mas me disse em privado que sempre cuidaria de mim e que não precisava me preocupar com nada. O que cheguei a me dar conta foi: ele quis dizer que sempre estará comigo, tão perto quanto minha respiração. E, inquestionavelmente, estou sendo cuidado. E tenho certeza que ele está cuidando de centenas, centenas de milhares, talvez milhões de outros. Mas, ele nunca cuidou de uma forma que pudesse me enfraquecer ou me fazer dependente dele. Ele nunca me desanimou.

Meus milagres começaram a ocorrer com os filmes. Não quero estender-me sobre minha vida em Hollywood, mas era onde estava meu karma e, naquela época, era onde estava minha mente. Assim, naturalmente o Viajante, o Mestre, poderia trabalhar comigo onde quer que eu esteja.

No ano 2000, ainda não avançara muito em minha carreira, mas foi o começo de meu retorno e estava totalmente conectado para o Espírito e J-R. Era assombroso o uso dos ensinamentos em minhas atuações de todas as maneiras. Usar as técnicas espirituais de J-R, como a semeadura, e pedir a Deus para o que eu queria – para o Bem Maior – pedir ao Viajante para estar comigo em todos os ensaios e durante as filmagens e, simplesmente, ter senso comum, me permitiu sucesso em vários filmes consecutivos. Isso se tornou uma verdadeira representação de meu melhor ser, meu melhor anjo. J-R podia repetir a citação de Jesus: "Você não recebe porque não perde". Eu tinha um ensaio e naquela noite tive um sonho que dizia que não era para mim e escutei no dia seguinte que não conseguira. Rejeição após rejeição me faria mais e mais forte e podem acreditar que chorei muitas vezes no ombro de J-R.

Isso foi antes de experimentar o sucesso com *Havana, Cidade Perdida* e *Quero ficar com Polly*, até aquele momento fizera papéis B e shows de TV, mas não fora capaz de voltar à indústria do cinema. Foi inconstante, um sobe e desce. Mas, você pode ter uma grande parada e se tornar uma grande estrela, assim, não tinha muito problema sobre onde eu estava em minha carreira. Ao mesmo tempo, eu estava pegando o que acontecia comigo – ou não acontecia comigo – de forma muito pessoal. Mas, não era pessoal. J-R me ensinara que as coisas do mundo, não são realmente pessoais.

Ele dizia que escolhíamos nosso caminho e decidíamos acima da Alma sobre nosso aprendizado em cada vida. Muitas vezes, descobri que o propósito de minha vida era ser corajoso e forte. Certo ano, eu fiz 80 testes e não peguei um papel. Fiquei em segundo plano para maioria deles. Parecia para minha estrutura mental que era um fracasso como ator. Mas, eu amo a citação de Winston Churchill: "Sucesso consiste em seguir de fracasso em fracasso sem perder o entusiasmo".

Tudo é a percepção. J-R costumava dizer é sua atitude. J-R não estava me ajudando a ser famoso, mas me ajudava a persistir, ultrapassar e construir fortaleza interna. Ele me ajudava a lidar com as expectativas, a sensação de não ter direitos, altos e baixos e desânimos. Estava cheio de desânimo. Como trabalhar duro para conseguir um papel, filmar e encontrar que na *première*, eles me cortaram? Mas, hei isso é o *show business*.

Para dar um exemplo de como o Espírito parecia trabalhar para mim, quando estava trabalhando para o Espírito, eu tinha um teste para um filme de Arnold Schwarzennegger chamado *Efeito Colateral*. Acabara de mudar meu nome artístico de Nick Corri para Jsu Garcia, que era próximo de meu nome real Jesus Garcia. Nos anos 1980, um grande agente me deu o nome de Nick Corri. Ele fez isso porque naquele tempo o único ator latino de alguma

J-R e Minha Carreira de Ator

estatura era Ricardo Montalban. Esse agente disse que nunca trabalharia naquela cidade como latino. Mais tarde, pessoas como Andy Garcia, Steven Bauer e todos os grandes atores latinos emergiram, mas naquela época ele tinha razão.

De qualquer forma, entrei fiz um teste e eles gostaram muito de mim. Foi muito engraçado mudar meu nome porque me sentia reinventado. J-R me ajudou com a numerologia para conseguir "Jsu Garcia". Os diretores de elenco que me conheciam, não se recordaram que viera de papéis B, mas achavam que eu era familiar. Eles amaram o teste e me perguntaram se podia voltar mais tarde para fazer um teste com o diretor – que era Andrew Davis, o grande diretor de *O Fugitivo*. Mas, não pude voltar porque concordara em fazer algo com J-R e não romperia meu compromisso com ele. Portanto, apesar da grande oportunidade, não hesitaria em dizer não. Por um ângulo era suicidar a carreira, mas segui meus instintos – e meu coração.

Quando falei a J-R sobre o teste, ele veio com uma sugestão. Ele me disse e a meu amigo Rick Ojeda para pegar a câmera e colocar o teste em uma fita. Eu resisti muito a isso porque já tentara isso antes e, em geral, parecia muito barato e piegas. Isso foi logo antes do grande impulso da *internet* e antes de se escutar a ideia de se colocar em uma fita ou arquivo digital. Hoje em dia, é normal a prática de se colocar em um vídeo no *iPhone* e submetê-lo ao diretor de elenco. Mas, naqueles dias, entre os anos 1980 e 1990, não tínhamos a tecnologia e você precisava aparecer.

Apesar de minha relutância, escutei o que disse J-R e me senti tocado: vamos fazer um filme, fora do meu teste. Assim, Rick e eu fizemos uma versão super curta do *Efeito Colateral*. Tratava-se de um bombeiro do qual esposa e os filhos foram mortos por terroristas latinos. Depois que o governo falhou com ele, ele foi para América do Sul e fez justiça com as próprias mãos.

Editamos a fita com dez trilhas de vídeo, com efeitos e música. Estávamos muito animados e a enviei aos produtores. Então, deixei o país, em uma viagem para China com J-R.

O Amor de Um Mestre

No meio da viagem à China, recebi uma chamada de meu agente. Ele me disse que conseguira uma parte no filme *Efeito Colateral*. Milagre!

Eu me lembro de voar para o México para fazer o filme e quando o produtor foi me pegar, disse que amara a fita. Ele disse que me achava insano e que precisava me ter no filme. Eu estava realmente animado sobre isso, mas, provavelmente, teria sido melhor se nunca escutara aquilo. Porque dali em diante cada produtor amaria minhas fitas. O que claro, não foi assim.

De toda forma, isso se tornou o começo da segunda onda em minha carreira. Depois tive papéis no *Quero ficar com Polly*, *Fomos Heróis* e a *Revolta de Atlas*. E em qualquer momento que não pudesse fazer um teste pessoalmente, eu enviava uma fita. Naquele momento, não podiam me parar.

Mais de uma vez, fiquei de frente com oportunidades como a do *Efeito Colateral*. E onde estivesse fazendo o trabalho de J-R, eu recebia um telefonema e as coisas saiam à minha maneira, precisava decidir uma coisa ou outra. Seria um sucesso de bilheteria? Deveria desistir de meu trabalho espiritual? De certa forma era um apelo difícil para mim. Tive momentos difíceis e gastei muita energia batalhando comigo.

Finalmente, me dei conta que as coisas aconteciam daquela forma para construir meu caráter e fortalecer minha integridade. Sei agora que eu poderia simplesmente relaxar e deixar que o Espírito administrasse aquilo. E foi o que eu finalmente fiz, uma vez que realmente "captei". Claro, "captar" foi difícil.

Esse período se tornou o pico de minha carreira, estava mesmo no topo do mundo. Ao mesmo tempo, estava mais conectado espiritualmente e tendo muitas realizações.

Também, no meio de tudo isso, sentia que estava perdendo algo. É bom estar conectado espiritualmente e se dar conta que está fora do equilíbrio. Existe uma diferença entre estar fora do equilíbrio, quando você não está conectado e consciente, estar fora

J-R e Minha Carreira de Ator

de equilíbrio e perceber isso. Sem o que poderia chamar de consciência espiritual, quando você está fora de equilíbrio, é fácil fazer escolhas que não servem a seu Bem Maior, seu propósito superior. Como resultado, provavelmente, se colocará em áreas sem valor.

O milagre era que estava captando ideias que eram inspiradas por J-R e comecei a abrir minha consciência de tal forma que podia conseguir intervenção divina e ideias divinas geniais. E aqui é onde digo a vocês que ainda que diga que eu fazia, na verdade, J-R me dava ideias; era o Deus interior. E era isso porque estava aberto a receber essas coisas, especialmente de J-R e especialmente quando eu estava no que chamo de fluxo de consciência.

Até hoje, sei que minhas ideias vêm de uma fonte superior: Espírito, Deus, J-R. Não posso viver sem essas coisas que vêm à minha mente. Escutei isso de Brian Wilson, do Beach Boys, que escutava o que ele chamava de anjos cantando melodias para ele. Penso que era difícil para ele porque poderia parar de escutar ou aquilo poderia parar de chegar até ele. E acho que isso seria muito, muito devastador para um artista ou para qualquer um. É como escutei J-R dizer: "Uma vez que coma do maná, nunca mais se afastará".

A forma que aprendi sobre o lado comercial do atuar foi mais sobre a experiência. Em última instância, comecei ver a parte feia daquilo, a pressão, as transações e as punhaladas pelas costas, coisas que eu não queria me envolver. Percebi, então, que apesar de ser um bom dinheiro, algumas vezes não valia o sofrimento, assim fiquei mais focado em J-R e em meu trabalho com ele.

Em 1998, um dos meus filmes foi aceito pelo Festival Internacional de Filmes em Havana (Cuba). J-R e eu, codirigimos *Minha Pequena Havana*, um curta de 38 minutos e que fiquei obcecado para que se expandisse para um filme completo. Primeiro quero expressar minha gratidão a Marla Ludwig, que trabalhou sem cessar até tarde da noite por meses para conseguir a editoração de todas as músicas para o festival. J-R estava comigo durante toda

O Amor de Um Mestre

filmagem e quando terminou, veio depois o período para submeter o filme às centenas de festivais. Apenas uns poucos o aceitaram e eu estava bem surpreso por escutar de Cuba, já que foi um tiro longo. Uma vez que fomos convidados pelo Festival de Cinema de Havana, recebemos permissão para viajar para Cuba para participar.

Agendamos 12 dias em Havana, viajando através de Cancún, México (o que terminou sendo pouco tempo, devido a uma desafortunada laringite). Foi maravilhoso, porque escutei que J-R e John viajaram décadas atrás a Cuba e eu tive o privilégio de viajar sozinho com J-R. Isso envolveu muito tempo com J-R viajando fora do corpo e fazendo trabalho espiritual em outros reinos. Fazer exercícios espirituais com J-R por muitas horas era um luxo do qual me tornei adicto.

Eu era meio que arrogante em minha abordagem: "Sou um americano e vocês cubanos", mas me lembro de não me sentir tão bem e que eles eram perfeitos. Ficou óbvio pelo Festival de Filmes que Cuba não tinha muito dinheiro, mas a experiência foi muito divertida. Meus pais eram cubanos, então, eles me deram muitos lugares para visitar – e esses eram lugares literalmente congelados nos anos 1950, assim, experimentei como Havana parecia, quando eles viviam ali. Também fui capaz de chamar minha mãe e pai de Havana, disse: –Hei, estou no Hotel Capri, foi aqui que vieram? E eles responderam: –Sim, sim. Então, fui ao famoso Clube Copacabana com J-R e era exatamente o mesmo que mamãe me descrevera. Fui capaz de compartilhar com meu pai, minha mãe e J-R; ainda fomos ao Cabana, o famoso farol. Fui a todas as partes com J-R.

Foi quase hilário quando passaram nosso filme porque em ambos os momentos, nos colocaram em vez de um teatro, numa sala com apenas uma dúzia de pessoas e uma TV de 24 polegadas. Sentíamos definitivamente que estavam nos colocando de lado, penso que eles não queriam realmente expor as cenas ou os cineastas. Alguns dos diálogos, incluindo comentários sobre Cuba, não eram legais, mas pensei que como eles aceitaram o filme, eles estavam bem com todos os aspectos dele. Quando terminou a apresentação, fomos a umas duas festas. Estava animado e conversava com alguns dos moradores locais sobre a América ser melhor, *etc*. Eu tinha algo na minha garganta e instantaneamente perdi minha voz durante o resto da viagem. J-R e eu deixamos as coisas a meio caminho, no sexto dia. Acabamos por perceber que eles realmente não queriam fazer nada com o filme.

J-R me ajudou com minha laringite e me levou a uma clínica para turistas. A coisa mais engraçada foi que precisávamos pagar para ir ao médico porque não havia necessariamente medicina gratuita por lá. Os turistas precisavam pagar um prêmio para conseguir o melhor remédio, mas as pessoas conseguiam o que conseguiam. Os médicos eram humildes e tinham muito boas maneiras.

Foi maravilhoso viajar com J-R. Em geral depois que ele visitava alguns países, as coisas tendiam a se tornar mais equilibradas espiritualmente e limpas de karma. Algumas vezes, você pode olhar as notícias e observar todo tipo de mudanças nesses lugares. Em minha experiência (e verifiquei isso com J-R), quase sempre o karma se purifica e as razões para viajar para o país estão quase terminadas antes de voltarmos para casa. Algumas vezes, eu perguntava a J-R: –Esse trabalho está completo? E ele respondia: –Sim ou –Quase. E algumas vezes, ele podia dizer: –Chame a Brooke e mude nosso retorno.

Trabalhar com J-R para mim era como trabalhar como ator com um diretor que você confiava sua vida. O guarda-chuva de J-R era surpreendente. Tudo que queria fazer era ter as coisas feitas para ele.

*"Com alegria e risadas deixem
que velhas rugas apareçam".*

– WILLIAM SHAKESPEARE (*O MERCADOR DE VENEZA*)

CAPÍTULO 19

A História de Scott

No MSIA, reconhecemos a reencarnação. Não que ensinemos encarnação, ela simplesmente acontece e nós reconhecemos isso. Você pode ter ou não consciência dessa informação, mas isso não muda os fatos. Tive evidências disso com J-R. Sabia que conhecera a J-R antes e trabalhar com ele era como uma segunda natureza. Nós éramos como melhores amigos. Eu me recordo de uma vez, quando estava meio mandão, ele me olhou e disse que em outra vida ele prestou atenção em mim e me seguiu. Nessa eu prestaria atenção nele e o seguiria.

Essa não é uma referência para algum tipo de ideia filosófica. Essa foi uma afirmação de um fato – eu sabia disso, porque tinha memórias disso. Tive experiências de estar com ele em ambos os gêneros e de todas as formas. Mas, agora éramos homens e meu trabalho era ser estudante dele e ele ser meu mestre, o Guia.

Um incidente testemunhou isso no Templo de Karnak no Egito, vendo o show de luzes e som. Era basicamente um espetáculo de áudio com as ruínas de fundo. Enquanto ocorria o pôr do sol, o show de luz cuidadosamente elaborado começa com um ator de voz britânica mostrando o caminho.

Estava um clima ameno e sem nenhum motivo aparente, sentia como se errara com J-R. Todo tipo de pensamentos negativos apareceu, então, perguntei a ele o que estava acontecendo. Ele me disse que fora sua esposa na vida, quando ele foi o faraó egípcio Akenaton e eu o traí com um de seus generais. Isso me atingiu, como uma bola de demolição, me senti horrível. Ele não tentou me vender à história; eu sabia que era verdade no momento em que ele falou. O impacto disso me atingiu e chorei por horas liberando a dor e a culpa. Isso não foi divertido, mas, à medida que esclarecia, comecei a me sentir mais leve e "mais limpo".

Comecei a perceber que com frequência podia me identificar com vidas passadas, reconhecendo através do *déjà vu*. Isso era especialmente verdade com as recordações de ter sido filho de J-R. J-R me explicou que aquele *déjà vu* era um aviso e um sinal de que estava na trilha de algo ou no saber que algo aconteceu. Passei a ver o *déjà vu* mais frequentemente como um sinal de que estava no caminho certo com minha vida.

Através de experiências como aquela em que fora a esposa de Akenaton, eu comecei a ver como as pessoas podiam se confundir com a consciência de experiências das vidas passadas transmitida para esta vida.

Por exemplo, você pode estar associado com alguém que conheceu em outra vida. Naquela vida, ele vem como seu bebê e você é o pai para falar a ele o que vai fazer. Mas, nessa vida a situação reverteu. Agora, você é o empregado e ele lhe fala o quê fazer. Assim, você tem essa memória – consciente ou inconsciente – de mandar nas pessoas à sua volta e você não consegue entender porque parece tão errado que ele esteja em uma posição superior. Ainda que, você tenha que viver essa vida, independente da memória de alguma vez ter se encarregado daquela pessoa.

O importante é soltar velhos padrões. A forma de fazer isso é estar bem certo sobre o que você e a outra pessoa com quem interage são nessa vida *versus* o que você e ela possam ter sido em outra vida.

Tendo dito isso, houve momentos em que ficava perto de J-R para vê-lo dormir. Uma noite ele acordou e, ao me ver ali,

A História de Scott

me perguntou o que estava fazendo. Disse a ele que o observava dormir. Perguntou-me quem me ensinara a fazer isso e respondi que ninguém – que fazia isso desde que era pequeno. Costumava observar minha mãe dormir.

Depois de uma pausa ele me disse que seu filho, Scott, aquele que falecera, costumava fazer isso. Um filho? Aquilo era novidade para mim naquele momento. E o fato é que ninguém, nem mesmo a família dele, podia verificar se J-R tinha um filho. Tanto que pudera saber, eu conhecera a J-R em muitas vidas passadas e sabia que era verdade. Um dia entrei no quarto de J-R e lhe perguntei: –Sou o Scott, certo? J-R me olhou por uns segundos: –Sim, é certo. Coloquei uma cena no filme *O Guia*, sendo filho dele. J-R coescreveu o roteiro comigo e não a cortou, então, penso que houve uma razão para isso. Curiosamente, como J-R nunca falou sobre isso, as pessoas não sabiam a respeito. Tanto quanto eu sei, era uma história factual.

Conhecendo sobre o filho dele, foi como escolhi o nome Scott J-R Produções para a companhia, em Associação com o MSIA, para fazer os filmes *Guerreiro Espiritual*, *O Guia* e *Viajante Místico*.

Antes de escutar que J-R tivera um filho, tivera uma experiência de ligar e desligar, de que fora o filho de J-R. Não posso explicar isso. Posso falar a vocês sobre um incidente que foi um paralelo de J-R com o filho dele.

Desde pequeno, tinha a sensação de que morrera em um carro ou em um acidente de carro. Isso começou quando era jovem com minha mãe e meu padrasto. Com frequência, dirigíamos por Nova York, Nova Jersey e, às vezes, descíamos até a Flórida. Nessas viagens, costumava me agachar no piso do banco de trás por baixo dos tapetes porque isso me fazia sentir seguro e a estrada soava muito suave.

Certa vez, meu padrasto dormiu ao volante e me recordo de colocar minha cabeça para fora dos tapetes, quando o carro começou a dar solavancos. Descobri que o carro saíra da estrada, nunca falei sobre esse incidente apenas eu e minha mãe sabíamos disso.

Não sei se foi daí, que veio a sensação de morrer em um acidente de carro ou se essa sensação veio de uma experiência de vida passada.

"O prazer e a ação fazem as horas parecerem curtas"

– WILLIAM SHAKESPEARE (OTELO)

"Sempre foi excitante estar a seu lado aprendendo a ver as energias superiores. Os meninos e eu sempre nos excitávamos para ver se nossas respostas combinavam com J-R. Sempre estávamos lutando para acessar nossa intuição ou esse espírito que era do Viajante".

CAPÍTULO 20

Pesadelos

Provavelmente, muitos de nós somos familiares a pesadelos recorrentes. Não estou me referindo ao amedrontador, "os monstros vão me pegar", como um sonho, mas a uma variante: "estava em uma reunião importante de negócios e esqueci minhas calças". J-R tinha um corpo, uma mente e emoções, como todos nós (bem, como quase todos nós) e, ele também tinha pesadelos. O de J-R era chegar atrasado para as aulas.

Meus pesadelos se tratavam de chegar tarde às filmagens e isso aconteceu de verdade, enquanto trabalhei para Ben Stiller e John Hamburg em *Quem Vai Ficar com Polly*. Perdi a hora e eles precisaram esperar por mim por mais de uma hora. Eles não estavam felizes e com toda razão. Quando um ator se atrasa, tudo no *set* de filmagem para. Mas, os produtores ainda têm que pagar as dúzias e dúzias de pessoas que estavam sentados lá esperando.

Não fizera aquilo de propósito, mas colhi os resultados. Então, comecei a ter ataques de ansiedade por toda noite e foi horrível. A ansiedade aparecia enquanto tentava atuar. Era semelhante ao de J-R, que fora um professor, tendo ansiedade por chegar tarde às aulas. Entretanto, percebi que ao me tornar independente, dirigindo e transferindo toda energia criativa através dos filmes espirituais e aprendendo a tocar J-R, enquanto trabalhava seus projetos, isso começou a diminuir. E agora é difícil que isso aconteça.

Claro, que a realidade física também mudou. Com os filmes de J-R, a agenda ficou menos louca. No comércio de filmes, você desperta às 5h da manhã, depois de ter ido dormir tarde decorando o roteiro. Com J-R, era mais cuidar de J-R, estar ao lado de J-R, então decorar as linhas e depois seguir para o trabalho no dia seguinte; isso significava não dormir, assim não precisava colocar o alarme.

"Alguns nascem bons, outros alcançam o melhor e outros tem grande confiança neles".

– WILLIAM SHAKESPEARE (*DUODÉCIMA NOITE*)

"Há um grande privilégio nesse ministério e vem através da sua própria honra, sua própria vontade de dar um passo adiante, então, comece nesse momento e levante sua cabeça, pois agora você está em terras elevadas, de agora em diante".

– Da Bênção Ministerial
de Jesus Garcia, DCE.

CAPÍTULO 21
Minha Ordenação

Em 1988, fui aprovado para receber minha ordenação como ministro no MSIA. Os ministros no MSIA são ordenados através da ordem dos sacerdotes de Melquisedeque para fazer serviço no mundo – onde seu coração mandar – no momento da ordenação ocorre uma bênção do Espírito e uma conexão com a energia espiritual que se usa para servir e mantê-la fluindo. É lindo de verdade, se manter conectado com a energia Viajante, dessa maneira especial. Assim, estava muito excitado sobre isso.

Apenas acabara de completar o treino PAT IV, viajando pelo Egito e Israel. Depois disso, fomos à Alemanha, Londres, Rússia e Finlândia. Supunha-se que J-R faria minha ordenação durante o *workshop* em Londres, mas no do tempo em que isso estava agendado, ele adoeceu.

Sei que isso parece dramático – e foi – fui aprendendo que isso não era incomum em J-R, passar por situações severas com sua saúde. Mas ele não era enfermo, era mais que isso, ele era muito sensível e devido à natureza do trabalho espiritual que ele concordara em fazer, ele com frequência pegava coisas físicas ou coisas energéticas de outras pessoas, quando o Espírito permitia.

J-R me disse, mais tarde, naquele dia, que ele colapsara porque ele estava muito ligado a Sathya Sai Baba e estava tirando coisas dele que Baba não poderia lidar bem sozinho. Eu não conhecia bem quem era Sai Baba. Sei que ele era conhecido como o Cristo da Índia e que era considerado um avatar, mas só conhecia o que J-R me falara e o que encontrei quando pesquisei sobre ele.

De qualquer modo, enquanto J-R estava no quarto e não muito longe, John Morton, o novo Viajante ungido, me ordenou com uma linda bênção:

"Essa bênção é uma deliciosa presença, algo que você pode sentir em todo o seu ser, por todo seu corpo, por todas as suas células, através de cada parte do que você é.

Inicie esta bênção a cada momento, enquanto respira nisso que renova sua vida, que está purificando a sua consciência para manter a herança que é essa linha do Viajante, para avançar e honrar seu verdadeiro ser, começando a abrir sua consciência agora, à medida que você se permite avançar.

E, ao honrar a integridade do seu ser, as palavras da sabedoria podem surgir e você falará as palavras da verdade. Deixe as suas palavras serem aquelas que são a natureza amorosa que é a essência deste que é do Viajante. Traga sua disciplina do coração. Deixe que seja uma valsa amorosa com Deus que você dança e canta a herança de seu ser. Nenhum homem é tolo por se deixar cantar e louvar ao Senhor.

Há um grande privilégio neste ministério e vem através de sua própria honra, de sua própria vontade de avançar. Então, comece neste momento e levante a cabeça, pois você está agora em um terreno elevado a partir deste dia.

Nós estamos ao seu lado, nós te amamos, nós te apoiamos e nós te abençoamos.

Baruch Bashan"

(*Baruch Bashan* vem do hebreu e significa "as bênçãos já foram dadas")

Mais tarde, mostrei minha ordenação a J-R e ele gostou. Eu sei que ele realmente gostara, porque, em quase todos os casos,

Minha Ordenação

quando pedia a J-R aprovar algo – ou aprovar algo que fizera – ele simplesmente diria: –Isso está bem. Agora quando J-R diz "está bem", isso pode significar muitas coisas, não necessariamente um endosso. Mas, naquele momento ele expressou um pensamento real de aprovação.

No MSIA, os ministros são ordenados através da Ordem de Sacerdotes de Melquisedeque e no Ofício do Cristo. É uma linhagem muito poderosa e encontrei muita fortaleza e apoio de minha bênção ministerial.

Esse é o momento de olhar para si e ver se está se fazendo o que se requer para se abrir ao seu Espírito e para receber do Espírito maior, a fim de espalhar mais sua luz e amor.

Isso é tudo para nós. Não é apenas uma ocasião para bombardear objetos do mundo material, eventualmente, tudo irá embora, assim como nossos corpos. E quanto a vocês pessoas, apenas obrigado por virem. Existe algo grande que acontece no mundo espiritual, quando trazemos juntos o corpo material e o corpo espiritual, nós focamos nesse objeto que é a unificação do mundo no Espírito e o Espírito no mundo, sabendo muito bem que eles nunca serão o mesmo.

A única coisa que é a mesma em ambos é que somos seres espirituais e que, através do espírito, oramos. Não é através de nosso ego ou de nosso corpo, mas, através desse que é o telefone entre os mundos – é quem somos como ser.

Senhor Deus, Pai da Luz, o Senhor viu e sabe disso; tenta nos dar a sabedoria e o entendimento pelos quais podemos nos esconder da dor, do sofrimento e entrar na sabedoria de sua glória, porque estamos aqui e porque tudo isso aconteceu. Ilumine nossa ignorância para que não julguemos erroneamente a partir do nosso ego que sabe pouco.

Senhor, nos ajude a não discriminar os vivos por causa daqueles que são a morte. Para os mortos dizem para enterrar e para os vivos que vivam e sigam ao uno ungido do Espírito.

Pedimos isso através de cada um individualmente, à medida que avançam, ao escolher trazer maior amor e Luz ao mundo. Pai, nos ajude a colocar de lado qualquer vingança. Deixe que a vingança seja do Senhor, como Ele disse. Permita-nos ser os que compartilham do dar e do receber, os amantes da vida, os amantes daqueles que morreram, dos que tiraram sua vida para aqueles que não sabiam o que faziam senão não fariam.

E Pai, nos ajude a não julgá-los em sua ignorância, nem a nós em nosso ego, mas, nos permita entrar em harmonia com a vida e com aqueles que já não estão materialmente vivos. Permita que voltem à plenitude de sua criação; Pai nos permita enfrentar nossos medos. Permita-nos estar diante daqueles que fazem o bem e, mesmo diante, daqueles que poderiam fazer o mau, permita-nos simplesmente amá-los.

Permita-nos trazer o Som de seu amor, a luz de sua Luz e a glória de seu Ser. Abençoe aqueles que estão por aqui nessa época porque, uma vez mais, eles escolheram colocar seus corpos na linha de frente e trazer seus corpos sagrados, que são suas Almas e apresentá-las a nós.

Senhor, sabemos que seremos atingidos pela negatividade pelo o quê dizemos e fazemos aqui. Senhor, está bem conosco. Ainda viveremos para nos apresentar perante Deus, como aqueles que aprenderam, compartilharam, amaram e cuidaram — como aqueles que continuarão a se colocar na Luz.

E não terminaremos essa oração, Pai. Não diremos "Amém". Não faremos nada, a não ser continuar, mas, nisso, peço a outros de coração aos seus corações, que digam: "Obrigado".

E continuaremos esses serviços em memória – não dos mortos – eles já são memorizados nos corações; eles estão na lembrança da materialidade que veio antes deles – mas, para aqueles que são deixados para sofrer, para ver, para ouvir as dores, para saber que nosso sofrimento é a nossa falta daquilo que é o bem-amado.

Portanto, busquemos colocar mais do bem-amado dentro de nós – para nos deixar compartilhar e atravessar a barreira do físico e espiritual para os céus, onde todos nós podemos, mais uma vez, ser unidos – onde podemos saber que a promessa foi cumprida. Obrigado, Deus! Obrigado, Pai!

– JOHN-ROGER, DCE
(ORAÇÃO PÓS-11/09, 14 DE SETEMBRO DE 2001).

"Quando em dúvida não faça"

– Benjamin Franklin

"Os Guerreiros Espirituais são pessoas que confiantes fazem escolhas sobre onde concentrar sua atenção interna, mesmo quando as realidades externas de sua vida cotidiana sejam caóticas, problemáticas ou simplesmente irritantes".

– JOHN-ROGER, DCE.

CAPÍTULO 22

O Trabalho Invisível de J-R

Desde minha observação, o ministério de J-R estava onde ele colocava sua energia, seja em um cassino em Las Vegas ou caminhando pelas luzes vermelhas no distrito de Amsterdã. O Espírito era de ministério. A direção Ministerial do Movimento da Senda Interna da Alma é fazer ministério a todos independente de raça, credo, cor, situação, circunstância ou ambiente. J-R demonstrou isso diretamente. Ele podia ir a qualquer lugar que precisasse para "salvar uma Alma". Isso era o que via J-R fazer, isso foi o que disseram que Jesus Cristo fez. E não penso que havia qualquer diferença.

Quando as Torres Gêmeas caíram em Nova York, em 11 de setembro de 2001, isso chocou muita gente de verdade. A América essencialmente parou. J-R e todos que trabalhavam de perto com ele sentíamos que caminhávamos ao redor de uma névoa. Podíamos ver que J-R estava muito envolvido em seu trabalho interior. Mais tarde, ele confirmaria que as pessoas nas Torres, concordaram em sacrificar suas vidas para o Bem Maior. Era algo da ordem do Espírito permitindo que as Torres Gêmeas caíssem como um evento menor para que algo, como uma explosão nuclear suja não acontecesse. Era um tipo de limpeza kármica.

J-R foi duas vezes à Nova York, depois da queda do World Trade Center e nós fazíamos uma versão de vigília, enviando Luz e a ancorando naquela área. Algumas vezes, as pessoas que morrem em eventos inesperados ou calamitosos não percebem que seus corpos morreram e ficam perto do plano da Terra meio que confusos. J-R era muito bom em liberar as Almas que ficavam paradas dessa forma para que elas possam seguir no progresso delas.

Quando estávamos em Nova York, depois dos eventos de 11 de setembro, a energia era mesmo palpável, muito forte, muito pegajosa. Um amigo de J-R foi capaz de nos levar bem perto do lugar e a energia ali era bem brutal. Mas, J-R sempre ia aonde lhe dirigiam e fazia o que era guiado a fazer, sem importar quão desafiante era.

O trabalho de J-R não apenas envolvia viajar fisicamente, mas ele fazia muito trabalho viajando fora do corpo em outros reinos. Algumas vezes, J-R saia por semanas. Ele não estava fisicamente fora porque o corpo dele estava deitado na cama. Ele podia se levantar, comer, usar o banheiro e depois se deitava de novo. Isso podia acontecer a qualquer hora e foi muito frequente, quando estávamos no Havaí. Parece que muita coisa estava acontecendo naquela área do Pacífico.

Ele saia para participar dos lugares de reuniões, especialmente no Havaí e Bora Bora. Havia reuniões de diferentes diretorias espirituais, senhores espirituais, diferentes deuses e espíritos de diferentes reinos. Isso podia acontecer em lugares geograficamente altos, como nos Alpes suíços.

Certa ocasião, J-R partiu em uma curta viagem em outros níveis, onde ele precisaria de alguém desse outro lado para tomar conta do corpo dele enquanto ele ia. Aparentemente, estar completamente no corpo, podia prendê-lo aqui, assim, ele precisava de alguém para estar no corpo enquanto a Alma viajava para fora e além, para trabalhar em diferentes áreas. Na verdade, ele precisava se desapegar do corpo físico para que pudesse ir para alguns desses lugares espiritualmente.

Havia muitos seres espirituais superiores que poderiam cuidar desse pedido de manutenção do corpo de J-R enquanto ele

O Trabalho Invisível de J-R

viajava para muito, muito longe. Eles concordaram em ficar com J-R, enquanto ele estivesse fora fazendo as coisas, assim eles poderiam experimentar o "agora" na Terra. Enquanto isso estivesse acontecendo, alguém teria que alimentar e mover J-R – esse era o trabalho do *staff*. Sei que isso pode parecer louco para vocês, assim, imaginem a reação da primeira vez que vi isso acontecer.

Isso foi em Nof Ginosar, em Israel, e estava começando a me acostumar a ser do *staff* e trabalhar com J-R. Ficamos juntos por um tempo e estávamos nos divertindo muito. Um dia estava em uma confeitaria *kosher* e observei que outros membros do *staff* se moveram e rodearam J-R. Ele parecia se mover lentamente, enquanto passava em direção à fila da cafeteria.

Quando ele passou por minha mesa, vi que J-R parecia não me reconhecer. Assim que o alcancei de forma brincalhona para segurar sua mão, um dos membros do *staff* imediatamente bloqueou minha mão e me disse para não tocar em J-R, especialmente quando ele estiver fora do corpo. Então J-R me olhou e numa voz estranha e numa cadência não familiar, me perguntou quem eu era? –Quê? Sou a pessoa que tem estado com você nas últimas semanas.

Vendo minha confusão, os rapazes explicaram que J-R estava fora e que aquele ser era chamado de Ancião ou Velho Homem da Bíblia. Aparentemente, ele não era muito familiar com esse nível de existência, ainda que tivesse algumas habilidades interessantes. Por exemplo, ele poderia ver através de mim e ver através das coisas microscopicamente.

Aprendi isso quando ele encarou um copo d'água que estava em minhas mãos. Ele olhou bem para mim, mas me disse, com uma forma de falar bíblica que a água estava terrivelmente suja. Olhei para o copo e a água parecia bem limpa, cristalina. Mas, quando voltei para minha mesa, peguei o copo e coloquei contraluz e vi partículas circulando na água. Não era possível ele ter visto aquilo de onde estávamos.

O Amor de Um Mestre

Quando me mudei para casa de Mandeville e comecei a trabalhar com John-Roger, através dos anos, vi o Ancião de vez em quando. Tudo era novo para ele no século XXI, assim, ele sempre estava curioso, assim como muitos buscadores. Ele era um amigo, apenas um cara velho engraçado. Ele era quase como um bebê e não conhecia esses níveis. Mas, era divertido estar com ele; e ele podia ler cartas de baralho. Nunca tive que esconder nada dele, assim, foi uma bênção conhecê-lo. Deus o abençoe, onde quer que ele esteja.

Também experimentei outro personagem de J-R, um índio americano, Nat e eu falamos com ele. Falava como um índio americano, eu pensei que estávamos com o Touro Sentado.

Quando J-R se levantava de uma longa meditação, costumávamos perguntar quem estava ali. E se o visitante estivesse disposto a nos dizer, éramos capazes de saber se era o Ancião da Bíblia, o Nativo Americano ou mesmo o Imperador Japonês. O Imperador veio apenas uma vez e quando perguntei se fora um Viajante, J-R disse que sim.

Somados a esses seres que mantinham o corpo de J-R, quando ele estava fora viajando, existiam outros seres espirituais que trabalhavam com J-R. Um era um ser que J-R chamava de Jodi. Jodi era um buscador da verdade e um Mestre. Ele era muito intimidador, pelo menos para mim.

Fui testado muitas vezes por esses seres espirituais e falhei com frequência nos testes. Entretanto, J-R me disse que sem importar como me saia, Jodi gostava de mim. A primeira vez que ele disse isso, lhe perguntei quem era Jodi no mundo. J-R explicou que ele era um guia, um espírito elevado que o protegia.

Fiquei feliz de saber que Jodi gostava de mim, porque ele era capaz de filtrar as pessoas ao redor de J-R que estavam cheios de seres básicos. Acredito que sempre fui claro, honesto com J-R e amava falar com ele. Sempre quis que seus guias e amigos espirituais gostassem de mim. Podia sentir a fortaleza do Espírito com J-R quando Jodi estava por perto.

Algumas vezes, quando a consciência de J-R não estava presente, seu ser básico ficava a cargo do corpo. O básico do J-R se chamava Daniel e tinha o aspecto desse personagem da Bíblia, que fora jogado na jaula dos leões. Não que fosse literalmente essa pessoa, mas a energia que ele representava. Daniel nem sempre estava feliz comigo porque ele sabia que eu ficaria no caminho de algumas coisas (como creme de *praliné*) que ele queria. Ele era muito preciso e muito estrito. Era um cara bem difícil; briguei com Daniel muitas vezes, especialmente quando ele queria seus doces, que estavam sempre no topo da sua lista dos "eu quero".

Daniel também queria muito saber o que estava acontecendo e queria que explicassem as coisas. Eu era forçado a ser completamente honesto e verdadeiro com Daniel e definitivamente iria para o tapete se pressionasse demais J-R. Quando Daniel estava cuidando primariamente do corpo de J-R podia ser bem difícil para eu sair. Nada de me afastar quando Daniel estava na casa.

Havia momentos em que J-R falava sobre a Luz, ela era tão poderosa com ele, que os seres conscientes simplesmente queriam estar com ele para aprender. Não havia nada realmente negativo, ele costumava dizer que algo que era negativo eventualmente seria consumido.

Alguns seres se aproximavam de J-R e o atacavam porque eram como traças ao redor do fogo. Eles queriam ir para casa e queriam passar por J-R como se ele fosse um portal para outra dimensão. Assim, não era necessariamente negativo que eles o atacassem. Ele era um veículo por onde eles viam uma saída. Se esses seres que estavam presos e limitados pela Terra pudessem ver alguém como J-R que era multidimensional e capaz de acessar todos os reinos, eles poderiam ir com ele e conseguir voltar para casa. E vi isso acontecer de tempos em tempos.

O *Amor de Um Mestre*

Nem tudo o que J-R fez nos reinos não físicos tinha a ver com o seu trabalho espiritual. Em uma ocasião, vi J-R correndo pelos fundos da casa e parecia que ele estava perseguindo alguém. Dei meia volta e vi J-R perseguindo o ar e se movendo como se ele estivesse brincando com uma pessoa invisível. J-R estava rindo e continuava. Mais tarde, quando perguntei a J-R o que ele estava fazendo, ele disse que estava brincando com uma criança. Cerca de seis meses depois disso, J-R me disse que ele estava brincando com Zane, filho adotivo de John Morton e de Laura Donnelley, antes de ele nascer. Esses foram os tipos de coisas incríveis que eu testemunhei.

Eu sei que descrevi coisas neste capítulo que muitas pessoas não viram. Você pode acreditar nelas ou não, embora eu possa dizer que está além do pensamento e do sentimento. Foram experiências do "Saber".

"Não existe escuridão, mas ignorância".

– William Shakespeare (*Noite de Reis*)

"Aprendi que os sonhos podiam ser muitas coisas, desde preencher desejos, trabalhar problemas do subconsciente ou reagir a um alimento muito gorduroso antes de dormir. Os sonhos podem ser uma experiência bem real ou memórias de vidas passadas. Notei que aqueles sonhos com "experiências significantes", tinham um sentimento diferente dos sonhos com jardins. Meu sonho de iniciação foi um desses tipos significantes".

CAPÍTULO 23

Mais Viagens com o Viajante

      Não sei quantos quilômetros viajei com J-R, ao longo dos anos enquanto trabalhava com ele, mas posso lhes dizer que foram muitos. Viajar com ele era mesmo uma experiência única porque ele ia aonde o Espírito o dirigia, com frequência independente da agenda pré-planejada.

    Onde quer que J-R viajava se podia apostar que coisas incomuns aconteciam com o clima, terremotos e outros fenômenos estranhos. Um incidente para ilustrar aconteceu em 1994, quando John-Roger, John Morton e eu estávamos verificando lugares para visitar em nossa próxima viagem. Eu estava pedindo informações, J-R e John estavam conversando do lado de fora num café no Cairo, quando aconteceu uma tempestade de areia. Não conseguíamos nem nos ver. Não posso dizer que aquilo era típico, mas também não posso dizer que era incomum. Mas, esse tipo de coisa era sempre esperado quando viajávamos com J-R. Em todo caso, nessa viagem em particular, aconteceram algumas experiências únicas para mim.

    A possível viagem PAT IV, que John-Roger e John estavam explorando tinha como intenção de ser outra peregrinação ao Oriente Médio – mas, em vez de ser uma repetição da viagem PAT IV, queríamos que fosse uma expansão dela. Planejando essa viagem, visitamos a Jordânia, Síria, Líbano e Egito.

O Amor de Um Mestre

Amo história e me preparando para viagem, li muito sobre o Império de Palmira. Algumas das coisas que me marcaram foram: a rainha Zenóbia e uma bela cidade romana chamada Palmira, no que é agora a Síria. Palmira ainda está lá hoje, uma ruína bem preservada e bonita, embora o EIIS (Estado Islâmico no Iraque e na Síria), nos últimos anos, tenha destruído alguns dos artefatos da cidade.

Abaixo o que um amigo-historiador tem a dizer sobre Palmira e Zenóbia:

ZENÓBIA, IMPERATRIZ DO ORIENTE.

Zenóbia nasceu para ser uma rainha. Ela era descendente da famosa Cleópatra do Nilo e foi muito longe para procurar louças usadas por seus antepassados. Zenóbia tornou-se rainha quando se casou com Odenathus, um cliente do rei de Roma e governador da rica cidade-caravana de Palmira, estrategicamente localizada na famosa Rota da Seda.

Em 260 d.C., o imperador romano Valério foi traído e capturado pelo rei persa Shapur I. Odenathus ganhou a gratidão do filho de Valério e seu sucessor Gallienus por executar um requerente sírio ao trono e por defender o Império Oriental da Pérsia.

Odenathus foi assassinado em 267 d.C. Seu exército proclamou lealdade a sua viúva Zenóbia. E essa se viu governadora da Síria, do leste da Anatólia, Palestina e Arábia. Na era pré-cristã, governantes educados favoreciam filósofos em sua corte. Gallienus em Roma deu às boas-vindas ao neoplatonista Platinus, enquanto Shapur deu às boas-vindas ao místico Mani. De sua parte, Zenóbia nomeou o diretor da Escola Platônica de Atenas, um homem chamado Longinus.

Quando os godos invadiram a Grécia, a guarnição romana no Egito foi enviada para lidar com eles. Isso causou violência secular em Alexandria. Zenóbia despachou um exército que restaurou a paz. Ela agora se encontrou como a governante da segunda e da terceira maiores cidades do Império (Antioquia e Alexandria), bem como o Egito, o celeiro de Roma.

O novo imperador de Roma, Aureliano, não estava disposto a permitir o controle dela sobre o Império Oriental. E marchou contra ela, a capturou e restaurou o Império para sua autoridade. Zenóbia marchou em seu Triunfo através das ruas de Roma, presa em cadeias de ouro. No final de sua humilhação, lhe foi permitido uma confortável aposentadoria fora de Roma.

Conhecendo esse pano de fundo, fiquei fascinado por explorar a região e ver se podíamos fazer um *tour* com 150 pessoas ali. Nessa viagem, eu era o valete pessoal de J-R e o *cameraman* – e como ele estava muito fora do corpo, meditando e viajando na Alma, eu também aprendia a cuidar do corpo dele. Observei e aprendi vendo as explorações que John-Roger e John faziam, vendo como funcionava preparar uma viagem. No físico era uma coisa e em outro nível tinha a energia, eu podia ver J-R meditar, deixar o corpo e trazer surpreendentes informações de volta.

Antes da viagem começara a ter sonhos vívidos. Depois de um sonho em particular, verifiquei com J-R e ele disse que estivera ali antes. De fato, tive uma vida passada com Zenóbia. Agora vem a cereja do bolo – J-R disse que estava pronto para minha iniciação na Alma. Ele me iniciou na Síria, um país muito querido para mim.

Quando estávamos em Palmira, tive um novo despertar dessa iniciação. Foi muito poderosa e foi uma das experiências retratadas no filme *Guerreiro Espiritual,* filmado em 2004.

Acabou que não voltamos à Síria no PAT IV, mas eu voltei dez anos mais tarde em 2004, com uma equipe de dez pessoas, para filmar *Guerreiro Espiritual.* Eu me recordei de todos os lugares que John-Roger me levou na viagem de exploração e Palmira estava indubitavelmente estampada em minha consciência.

O Amor de Um Mestre

Filmamos lindas cenas que retrataram algumas coisas que vi em meus sonhos.

Aprendi que os sonhos podiam ser muitas coisas, desde preencher desejos, trabalhar problemas do subconsciente ou reagir a um alimento muito gorduroso antes de dormir. Os sonhos podem ser uma experiência bem real ou memórias de vidas passadas. Notei que aqueles sonhos com "experiências significantes", tinham um sentimento diferente dos sonhos com jardins. Meu sonho de iniciação foi um desses tipos significantes.

Depois que eu, John-Roger e John voltamos da viagem exploratória no Oriente Médio, começamos a nos preparar para o grande PAT IV de 1995. Essa seria uma espécie de reunião. Para nós seria uma viagem de três semanas para o Oriente Médio, com um cruzeiro para Grécia no meio para dar um tempo para todos.

Quando o momento chegou, no verão de 1995, passamos pela primeira parte da viagem e nos dirigimos para o segmento de cruzeiros. O cruzeiro começou divertido, mas não durou muito. Aparentemente, alguns dos alimentos estavam contaminados e várias pessoas do nosso grupo ficaram doentes ... muito doentes com envenenamento por Salmonella. Eu era oficialmente o pior deles. Na verdade, quase morri. A coisa se tornou tão severa que fui levado ao hospital e J-R foi comigo. Ele não era realmente ruim e ficou comigo enquanto eu atravessava minha infelicidade. Eu estava alucinando e vendo muito do que J-R e eu mais tarde escreveríamos em *Guerreiro Espiritual*: batalhas e cenas que pareciam ter vindo do *Senhor dos Anéis*. Lembro-me de J-R me dizer para apenas atravessar. Naquele momento, eu iria com qualquer coisa.

Somado a estar mortalmente enfermo, estava muito triste porque pensava que aquela era a forma como morreria. Eu sempre pensei que morreria como um herói ou algo parecido. Morrer de diarreia, não era uma forma muito heroica de morrer. Podia ver minha lápide: "Aqui descansa Jsu Garcia. Ele cagou até a morte".

Posso dizer que vi Deus no hospital porque eu pensei que morreria ali com certeza. Eu iria morrer e precisava de Deus para salvar minha vida. Ele estava ao meu lado. Era J-R sentado ao meu lado, me cuidando e estava confortado com o conhecimento interno.

Enquanto isso, John Morton voltou ao Egito para completar a segunda parte do PAT IV, enquanto J-R cuidava de mim e de outros que adoeceram.

Eventualmente, me recuperei e tudo ficou ótimo. Aprendi muito, a ser forte e definitivamente humilde. Uma vez mais, o Espírito encontrou uma forma de me derrubar de meu pedestal e me desiludir para cair na real e ver do que se tratava a realidade.

Cada um é um guerreiro espiritual e cada um lida com as situações da vida de forma diferente. Atravessar aquela enfermidade, realmente, me abriu os olhos para muitas coisas. Quando escrevi meu tratado pessoal sobre como viver com um guerreiro espiritual, muitos anos depois, eu refleti sobre isso como uma experiência chave em minha vida. Fui capaz de ver a vida como vivendo comigo mesmo, vivendo com John-Roger, viver com muitas pessoas que representavam o guerreiro espiritual e carregar esse manto.

Quando me recuperei, nos juntamos à segunda parte da viagem PAT IV. Depois, J-R e eu viajamos para Itália com a intenção de nos recuperar completamente do ataque de Salmonella. Estava passando por momentos difíceis e J-R me levou a uma cidade perto de Milão, não muito longe da Suíça. Passamos 10 dias nessa cidade. Ali havia um restaurante pé no chão, onde comíamos pizza quase todas as noites. Aquele era um tempo para purificação e J-R me apoiou em um de meus períodos mais escuros. Essa viagem privada à Itália foi um momento de reflexão para mim, queria continuar a trabalhar para J-R e estava tentando saber sobre atuar.

A Itália era o lugar para que eu ficasse bem. Sabia que eu podia deixar o planeta porque J-R me disse que eu tinha uma janela para ir. Ele explicou que isso significava que quando algumas situações na vida se alinham – como a fenda de uma máquina – podemos morrer. Você não tem que morrer, necessariamente, mas a oportunidade está ali.

Então vem a ideia de "morrer para o mundo". Muito parecido como o filme *Matrix*. A pílula vermelha e a azul que são símbolos culturais populares que representam a escolha entre abraçar momentos de verdade dolorosos da realidade (pílula vermelha) ou permanecer na abençoada ignorância da ilusão (pílula azul). Assim como Morfeu disse para Neo no filme:

"Se pegar a pílula azul, a história termina. Você despertará em sua cama e acreditará no quiser acreditar. Se tomar a pílula vermelha, permanecerá no país das maravilhas e lhe mostrarei quão profundo o buraco do coelho pode ir".

Experimento o Viajante J-R dessa forma. O buraco do coelho é a Corrente do Som. Isso descreve muito bem minha vida desde que provei do maná.

Tinha experiências semelhantes na Itália e algumas vezes, ainda as experimento agora. Todas às vezes que tenho um lampejo de consciência que não é da mente, mas fora do domínio da mente, quando vejo o lampejo de maya – ver a ilusão do que é – então, morro para esse mundo. Isso é profundo. Rededicar-se e comer do maná é um saber, não um pensamento intelectual.

Aquela viagem me ensinou o que era o amor e J-R demonstrou consistentemente real cuidado e amor por mim. Eu me recordo das palavras de grande conforto que ele usou. Ele me abraçou e sussurrou em meu ouvido: –Fique perto.

Em outra viagem, experimentei algumas lições diferentes. Fomos a um cruzeiro Adriático no Windstar, um veleiro moderno, de ponta e incrível. J-R e eu viajamos em um pequeno barco, enquanto o navio maior estava esperando a maré alta para poder entrar em uma gruta em Capri, que era a antiga entrada das Villas de Tibério. Olhava o mar na ponta do barco, quando senti uma severa dor nas costas. J-R me segurou e me purificou dos espíritos do mar, as ondinas, também dos sílfides e salamandras. Ele me explicou que existem elementais que vivem na água, em particular nos oceanos. Com ajuda dele e a explicação foi como elevar minha consciência em todos os níveis.

Fomos a outro cruzeiro privado para visitar Medjugorie (Iugoslávia), antes da guerra. J-R estava interessado em verificar as crianças que viram a Virgem Maria e rezaram pela paz. Nós conhecemos essas crianças e oramos com elas. Nunca pensei que enquanto cruzava o Mar Adriático, no navio Windstar com J-R, John Morton e o pessoal do MSIA, que a guerra mataria 100.000. Reconhecemos que foi uma ação de equilíbrio ou um evento para limpeza de karma.

J-R estava bem perto de mim, me ensinando e me mostrando coisas que eram invisíveis. Tentei ser um bom estudante, às vezes conseguia, às vezes não. Essa foi uma vez que consegui: a importância de não estar em oposição. Em algumas ocasiões ele me perguntava enquanto dirigia:

–Como você está por dentro?
–Quê?
(Ele repetia) –Como você está por dentro?
–Ótimo! J-R, eu te amo.
(Ele sorria) –Bom.

Isso era o que fazia com frequência, verificar como tudo estava. Costumo fazer isso até hoje. Ele explicava que você podia amar a todos, mas, não precisava gostar de todos. Ele apontou para um carro e disse: –Você pode amar esses que estão lá.

–Se tiver alguém que você esteja em oposição, sempre tente mantê-los no amor e na Luz em seu interior. Mantenha seu templo limpo. Tente lembrar-se deles quando os conheceu pela primeira vez, ou quando eles eram jovens, ou quando ficavam juntos. Quando os tiver nesse lindo lugar, toque seu peito e ancore essa experiência. Você sempre pode tocar essa energia e abri-la ao tocar o peito. Ter oposição internamente não funciona e essa é uma das muitas técnicas que usávamos perto de J-R. Ele precisava que a energia estivesse limpa ao redor dele. Você precisava resolver bem rápido os problemas, se quisesse ficar perto do chefe. Escutei J-R chamar de "círculo da verdade".

Acho isso porque J-R se tornou uma parte tão integral de minha vida, que fiquei com medo de que ele morresse na minha frente. Eu me preocupava e dizia a ele que não sabia o que faria se ele morresse na minha frente. Ele sempre me respondia com um sorriso maquiavélico: –Não se preocupe, você vai morrer na minha frente. Essas observações paravam meu curso. Depois eu ficava triste. Esses pensamentos atravessaram minha mente por anos. Então, chegaram os dias em que J-R começou a ficar mais enfermo e se preparando para transição. A coisa mais louca foi que tirei um dia para descansar do hospital e fui ao supermercado. Fiquei bem atento em quanto precisava ficar consciente para cruzar as ruas ou conduzir J-R e, se não fosse cuidadoso, bem cuidadoso eu poderia morrer antes dele. Pensei sobre isso e percebi que estava mudando, aquela parte de mim estava morrendo. À medida que J-R se aproximava de sua transição, sentia que eu e Natanael morríamos. Aspectos de nós dois morreriam na passagem de J-R.

Já faz quase dois anos desde a passagem de J-R e posso dizer: não sou a mesma pessoa. Sua "morte" foi uma coisa bem sutil, o que explica minha queda no Reino Astral, procurando pelo corpo de J-R. Percebi que ele era maior e não estava ali, apenas tristeza e desespero esperava por mim quanto eu queria o conforto de sua presença física. Essa tristeza e desespero que sempre estava em meus pensamentos e sentimentos se tornou meu aprisionamento temporário. Já havia me liberado e me tornei mais consciente das dimensões e das armadilhas que eles mantêm.

Insight II alongamento de sábado, 1986, facilitado por Terry Tillman e Lawrence Caminite. Minha afirmação "Eu sou um homem lindo, poderoso e sensível amando a mim e a você".

Mais Viagens com o Viajante

Templo de Karnak no complexo de Luxor, Egito, plantando Amor e Luz com J-R e os participantes do PAT IV, 1988.

O Amor de Um Mestre

John Morton me batiza enquanto J-R observa no rio Jordão, 1988.

Grupo PAT IV nos degraus sul do Templo, onde Jesus caminhou e ensinou a seus seguidores, Jerusalém, Israel, 1988.

O Amor de Um Mestre

Com J-R no Monte das Oliveiras, durante o PAT IV, Jerusalém, Israel, 1988.

Caminhando com J-R, Joe Ann e Connie Stomper no *tour* da Alemanha e da Rússia que se seguiu ao PAT IV, 1988.

Plantando colunas de Luz na Praça Vermelha em Moscou com John-Roger, Howard e Maxine White, Cleora Daily, Angel Harper, Merle Dulien e muitas outras maravilhosas almas. Na extensão da viagem PAT IV, 1988.

Mais Viagens com o Viajante

Brincando na Praça Vermelha com J-R, 1988.

Flores para Paz na Praça Vermelha, 1988.

Tirando um momento com J-R, na Finlândia, para planejar meu futuro, na viagem estendida do PAT IV, 1988.

O Amor de Um Mestre

Honrando ao Bem-Amado John-Roger na conclusão da Passagem das Chaves para John Morton, dezembro de 1988. Aqui tentava personalizar Yoda para fazer J-R rir.

J-R checando seus 60 cavalos árabes
no rancho de Windermere, 1990.

O Amor de Um Mestre

J-R montando Sonlight, seu cavalo quarto de milha favorito, em Windermere, 1990.

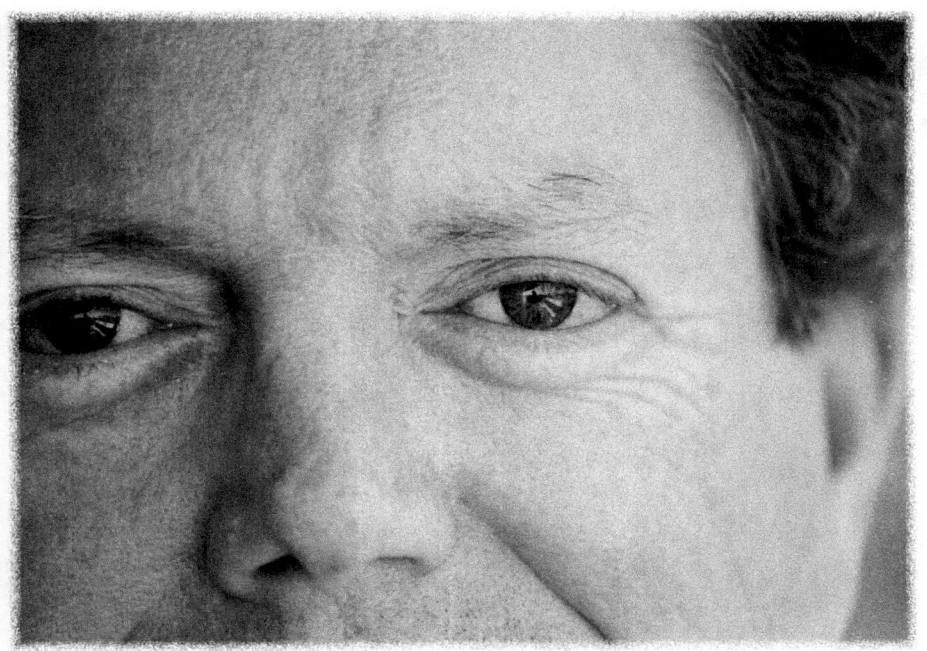

Quando o Mestre lhe olha. Twaji, o olhar de Deus, 1990.

O Amor de Um Mestre

No palco com John-Roger, rindo e rompendo
cristalizações, 1990.

Mais Viagens com o Viajante

Divertindo-me com J-R, o Viajante e Preceptor, 1990.

O Amor de Um Mestre

Impressão de minhas mãos e de J-R na cerimônia da quadra de basquetebol de Mandeville, 1997.

Mais Viagens com o Viajante

Viajando ao Serengeti, África, nos primeiros dias,
esperando por Phil Danza, para preparar o som
e o vídeo para um seminário.

O Amor de Um Mestre

J-R dando ordens pelo transmissor,
Masai Mara, Quênia, África.

Mais Viagens com o Viajante

J-R me instruindo no rio Li, na China, 2000.

Equipe de pessoal de J-R: Zeus, Nat Sharratt e Erik Raleigh, cuidando enquanto J-R viaja na Alma, rio Li, China, 2000.

J-R sentado na cadeira de diretor do filme
Guerreiro Espiritual, em PRANA, 2004.

O *Amor de Um Mestre*

No topo da grande pirâmide no Cairo, Egito, com o diretor
David Rayner, produtores Rick Ojeda e Michael Hubbard,
operadores de câmera Robert Cain e Joshua Benson e
o diretor de fotografia Evan Nesbitt, na locação
de filmagem do *Guerreiro Espiritual*, 2004.

John-Roger e eu, nos divertindo no Barnes,
em um evento de lançamento na Noble, 2009.

O Amor de Um Mestre

Colagem de uma cena ideal

Mais Viagens com o Viajante

Colagem de uma cena ideal

O *Amor de Um Mestre*

Colagem de uma cena ideal

Mais Viagens com o Viajante

Colagem de uma cena ideal

O *Amor de Um Mestre*

Colagem de uma cena ideal

Mais Viagens com o Viajante

Colagem de uma cena ideal

O *Amor de Um Mestre*

Colagem de uma cena ideal

Mais Viagens com o Viajante

Colagem de uma cena ideal

Première do *Viajante Místico* em Telavive, Israel, celebrando o aniversário de 80 anos de J-R, em 24 de setembro de 2014. Dia da Integridade. Tivemos 141 participantes nesse *tour* final de J-R.

Elda e Delile Hinkins, irmão de J-R e sua nora, na *première* do *Viajante Místico* em Price, Utah, uns meses depois da passagem de J-R, 2015.

Eu e Nicole celebrando o aniversário de 81 anos de J-R em Jerusalém, Israel, um ano depois de sua passagem ao Espírito, 24 de setembro de 2015. Dia da Integridade.

Nat e eu com J-R um mês antes dele fazer sua passagem ao Espírito em Jerusalém, Israel, 24 de setembro de 2014. Dia da Integridade.

Chegando para celebrar o aniversário de 81 anos de J-R com a Nicole, eu e Benji Shavit em Telavive, Israel, nos preparando para o dia 24 de setembro de 2015. Dia da Integridade.

Graduação de dois anos do Programa de Mestre em Psicologia Espiritual, com Ron e Mary Hulnick, da Universidade Santa Mônica, classe de 2016.

Celebrando o aniversário de 80 anos de J-R
com 141 familiares e amigos em Jerusalém, Israel,
um mês antes de J-R fazer sua passagem ao Espírito,
24 de setembro de 2014. Dia da Integridade.

Twaji com o Mestre, durante um evento
dos Seminários Insight, com Russel Bishop e John Morton.

"Nicole e eu viajamos para Israel em 2015 para celebrar o aniversário de 81 anos de J-R. 24 de setembro estava chegando, quase um ano desde que J-R fez sua passagem ao Espírito e posso dizer que foi um ano difícil. Enquanto estava em Jerusalém sabia que não deveria tentar repetir o que fizera lá com J-R antes. J-R me mostrou internamente que deveria tentar coisas novas e ir a lugares diferentes para compartilhar dos ensinamentos. Assim eu fiz e lá ele estaria".

CAPÍTULO 24

Viajando sem J-R

No momento que completei meu primeiro ano no Programa de Mestrado em Psicologia Espiritual na Universidade Santa Mônica, em 2015, tive a experiência de J-R vir à minha consciência, me permitindo para ver coisas desde sua passagem. A primeira que vi, foi que precisaria viajar e senti internamente um impulso forte de ir à Israel com Nicole. Um dos meus sonhos foi, enquanto John estava viajando para França, onde se deu o Treinamento para Paz, PAT VIII, eu e Nicole estaríamos em Jerusalém. Visualizei que passaria o filme *Viajante Místico*, em Telavive em 24 de setembro (no aniversário de 81 anos de J-R) e compartilharíamos a maratona de 9 horas de J-R, sem intervalo, no dia 26 de setembro.

Minha intenção era clara como um cristal. Era um impulso que estava queimando por dentro. J-R continuava a falar comigo em quadros. Quando cautelosamente compartilhei isso com alguns amigos, percebi que J-R falara com eles em sonhos para me ajudar. Eu pedi e recebi muita ajuda.

Eu e Nicole viajamos para Israel, em 2015, para celebrar o aniversário de 81 anos de J-R, 24 de setembro estava se aproximando, quase um ano desde a passagem de J-R ao Espírito e posso dizer que foi difícil. Enquanto estava em Jerusalém, eu sabia que não deveria repetir o que fizera com J-R no passado. J-R estava mostrando internamente que precisava tentar coisas novas e seguir para diferentes lugares para compartilhar seus ensinamentos. Assim fiz e lá ele estaria.

No ano anterior 2014, em Jerusalém, foi um momento espetacular e inesquecível. J-R ainda estava vivo, cercado por 141 almas que se amavam umas as outras. Durante os três dias para os fundadores com John Morton, Michael Hayes, eu, Benji Shavit nosso guia por todas as viagens PAT e Paul Kaye, o evento se tornou surreal e poderoso. Foi mesmo um momento no tempo e no espaço. Nós nos banhávamos no Amor e na Luz de John-Roger, o Cristo e Deus.

Meu apego ao corpo físico de J-R era imenso. Não podia simplesmente esquecer e seguir em frente. Atravessei tudo àquilo com um buraco em meu coração.

Em outubro de 2014, um mês depois, a saúde de J-R declinou e eu estava na bolha do querer que ele vivesse para sempre. Todos faziam nosso melhor para cuidar dele, para que a vida dele fosse confortável. Eu me apaixonei por Nicole na viagem de aniversário, sempre fui honesto e transparente com J-R e queria ser claro com ele. Nunca faria algo sem a bênção de J-R e seu apoio primeiro. Quando voltamos para Califórnia, contei a J-R sobre o forte amor que sentia por Nicole que começara no final da viagem à Israel. Olhei para ele e senti lágrimas correndo por meu rosto. J-R pausou e disse:

–Posso ver isso.

–Pode nos casar espiritualmente?

Eu nem estava pensando, fiz a pergunta do coração e da alma. Tive esse instinto, essa intuição de que seria melhor nos apressar e levar tudo isso ao cálice da consciência de John-Roger, que era o que sempre quis para mim e o que sempre precisei – a aprovação da consciência de John-Roger Cristo/Preceptor.

Viajando sem J-R

Eu disse: –Nos case. Ele entrou e saiu do corpo e eu pensei que a resposta seria "não", mas ele assentiu com a cabeça como um está feito. J-R fazia muito disso, saia do corpo e verificava com os meninos acima ou com a Sociedade dos Anjos (NT: uso de um acrônimo em Inglês BUS –*boys upstairs* – GAS –Gathering of Anjos Society).

Ele tocou meu rosto e cabeça. Isso era nossa coisa diária por anos. Algumas vezes, ele batia gentilmente em meu rosto. Sempre estávamos conectados e nos tocando. Nos últimos dois anos, ele não falou muito, mas eu e Natanael sabíamos como falar com J-R. Simplesmente, sabíamos o "código para falar", porque ele sempre estava ali, mentalmente, mas seu corpo estava declinando. Era bem fácil, simplesmente fazer a pergunta. E dependendo de como fazia a pergunta, seria a forma como receberia a resposta. Portanto, quanto mais claro você fosse, quanto mais clara a pergunta, pode apostar que J-R responderia na hora.

Depois de pedir a J-R para casar a mim e Nicole espiritualmente, perguntei se poderíamos compartilhar as *Dissertações* e todas as outras coisas. Sabia o que perguntar e ele aprovou tudo. Nunca fui apressado em meu ser interior e aprendi quando situações, como essas acontecem, é o ser superior e essa parte que sabe mais que o ego. É o divino desconhecido que lidera. Está além da mente e das emoções... é espiritual. Nunca pensei que poucas semanas depois, ele faria sua passagem, mas eu sabia que Nicole era um presente de J-R para me ajudar a ficar por aqui depois da passagem dele porque com certeza não iria querer ficar por aqui. Sei que não conhecerei mais ninguém como J-R nessa vida. Quando J-R estava passando por sua transição, sabia que eu estava com Nicole, mantendo a energia elevada e mantendo meu amor por ele, até seu último suspiro nessa Terra.

Antes de sua passagem, trouxe Nicole à presença de J-R em Mandeville e, por um momento, foi maravilhoso amar Nicole e a J-R, vivendo essa unicidade. Amei que J-R soubesse que eu ficaria bem à medida que ele se preparava para viajar e transcender. Sinto saudades, amigo.

Na viagem de 2015, notei que Nicole e eu buscávamos J-R em toda parte e em todos, como "a força" nos filmes *Guerra nas Estrelas*. A viagem coincidiu ser durante os dias festivos dos judeus e dos mulçumanos: a celebração do Yom Kippur, Sukkot e o Festival Eid al-Adha que nos rodeou com suas atividades. Finalmente, com o jejum, sem carro e os restaurantes fechados, nos rendemos e apenas observamos. Ao caminhar pelos locais, encontramos amizade entre famílias e amigos. Plantamos colunas de Luz no Templo do Monte no Yom Kippur e caminhamos ao Domo da Rocha. O ar estava impregnado de honras a Deus. Permitimos que isso nos infectasse, enquanto honrávamos nosso Bem-Amado John-Roger. Meu coração estava cheio de gratidão a todos aqueles que deram sua Luz, amor e doações para fazer que esse sonho se tornasse realidade; para John Morton e a presidência do MSIA por seu apoio.

Essa era a primeira de muitas viagens onde eu não estava pensando em voltar ao hotel para verificar como estava J-R. Começou a cair a ficha de que J-R estava comigo, assim não precisava ir a lugar algum para verificar se ele estava bem. Ainda assim, depois de 26 anos, era um hábito difícil de soltar. Quando comecei a me acostumar com a ideia, comecei a senti-lo internamente de uma forma diferente. Ele estava jovem e energético, me mostrando para onde ir. Se tentasse recuperá-lo nos velhos lugares, ele não estaria lá. Talvez, isso seja o mesmo com o Cristo, esse processo de estar aqui e agora. J-R estava no aqui e agora. Apreciei profundamente o título que Rama Dass escolheu para seu livro e que continuo escutando: *Esteja aqui e agora*.

Foi cheio de graça quando chegamos à Israel e pela maior parte do tempo, foi muito suave. Tudo se tornou verdade para nós. Passamos o filme *Viajante Místico* (às 3 horas e meia), no aniversário de 81 anos de J-R. Nessa mesma noite, celebramos J-R, com a vista da cidade velha, no teto do Notre Dame Hotel. Conseguimos falar por *skype* com John Morton e o grupo do PAT, na França, e a energia foi maravilhosa. Parecia que fomos transportados para o universo de J-R. Isso cimentou a harmonia, o alinhamento e o consenso para amizade do Cristo em nosso interior, como experimentamos em 2014, em Israel, com John-Roger. Algumas divinas conexões tiveram lugar. Então, em 26 de setembro, sustentamos nove horas de seminários de J-R, sem intervalo, no estúdio de yoga da esposa do Benji, Zahava, chamado de Espírito de Tabor.

Décadas antes, no primeiro PAT IV, Benji começou como nosso guia de turismo, mas no curso de todos esses anos, fizemos muitos PATs IV e crescemos juntos. Benji amou J-R e voou para Los Angeles para estar conosco no serviço em memória de J-R. Isso é mais que amizade, isso é família.

Benji, seu filho Gilad e Mia, namorada do Gilad, no ajudaram a preparar o palco para o grande evento em honra de J-R. Muitas pessoas assistiram ao filme *Viajante Místico*, cerca de 60 novos amigos e 10 foram à Maratona de J-R que passamos em Tabor. J-R nos disse em várias ocasiões que seres ascencionados de outros reinos também participavam dos seminários do MSIA, assim, imagino que tivemos alguns deles também. Também fomos à recém-descoberta sinagoga do século I, em Magdala, próximo à costa da Galileia (Encorajo vocês a procurar sobre isso no Google). A idade dessa sinagoga indica que Jesus e Maria Madalena podem ter orado e ensinado nesse lugar.

Obrigado J-R por ter nos guiado nessa viagem, por Nicole e por nos cuidar.

Outra oportunidade que dei uma olhada em minhas viagens anteriores com J-R foi quando Nicole e eu recentemente viajamos para China juntos. Não pude deter os *flashbacks* do *tour* com o grupo para China com J-R, John, Nat, Erik e muitos amigos do MSIA, em 2000. Não apenas foi uma linda viagem, mas muitas coisas se apresentaram para mim naquela ocasião. J-R falou sobre as águas estagnadas em Suzhou, então, colocou uma bênção e orou para que aquelas águas pudessem fluir de novo. Todos subiram a grande muralha embaixo de um sol escaldante. E meu lugar favorito aconteceu na Praça da Paz Celestial (Tiananmen), existe uma foto minha, filmando J-R fazendo um momento de Paz. O protesto na Praça da Paz Celestial acontecera em 1989 e no ano 2000 essa praça tinha uma energia muito densa no ar, você poderia cortar com uma faca. Também visitamos a Cidade Proibida, que estava bem ferida. Não havia muito turismo acontecendo naquele momento. Tomamos dois navios de cruzeiro, um pelo rio Yangtzé e outro pelo rio Li.

Senti muita conexão com a China e J-R. Ele previu muitas coisas que foram documentadas em vídeos. Phil Danza, chefe da Now Production, e Nancy Carter colocaram pelo menos seis clipes de momento de paz, durante essa viagem e, em pelo menos três, estariam perto de uma nova democracia, pós-comunismo. O país poderia se tornar parte disso, J-R fala claramente de suas previsões para o futuro da China. Aqui vai o que peguei: J-R falou em privado para o *staff*, mas me lembro de que ele falou de que a "raça amarela" tomaria a liderança e que a China tomaria a liderança e seria uma superpotência. Mas, primeiro precisaria passar por uma mudança interna para ficar próxima à verdadeira democracia, pós-comunismo. O país poderia se tornar parte socialista e parte capitalista e, juntas, poderiam demonstrar um melhor governo.

Pulando para 2017, eu e Nicole fomos convidados a visitar a China, por nosso bom amigo Ribal, para participar no Iman de uma conferência internacional com dignitários de muitos países para promover maior liberdade e democracia no mundo. Enquanto a conferência me deu muitas oportunidades para compartilhar as histórias de John-Roger com novos amigos, tive muito *déjà vu* e *flashbacks* de 2000. Parecia que, quando estava longe de casa, tinha experiências mais profundas com J-R, nos níveis internos. Eu estava particularmente consciente das grandes mudanças e desenvolvimento em Beijing de 2000 a 2017, e como J-R chamou atenção disso para o futuro da China. Essa experiência foi semelhante à da "minhoca no muro" em Berlim, 1988, um evento que tive a sorte de fazer parte. Eu me lembro de deitar na base do Muro com J-R e amigos, meditando.

    Beijing me tirou o fôlego porque não a reconheci. Ainda que estivesse poluída, os chineses realmente investiram em infraestrutura e senti a energia de felicidade em sua consciência relacionada a esse novo empreendimento de possuir itens materiais modernos e de ponta. Acredito que em 2000 tinha mais bicicletas, mas agora em 2017, vi mais carros, incluindo marcas americanas, como o Tesla. Também encontrei grande variedade de alimentos para comer mais que antes. Era como um novo mundo a meus olhos – me senti como Cristóvão Colombo descobrindo a nova civilização. Nessa viagem não fui a Suzhou, mas encontrei muitas pessoas dessa região que me falaram que aquela cidade estava tão desenvolvida quanto Beijing.

"Dê a cada homem o ouvido, mas só a poucos a voz."

– WILLIAM SHAKESPEARE (HAMLET)

CAPÍTULO 25

A Vida é uma Maratona

Em 07 de março de 2004, com apoio e concordância de J-R, corri em Los Angeles uma maratona. Na verdade, corri e andei uma maratona. Foi a minha primeira e, provavelmente, minha última maratona.

Primeiro, permitam-me lhes contar um pouco do contexto de como correr a maratona surgiu. Foi isso que contribuiu em muitos pontos de vista e, claro, e em minha mente para que decidisse correr: existem muitos pontos de vista e, claro, esse é o que mais gosto, escrito por meu bom amigo e historiador Glenn Barnett. E, evidentemente, você é bem-vindo a encontrar sua própria versão.

FEIDIPEDES E A MARATONA

Quando os jogos das Olimpíadas foram revisados em 1896, o local lógico para realizá-los seria a Grécia. Os organizadores das Olimpíadas queriam incluir um evento para honrar a história da Grécia. Chegaram com a ideia de uma corrida de longa distância, que comemoraria a ação do antigo corredor grego Feidipides, que após a batalha de Maratona, em 490 a.C., foi enviado à Atenas cerca de 42 km de distância para anunciar a vitória.

O Amor de Um Mestre

Feidipides era um corredor profissional. Ele era o mensageiro que com frequência era enviado para levar as notícias e anúncios à distância. Ele marchou com o exército ateniense para Maratona e lutou na batalha, antes de cumprir a tarefa de correr para Atenas e informar aos conselheiros da cidade que o exército ganhara a batalha. No final da tarde, sob um clima seco e quente, Feidipides correu 42 km sobre um terreno grego pedregoso até a cidade, com a mente cheia, com seu dever e um coração cheio de orgulho. Essa história heroica de Feidipides termina com ele entrando na cidade e anunciando: –Rejubilem-se, somos vitoriosos, antes de cair e falecer de exaustão.

No primeiro dia dos jogos modernos de 1896, em Maratona, os corredores começaram na atual Planície da Maratona, onde a batalha aconteceu e correram até Atenas, onde terminaram a corrida chegando ao antigo estádio romano. Quando a audiência grega no estádio viu o primeiro corredor entrar, era um grego, Spiridon Louis, ela se colocou de pé. Quando se tornou óbvio que Louis venceria a corrida, ela alegremente começou a cantar: "Rejubilem-se, nós somos vitoriosos".

Hoje a maratona é a corrida mais popular no mundo porque todos têm permissão de participar, não apenas atletas profissionais. Cerca de 50.000 pessoas participam em uma única corrida, homens, mulheres, descapacitados e idosos. Todos são bem-vindos ao evento mais democrático dos esportes. Tudo em memória do sacrifício de Feidipides.

Deixem-me começar dizendo, não treinei, nem me preparei para correr a maratona. Isso foi mais uma ingenuidade; não tinha ideia de que seria uma experiência extenuante. Tudo o que fiz foi comer muito carboidrato e comecei a dizer a mim mesmo que iria fazer aquilo. Não planejei chegar em primeiro, mas tinha com certeza a intenção de completar. Queria mostrar a mim mesmo que poderia fazer. Pedi a J-R que estivesse comigo todo o tempo. E ele fez isso.

Da forma como vi isso é que em minha categoria, fui o primeiro. Estive em cinco PATs IV, subi as pirâmides, rodei o mundo com J-R. Estive quase à morte na Grécia e Auditorium, escalei o Monte Sinai. Estive na Rússia com J-R duas vezes e tive dois cavalos rolando sobre mim em Windermere (e J-R uma vez mais me curou) e fui coestrela no filme, *Quem Quer Ficar com Polly*, que arrecadou 86 milhões de dólares. Assim, correr a maratona, não seria grande coisa (tudo bem, na verdade foi!).

Na linha de partida, olhando ao longo da via, era um mar de gente por quilômetros. A energia era poderosa. Muhammad Ali nos desejou um excelente começo. Vi Muhammad toda minha vida e lá estava ele nos desejando sorte. Caminhei e corri uns bons sete quilômetros até que alcancei a marca de 18 km. Então, meu joelho esquerdo estava desistindo e comecei a desenvolver uma grande bolha na sola do pé direito. A dor era minha amiga e estava me visitando.

Quando alcancei a marca de 35 km, caminhava. O joelho esquerdo travou e não podia correr. Carregava meu celular e pedi socorro para J-R. Ele enviou e continuei em frente. Na marca dos 40 km, via as pessoas desfalecerem e desistirem. Estava 33 °C. Quando vi a linha de chegada a 400 metros, corri e consegui minha medalha de ouro. Todos que completaram conseguiram o ouro. Não corri para vencer, corri por mim. O centro da cidade de Los Angeles era Atenas para mim e eu era Feidipides correndo para salvar a Grécia (a mim). Amei aquilo e faria de novo, se encontrasse uma razão para isso, mas não tinha qualquer expectativa. As pessoas estavam gratas por todos os corredores. Corri pelo MSIA, em meu interior e, também, por John-Roger. Foi lindo me ver internamente e a conversa interna com J-R pelas 6 horas dessa maravilhosa experiência. Agradeço ao Senhor, agradeço ao Senhor, agradeço ao Senhor.

O Amor de Um Mestre

Para trazer o círculo completo, em algum momento depois da maratona, estava no show de prêmios do *Esporte Ilustrado* com J-R e algumas pessoas do *staff*. O grande Muhammad estava ali e disse a J-R que queria conhecê-lo. J-R disse que se queria conhecê-lo, que fosse até ele e falasse com ele. Assim, caminhei para onde estava Muhammad, ele se encontrava na primeira fila, em frente ao Santuário Auditorium, sem ligar para os guardas-costas, disse a ele que estava com meu amigo J-R e que o amava e tinha muito prazer em conhecê-lo.

Ele olhou para mim e ergueu a mão trêmula, tocando meus cabelos gordurosos, dizendo: −Bom cabelo. Nós nos abraçamos e eu sai me sentindo muito bem, pois conhecera o campeão. Senti como se estivesse torcendo pela maratona dele.

"Tenho uma memória pré-natal de estar em algum lugar na escuridão; um vazio negro. Havia homens ou anciãos que, mais tarde soube, eram membros da diretoria kármica em Espírito. Eles estavam me perguntando se eu queria um pai mais brusco ou um pai mais sensível. Eu disse que queria o pai brusco, um protetor. Então, boom! Estou na vida em algum lugar e aquele pai rude era meu padrasto. Ele era muito difícil; e se parecia muito com Sylvester Stallone em Rocky".

Jesus

"Jesus Cristo é o chefe espiritual da Igreja do Movimento da Senda Interna da Alma e o trabalho do Viajante através do MSIA é baseado no trabalho de Jesus. Jesus Cristo tornou possível que todas as pessoas entrem no reino da Alma, enquanto que antes desse tempo, isso só estava disponível para alguns. A Transcendência da Alma, o trabalho espiritual que John Morton e eu fazemos, baseia-se no trabalho de Jesus e torna possível que as pessoas se estabeleçam no reino da Alma, percorram os 27 níveis acima da Alma e entrem no coração de Deus".

– Extrato de John-Roger, DCE
(Do livro Cumprindo sua Promessa Espiritual).

CAPÍTULO 26

Heróis e Julgamentos

Escrevendo este livro, me dei conta da importância de ver os heróis em minha vida e como me relacionei com eles. O primeiro, claro, foi meu padrasto. Meu pai biológico deixou minha mãe, quando eu era muito jovem, pelo o que sei, eles nunca se casaram. Eu o conheci depois, quando tinha 16 anos, como mencionei antes.

Meu padrasto foi quem nos assumiu e se casou com minha mãe. Ele tinha seus próprios filhos, mas me criou como se fosse dele. Ele foi inacreditável. Como era um cara forte, costumava me pendurar nos músculos dele.

> Tenho uma memória pré-natal de estar em algum lugar na escuridão; um vazio negro. Havia homens ou anciãos que, mais tarde soube, eram membros da diretoria kármica em Espírito. Eles estavam me perguntando se eu queria um pai mais brusco ou um pai mais sensível. Eu disse que queria o pai brusco, um protetor. Então, *boom*! Estou na vida em algum lugar e aquele pai rude era meu padrasto. Ele era muito difícil. Ele se parecia muito com Sylvester Stallone em *Rocky*.

Admiro de verdade meu padrasto. Eu o adorava, ainda que ele não voasse exatamente em linha reta. Ele era mesmo bem desonesto e enganava minha mãe. Ele fez muitas coisas que poderíamos chamar de coisas más. No entanto, o que importa é que, como criança, eu não o julgava. Na realidade, tinha problemas com ele por bater em minha mãe, por brigar e enganar, mas isso não era o que agora poderia identificar como julgamento.

Quando jovem, briguei com ele e lhe disse que não gostava que machucasse minha mãe. Mas, ao mesmo tempo, eu o amava e o perdoava. Eu o amava e amava minha mãe. Parecia que a maior parte do tempo eles estavam bem.

Ele era muito bom para mim, me deu presentes, me levou a lugares legais; eu me lembro de esperar por ele durante as férias de verão da escola, em Miami. De vez em quando, escutava a explosão do cano de ar de seu caminhão de 18 rodas que ele tirava da casa da minha avó. Eu corria pela porta afora para seus braços e ele me levava para andar de *kart* ou algum outro lugar superlegal para pais e filhos. Tivemos momentos maravilhosos e momentos fortalecedores. Eu odiava ir ao seu campo de treinamento espartano, que consistia na terrível montanha-russa de Cyclone Coney Island e ser jogado na água da praia, então, aprendi a nadar sozinho. Essas experiências foram traumáticas e não recomendo, nos dias de hoje, para a educação infantil. Eu ainda o amava. Agradeço tudo agora, pois sei como nadar e posso andar em qualquer montanha-russa do mundo.

Para mim, aqueles foram momentos heroicos. Meu padrasto era meu herói, o super-homem. Ele parecia mesmo o super-homem, ninguém podia enganá-lo.

Nos meus 40 anos, criei um curta-metragem com J-R chamado de *Eu e meu Pai*. Era sobre um menino que sempre esperava no carro enquanto seu pai fazia toda sorte de coisas, desde cometer adultério até bater nas pessoas que não faziam o que ele queria. Óbvio que era um curta semi-biográfico, mas a boa notícia era que à medida que atravessava essa infância, não havia julgamentos sobre aquele momento de minha vida em particular, não tinha guia moral para dizer isso é certo, isso é errado, assim para mim, era apenas o que era.

 Amo a inocência de ser jovem, quando parece que tudo está bem e nada importa realmente. Meu padrasto não mataria ninguém, graças a Deus, mas eu não podia dissociar e dizer isso é certo, aquilo é errado. Eu era simplesmente um garoto abençoado. Amava as pessoas sem importar a quem. Diria que uma expressão da inocência da Consciência de Deus. Depois, a religião entrou em minha vida e, de repente, tudo que aprendera estava "errado".

 Crescendo de forma não julgadora, quando via prostitutas, ou como J-R as chamava de "conselheiras das ruas", não tinha qualquer julgamento, como as crianças tendem a fazer, desde que não tenham sofrido lavagem cerebral sobre os julgamentos que a sociedade gera. Eu apenas via através dos olhos da inocência sem as armadilhas mentais que nos instilam com o passar do tempo. Costumava dizer a mim mesmo que eram lindas pessoas. Não ficava de pé ali em meu púlpito falando sobre danação. Não dizia a elas que queimariam no inferno por seus pecados. Não tinha nada disso em meu coração – não tinha, até que entrei no fenômeno católico.

 O mais engraçado sobre minha pincelada com a religião era que ao invés de aprender a doutrina cristã o que é perdão e amar a seu vizinho, lavaram meu cérebro com a preocupação do pecado e o ir para o inferno.

 Segue uma breve divagação. J-R colocou a doutrina cristã em prática, e ele ensinou isso a nós e a seu *staff* de forma prática e profunda. J-R saia da mesa se ele não gostasse da conversa. Se ele saísse, nós culpávamos a pessoa do *staff* que promovera a conversa e fizera com que J-R saísse porque quando ele estava por perto era mágico. Então, começamos a sustentar a Luz e manter as coisas de uma forma positiva por medo de perdê-lo.

 Nós éramos como irmãos e de vez em quando um e outro se desentendiam. J-R nos permitia atravessar aquilo – discutindo, sem violência física – e, algumas vezes, ficava bem intenso entre

O Amor de Um Mestre

nós. Mas, em algum momento, ele nos levava ao escritório e fazia com que os que brigaram lavassem os pés um do outro. Não posso descrever o poder daquilo. Então, ele podia ter outros três, lavando os pés dos demais. J-R disse que em Mandeville, enquanto estivéssemos sobre seu teto, éramos os guardiões de nosso irmão.

Sei que, algumas vezes, lutei contra o processo, mas eventualmente cedia. Posso dizer a vocês, nós do *staff* nos tornamos amigos íntimos por causa disso. J-R sempre disse que aquele que primeiro pedisse desculpas, ganhava.

Na viagem PAT IV de 1988, tivemos uma escala de uma noite em Amsterdã antes de voar para o Cairo. J-R caminhou comigo pelo Distrito da Luz Vermelha e pude ver que ele tinha muita compaixão por tudo aquilo. O mais interessante é que nunca, em nenhuma viagem, cruzamos os bairros ricos. Comecei a aprender que nos perder, quando estávamos em algum lugar, não era um problema e, provavelmente, era uma oportunidade divina para plantar colunas de Luz – que é pedir a Luz para vir através de nosso corpo e ancorar na Terra, deixando uma coluna de Luz Branca pura, o Bem Maior. Isso era o que fazíamos se nos encontrássemos em uma área não familiar, o que parecia acontecer bastante.

Quando amadurecemos, acho que destruímos nossos heróis. Com o tempo comecei a perceber que meu padrasto não era um exemplo de herói, do ponto de vista de um adulto. Assim, comecei a procurar por mais heróis a meu redor. À medida que me interessei por atuar, Scott Baio foi alguém que podia admirar. Ele foi meu primeiro herói profissional porque ele me mostrou algo que eu podia conseguir – um nível de estrelato de sucesso na TV, eu pude conseguir isso.

Então quis ir mais longe, Marlon Brando se tornou meu herói, depois foi Robert De Niro e James Dean. Todos esses homens eram o que eu chamava de guerreiros espirituais. Fora de meu universo imediato de Hollywood, considerei Robert Kennedy, John. F. Kennedy, Martin Luther King e Abraham Lincoln para serem super-heróis, em certo sentido, guerreiros espirituais, porque eles conseguiram algo que foi muito lindo. Eles incorporaram coragem e honra. Eles incorporaram muitas coisas para mim. E eles tinham seus problemas, o que acredito, serviu para mantê-los ancorados aqui no plano físico.

Eu acredito que os guerreiros espirituais – heróis – tenham alguma espécie de problema físico, condição ou situação para ancorá-los aqui na Terra. Acho que eles precisam estar, em certo sentido, aleijados aqui, enquanto transcendem e elevam a eles mesmos e a outros.

Quando conheci John-Roger, percebi que ele era meu herói verdadeiro. Eu sabia, num nível bem profundo, que ele era a pessoa que eu estava procurando. Vi em todas as áreas que definitivamente ele era um grande líder. Em todos esses anos que o conheci, nunca o vi deprimido, nunca o escutei reclamar. Aspirei ser esse tipo de homem, um guerreiro.

Definitivamente, eu falhei e cai muitas vezes. Mas, me reergui. Voltei pela graça de Deus, através das orações até estar outra vez sobre meus pés. Assim, aprendi com J-R, não se trata de quantas vezes caia, mas sim quantas vezes se levanta.

Quando estava no Programa de Doutorado em Ciência Espiritual, através dos Seminários Teológicos para Paz & Universidade de Filosofia, precisava escrever um tratado de 100 páginas sobre um aspecto de minha vida e de minha escolha. Escolhi Vivendo com um Guerreiro Espiritual, como tema de meu tratado pessoal. Ao escrever, explorei o que significava ser como um guerreiro espiritual, seja interna ou externamente, vivendo com John-Roger.

Reconheci que todos são guerreiros espirituais e cada um lida com as situações na vida de forma diferente. Ser um guerreiro espiritual, para mim, é viver e estar em cada situação com um passo de cada vez. Não ser estúpido sobre isso, mas existem coisas na vida que aparecem e lhe desafiam. Vi que essas coisas podem acabar com você, ou você pode dar meia volta e tornar aquilo divertido. Você atravessa suas tristezas, lágrimas, as escreve, as expressa e, então, olha para o lado brilhante, permanecendo no presente, se move e respira.

Sou grato por ser um ator porque, provavelmente, nos piores momentos de minha vida, fui capaz de expressar o que me desafiava, através dos personagens nos filmes, shows de TV e teatro. Eu também cantava. Assim, era capaz de cantar, escrever e expressar o que estava em meu interior dessa forma. Percebi que através desses tempos difíceis – e que foram bem poucos – pude criar trabalhos maravilhosos, seja uma música, um roteiro, uma cena ou uma peça. Fui capaz de trazer isso à tona nos desafios.

Ao examinar minha vida, penso que o momento mais difícil, foi quando J-R se feriu. Ele teve um acidente e machucou seriamente um olho. Como na casca de uma noz, o que isso me ensinou, mais do que qualquer outra coisa, foi me manter de pé, tocar o saber e estar no comando. Encontrei que no ato de fazer, o Espírito se encaixa na ação. Perseverança era a chave. Percebi que uma pessoa que precisa de ajuda, não precisa de uma pessoa que a ajude com alguma forma de drama. Ela precisa de uma pessoa que esteja no modo liderança para assistir e ajudar, sem a energia dispersa do nervosismo. Um líder, em uma emergência, precisa ser direto, se mover deliberadamente para alcançar sua missão, que é assistir e servir.

Também aprendi sobre isso no local do filme *Guerreiro Espiritual*, que eu e John-Roger escrevemos e produzimos juntos. Foi J-R que trouxe para fora minha coragem e me deu as rédeas para fazer o filme no Oriente Médio.

Dez de nós seguiram para filmar, foi maravilhoso e mudou minha vida. Fazer o filme me colocou na cadeira quente e eu precisava afirmar minha integridade... ou não. Foi fazendo esse filme que realmente comecei a aprender como afirmar minha integridade e não voltar ao que eu pensava ser uma conexão interna, e estava sendo claro internamente.

Um exemplo disso foi quando estávamos no meio do deserto de Uádi de Rum no Jordão. Era tarde, o diretor e a equipe estavam com fome e queriam comer. Leve em consideração que aquele não era um lugar em que podíamos ir a um McDonald's e comer uns hambúrgueres, era o deserto. Não havia uma rua com restaurantes *fast food*, ali não havia estradas, apenas areia.

Estávamos em cinco Land Rovers e um Fadel Gad, meu coprodutor e o guia que conheciam a região nos levaram mais e mais para dentro do Uádi de Rum, que é bem parecido ao Grand Canyon, no deserto. Era lindo! A mãe-natureza em seu melhor, eu estava fascinado. Uádi de Rum foi onde David Lean filmou *Laurence da Arábia* e eu estava criando a fantasia de que iria filmar meu próprio Laurence da Arábia. Assim, perguntei a Fadel se ele poderia achar as dunas onde aquele filme foi rodado.

Para mim, o que estava acontecendo era que eu estava começando a receber orientações internas de J-R, que fisicamente já estava de volta a Los Angeles. Mas, não disse a meu diretor sobre isso.

Finalmente, Fadel compartilhou conosco que deveríamos procurar por apenas mais meia hora, assim concordei. Infelizmente, continuamos procurando por cerca de uma hora, o diretor estava muito irritado, ele se aproximou de mim, me deu um ato de motim e eu desisti. Desmoronei em meu interior e disse que deveríamos sair sem filmar o que eu queria.

Entramos nos Land Rovers e voltaríamos para o ônibus, que nos levaria para uma estrada regular e de volta para cidade cerca de uma hora de distância. Em outras palavras, tinha uma equipe com raiva, com fome e estávamos a duas horas e meia de distância de qualquer lugar para comer.

Enquanto dirigíamos, tive uma conversa em minha cabeça com meu mestre interno, o guerreiro espiritual, também conhecido John-Roger. Falava com ele como se estivéssemos na sala de estar de Mandeville depois da viagem. E era mais ou menos assim:

J-R: Como foi a filmagem?
Eu: Foi ótima, ótima. Fantástica, J-R. Obrigado!
J-R: Conseguiu tudo o que queria?
Eu: Bem, sim, a maior parte, exceto...
J-R: Quê?
Eu: Bem, não conseguimos... tinha esse trecho que queria filmar no deserto que representava morrer no deserto e estar sedento pelo Espírito, mas o diretor disse que rompi o acordo, então não filmei. Mas, teria sido lindo. Seria como Laurence da Arábia.
J-R: Então, não filmou?
Eu: Não.
J-R: Então, você simplesmente desistiu, seguiu em frente e fez o que o diretor queria que fizesse. E não conseguiu fazer?
Eu: Sim, é isso.

Quando me escutei dizendo isso em minha cabeça, foi como se um *flash* de relâmpago me pegasse. Estava assombrado com o ensinamento que acabara de receber do Viajante. Olhei pela janela e vi que dirigíamos por uma área que combinava com o que tinha em minha mente muito bem. Estava tendo uma segunda chance!

Peguei o *walkie-talkie* que usava para me comunicar entre os carros e gritei para que todos parassem. Assim fizeram. O diretor do filme e o diretor de fotografia saíram tempestuosamente de seus carros. Eles estavam potencialmente amotinados no meio do deserto da Jordânia. Mas, eu tinha minhas ordens internas de marcha. Basicamente, o inferno saiu por minha boca. Disse a eles que filmaríamos ali mesmo e que se eles não preparassem a câmera eu os despediria.

Naquele ponto, metade das pessoas estava do meu lado e a outra não. O diretor de fotografia cedeu e disse: –Paz, paz, paz. Vamos filmar isso.

Estabeleci que a filmagem fosse ao entardecer do sol refletindo a areia na duna. Eu vestia meu *jellabiya* (uma camisa tradicional, árabe-mulçumana), cruzando o deserto, como Lawrence da Arábia. E essa se tornou a cena mais linda do filme.

Mais tarde, o diretor se desculpou por ter se irritado e admitiu que foi uma ótima cena. Foi aí que percebi que parte de meu aprendizado de permanecer em minha integridade era incluir outros no processo. Precisei explicar a ele o que passara em minha cabeça, falando com John-Roger, meu mestre interno. Quando falei a ele sobre isso, ele ficou muito surpreso. Ele me disse que gostaria de ter escutado aquilo porque tudo que escutou foi: –Saiam do carro!

Escutando isso, me desculpei e se iniciaram minhas lições de permanecer na verdade de minha sabedoria e guia interno, enquanto pronunciava palavras gentis, compartilhando e me comunicando.

Essas foram chaves que realmente mudaram minha vida. Essa era a história de Amor que J-R me deu, o amor de um Mestre. Isso pode ser mensurado pelo tempo que ele passou comigo, enquanto eu trabalhava para aprender a ser verdadeiro internamente e seguir isso. Não para ruir.

Agora tento não implodir ou desmoronar. Tento permanecer forte em minha direção interna ou guia que sinto estar conectado ao Cristo e ao Espírito Santo. Mas, sempre é desafiador, pois é difícil saber o que é intuição, direcionamento e o que é o ego. Por isso, J-R sempre nos ensinou a verificar as coisas. Viver com J-R significou sempre verificar e experimentar nossa intenção interna e, então, ajustar, corrigir e alinhar. Era importante não ser a ligação mais débil.

*De tempos, em tempos, alguém dá tudo o que é
E graciosamente ama ao mundo.
Uma visão é vista, uma palavra é falada
E o coração começa a abrir.
Desafiando as tensões de um mundo imperfeito,
o amor nasce de novo.
Uma luz guia para muitos,
mantendo a visão com infinita paciência e força,
uma demonstração de nossas
mais altas aspirações e caminhos,
amigo amado,
nossa dedicação renasce, em honra de você:*

– JOHN-ROGER,
MINISTRO DO ANO
(SERVIÇO MINISTERIAL EM AÇÃO
CONFERÊNCIA DA EXCELÊNCIA, JULHO DE 1984).

CAPÍTULO 27

Integridade

No princípio dos anos 1980, John-Roger criou uma fundação para reconhecer e honrar as pessoas que exemplificavam as qualidades da integridade. Como J-R definiu, integridade é "ter a coragem de seguir a verdade, como você a conhece, em uma resposta sincera, com cuidado e consideração por outros".

Algumas pessoas de destaque, como Lech Walesa, Jonas Salk e Madre Teresa, receberam o Prêmio de Integridade, entre 1983 e 1987.

Os prêmios foram apresentados em fantásticos jantares de gala. Esses eram jantares festivos de *black-tie* com apresentadores de entretenimento e cerimônia de alto nível. Foram realizados no prestigiado Beverly Hilton, onde ocorreram muitos eventos de Hollywood, incluindo os Golden Globe Awards, desde 1961.

Segue o que J-R disse em uma dessas galas:

"Com os nossos métodos modernos de comunicação, podemos ver mais facilmente o que está acontecendo em torno desse mundo, acompanhando assim aqueles que são doadores. Porque eles optam por manter sua integridade, suas ações diante da adversidade nos mostraram uma nova força de propósito e até sugeriram maneiras de também nos tornar mais plenamente em nossas próprias vidas. Dando assim a todos e cada um de nós a oportunidade de crescer em nossa própria integridade individual e descobrir mais do significado dessa substância e ação que chamamos de vida. E é isso que a Fundação John-Roger está aqui para fazer. Estamos dedicados a criar oportunidades e expressões para renovar nossas vidas. E acima de tudo, estamos aqui para lembrar uns aos outros que o maior presente que temos é o presente que fazemos do nosso amor.

É nossa integridade que nos torna fragmentados ou inteiros. A integridade é basicamente um processo interno, um processo de vida. Asseguro-lhes que não há dúvida sobre a integridade das pessoas que estamos honrando esta tarde".

Para mim e para muitos outros, John-Roger foi um modelo de integridade e foi uma demonstração viva de nossas mais altas aspirações. Em reconhecimento a isso, ele foi nomeado Ministro do Ano em 1984, na Conferência da Excelência.

"Qualquer tolo pode criticar, condenar e reclamar – a maioria dos tolos o faz".

– BENJAMIN FRANKLIN

"Ao despertar as energias do coração sincero, você não pode se não descobrir seu próprio valor, seu próprio amor e sua própria magnificência."

– JOHN-ROGER, DCE.

CAPÍTULO 28

Marcos Históricos: Mudanças pelo Caminho

Ao longo do tempo, ocorreu um par de eventos chaves, que resultou em significantes mudanças na vida de J-R e também significou mudanças em minha vida. Ainda, que esses eventos não estejam cronologicamente próximos, foram marcos históricos. O primeiro foi nossa mudança para Santa Bárbara.

Permitam-me levar vocês de volta a 18 de dezembro de 1988, quando celebramos o aniversário de 25 anos de J-R como Viajante. Naquele momento, essa mudança foi vista como uma festa de aposentadoria porque na reunião anual de ministros do MSIA, na conferência de verão, J-R anunciou que passara as chaves da Consciência Viajante a John Morton. Foi como se J-R passasse a autoridade espiritual para John. Com esse anúncio se iniciou o processo de transferência, a bênção final e a celebração que ancorou esse processo que ocorreu na festa de aniversário de 25 anos de John-Roger, como Viajante, mais tarde naquele ano. Foi uma enorme e formal celebração com *smokings* e vestidos. Eu era novo na equipe e J-R me permitiu ir ao palco e honrá-lo com música e comédia; desfrutei fazendo toda congregação rir, incluindo J-R. Havia centenas de pessoas honrando a J-R, amei diverti-lo e sei que ele amava atores e artistas. Ele foi professor de dança quando jovem. No evento lhe cantei uma canção e fiz uma personificação de Yoda.

Durante essa noite de honras ao Bem-Amado, J-R completou a transferência das chaves para John e o abraçou. E eu pensei: "feito!".

Quando J-R fundou a Igreja, ele fez um voto de pobreza, significando que ele não teria nada dele, mas que daria tudo à Igreja. A Igreja lhe daria casa, o alimentaria e cuidaria dele (assim como, ele também fiz voto de pobreza). Vivíamos, trabalhávamos, viajávamos, mas nada nos pertencia, inclusive não tínhamos salário.

Nesse grande evento de aniversário, foi anunciado que uma casa fora comprada para a aposentadoria de J-R. Era nas montanhas acima de Santa Bárbara, próximo da propriedade da Igreja chamada de Rancho Windermere, onde J-R gostava de passar seu tempo livre (não que J-R tivesse algum tempo livre, mas ele gostava de ir para lá, quando não tinha compromissos ou outras responsabilidades que requeriam sua presença em Los Angeles).

Uma breve descrição do rancho: sob a direção de J-R, a Igreja comprara de uma proprietária, 142 acres de terra nas lindas montanhas de Santa Ynez com vista para Santa Bárbara, na Califórnia. Ainda que proprietários, J-R disse à mulher e a seu braço direito no rancho que poderiam morar na propriedade, enquanto viverem. E eles ficaram lá, por muitos anos.

Não muito depois de comprar o rancho, alguém doou um plantel de cavalos árabes ao MSIA e eles foram levados ao rancho. J-R gostava muito de ter os cavalos por lá.

J-R me contou que a trilha de Fremont era usada para atravessar a propriedade em direção à São Francisco com cavalos e carruagens. Os índios *chumash* viviam ali e logo abaixo, onde hoje é a rodovia 154, se encontravam as cavernas com pinturas.

Nós íamos com frequência ao rancho, naquele tempo, ainda estava bem envolvido com a indústria de filmes. Acabara de filmar *Os Escravos de Nova York*, no momento da "aposentadoria", assim, fui com J-R, quando ele se mudou para Santa Bárbara. E, de repente, passei de um menino da cidade em Mandeville Canyon para um *cowboy* estabelecido num rancho nas montanhas. Havia muito vento e, muitas vezes, chovia. Ocasionalmente até nevava. Passar um tempo significativo no rancho era assustador para mim. Eu me encontrei pensando como era possível que aquilo acontecera.

Com frequência J-R, me disse que se não gostasse de fazer algo, que fingisse um personagem de filmes fazendo aquilo. Assim, decidi que pegara um papel de *cowboy* em um filme. No meu roteiro imaginário, J-R era meu amigo e nós treinaríamos cavalos. Como resultado, comecei a me divertir, em vez de ficar intimidado com a situação. Aprendi a cavalgar e logo estava cavalgando com J-R – que era muito bom cavaleiro, devido à sua infância em Utah.

Certa vez era apenas eu e J-R cavalgando no rancho, descemos até um riacho que passava pela propriedade e J-R me guiou até umas rochas grandes e escorregadias que tinham sua face a 45 graus da trilha. Nossos cavalos pararam, eu olhei para cima e J-R me olhou. Com um brilho nos olhos, me falou para cavalgar a escarpa. Olhei para J-R e para a escarpa e disse: –Uau! Isso é íngreme! Quando J-R não voltou, toquei meu cavalo e ataquei o ângulo.

Enquanto subíamos essa face inclinada, comecei a escutar as ferraduras do cavalo tocando as rochas. Meu cavalo, Blue, não conseguia agarrar, mas estávamos comprometidos com a velocidade e a força. Então, a gravidade bateu. Na metade do caminho, uns 15 metros, meu cavalo caiu e eu estava grudado nele, assim, ele rolou sobre mim, em um enorme arbusto. Pensei que ia me quebrar todo, aquilo não era bom.

Depois de cair e que o escorregar diminuiu, o cavalo se levantou e veio até mim, cheirando meus pés para ver se estava vivo. Estava e subi nele de novo. Da minha cela, vi J-R negociar com a rocha. Ele fez sua parte no escorregar, mas manteve-se na cela até o topo. No cume, J-R me olhou e sorriu. Ele acenou e gritou para que eu me movesse. Disse para conversar com o cavalo. Então, fiz isso. Falei com o Blue, o toquei, segurei as rédeas e os cabelos da crina. Pensei que seria revirado novamente, mas J-R me encorajava dizendo para não ter medo porque o cavalo iria captar. –Seja claro e direto, ele me disse.

Com isso mudei o medo em meu interior e subi como um foguete até o Viajante, que estava sentado em seu cavalo no pico da rocha.

J-R faria a dor do momento da queda desaparecer, mas eu precisava montar o cavalo. E essa é uma metáfora que uso até hoje. Essas experiências estão em meu DNA.

Não tive muitas experiências com cavalos e J-R me pedia para fazer coisas com ele que me desafiavam. Mas, eu fora desafiado antes. Assim, me tornei corajoso e destemido. J-R com frequência me dizia para "fingir até conseguir". Alguns podem achar isso desonesto – dizer que posso fazer algo, quando não posso – Olho para isso mais como um processo de aprender as coisas. A Programação Neurolinguística (PNL) também usa esse tipo de abordagem como método para expandir e mover bloqueios.

Portanto, se uma pessoa me perguntasse se sabia algo, que não sabia, por exemplo, se eu sabia dirigir uma motocicleta, eu diria que sim. Claro, como não sabia como dirigir motocicleta, rapidamente estaria com problemas. Ou as pessoas, me perguntavam se sabia tocar bateria e dissesse sim. Acabaria parecendo um bobo. Mas, eu consideraria o processo de chegar lá.

J-R era bom em "fingir saber as coisas" como uma técnica para chegar ao ponto de fazer algo que antes não poderia fazer. Fingir envolvia criar uma imagem de fazer as coisas em sua imaginação e, assim, estabelecer uma fundação. Assim, quando a oportunidade de fazer aquela coisa aparecesse, você saberia algo sobre como as coisas viriam e o que precisaria ter para ser capaz de fazer as coisas.

Outra coisa que J-R propôs era criar uma "vestimenta de habilidades". Nos Seminários Insight, nível I, existe um exercício no qual cada pessoa cria seu próprio "santuário" e nesse processo, aprendemos sobre como criar uma "vestimenta de habilidades". Você pode colocar essa vestimenta a qualquer momento em sua imaginação e essa realçará o talento que tem, ou capacitará um talento que quer, ou lhe dará a habilidade para falar com alguém que você está tendo dificuldade. Você também pode criar uma vestimenta de habilidades para lhe dar autoconfiança, paz interna ou qualquer outra qualidade interna. Na imaginação, na verdade, não existem limites para suas habilidades! Isso não quer dizer que você criará uma vestimenta de habilidades para digamos fazer uma cirurgia cerebral e, então, sair e cortar a cabeça de alguém. Entretanto, se estiver aprendendo algo – como falar em público ou dirigir um monociclo – poderá criar e colocar sua vestimenta de habilidade e realçar sua habilidade para fazer isso.

Como resultado das muitas abordagens de J-R, hoje, eu posso tocar bateria e também dirigir uma moto. Portanto, talvez aquele jovem em mim que disse que sabia como fazer algo, que ele não sabia, porque ele viu à frente quando eu saberia. Agora posso dizer que meus talentos combinam com minhas ambições.

De toda forma, vivia o papel de *cowboy* e um dia J-R me levou à casa dos empregados em Windermere. O lugar esteve ali por décadas, talvez, perto de um centenário. Era uma casa de empregados original, bem espartana, socada, rústica, pequena e nada atrativa. Havia dois quartos com camas beliches e uma espécie de sala para se sentar, com uma velha mesa maltratada e um par de cadeiras. Estava empoeirado, frio, em uma palavra: sombrio.

Enquanto olhava, J-R me disse que ele iria viver ali e me perguntou se estava bem comigo. Olhei para poeira e para bagunça e definitivamente não era legal. Mas, eu sabia que precisava continuar sacrificando ideias e fantasias ideais, então, pensei comigo mesmo que encontraria um meio de fazer aquilo funcionar.

Eu me virei para J-R para que ele soubesse que iria trabalhar com aquilo e ele deu um sorriso malicioso. J-R ficava com brilho em seus olhos, quando ele fazia algo que sabia que iria surpreender as pessoas. Ele estava brincando. E eu fiquei definitivamente aliviado porque, com J-R, você nunca sabe.

J-R transferiu temporariamente sua residência de Mandeville Canyon para essa casa de aposentadoria nas Montanhas Santa Ynes, não muito longe do rancho. A casa se localizava na Estrada do Caminho para o Céu, nós chamávamos o local de Miracielo. A casa era linda, muito diferente da casa dos empregados no rancho.

Parte da mudança era dar a J-R um ambiente limpo para viver, com poucas pessoas ao redor. J-R estava sempre captando "coisas" das pessoas e tê-lo em um lugar mais remoto parecia uma boa ideia para mantê-lo saudável. Claro, que tentar manter as pessoas longe de J-R e J-R longe das pessoas, parece bom na teoria. Na prática, sem chance.

Não passou muito tempo, J-R trouxe muitos dos eventos da Igreja para Miracielo, como as festas da piscina para os fundadores e o jantar dos fundadores que eram os maiores arrecadadores de fundos para o MSIA. Para acomodar isso, um de nossos amigos do MSIA, Jason Laskay, que era um carpinteiro fantástico, fez enormes mesas redondas que se pareciam com as da época do Rei Artur. Grandes grupos de pessoas podiam participar do jantar para os fundadores, Paul Kaye, Vincent Dupont e Mark Lurie – as três pessoas que compunham a presidência do MSIA – e outros que trabalhavam na equipe do J-R esperavam nas mesas ou ajudavam com o evento.

Eu também me tornei o *cameraman* da Now Production documentando J-R. Aquele era meu treino para depois me tornar diretor e criador de filmes. Eu sempre o conduzia para Miracielo, fazia e desfazia as malas, *etc*.

Naquele tempo, John Morton se casara. Ele e sua esposa tinham dois filhos. Parecia um daqueles ciclos nos quais muitos dos empregados do MSIA estavam tendo filhos. Como MSIA, em certo sentido, é uma grande família, todas aquelas crianças brincavam juntas, quando o pessoal da Igreja se reunia. J-R sempre amou crianças, logo havia crianças por todo lado na casa Miracielo.

Marcos Históricos: Mudanças pelo Caminho

Como o lugar tinha uma linda piscina, era importante que cada criança aprendesse a nadar para estar segura por lá. Assim, encontramos uma pessoa chamada Tom, que era um excelente professor de natação para crianças pequenas e conseguimos que ele desse aulas na casa dos Morton em Mandeville Canyon ou na casa de outras famílias do MSIA que tinham piscina. As aulas eram entre 6h e 7h da manhã porque era quando Tom estava disponível. Ele passava uma ou duas horas ensinando as crianças até quatro anos como nadar. Ele era fenomenal.

Ele tinha o costume de iniciar as aulas dizendo: –Tom é o chefe. Portanto, quando Tom estava trabalhando os pais precisavam dar um passo atrás. Eles não tinham permissão de resgatar seus filhos ou se envolver de qualquer forma porque Tom era o chefe.

Muitas dessas crianças, hoje, são universitárias graduadas e, com certeza, sabem como nadar, graças a John Morton e a J-R que decidiram que eles eram sempre bem-vindos às suas casas. Enquanto isso, voltando ao rancho, mais cavalos eram doados a Windermere por outras organizações e amigos. Um filme chamado *Encantador de Cavalos*, baseado no trabalho de Monty Roberts, o homem que J-R e eu na sequência conhecemos e que fizemos cursos, estava em cartaz.

J-R viu a bondade dos métodos que se apresentaram no filme. Assim, começamos a criar clínicas e oficinas para mostrar às pessoas como "domar" um cavalo. Esses cursos mostravam uma abordagem amorosa e criavam um relacionamento com o cavalo. Essa abordagem danificava menos os cavalos e o cavaleiro. Outro homem com abordagem semelhante, Buck Brannaman, daria cursos em Windermere para todos os que viviam no rancho e o *staff*. Os cavalos de Windermere começaram a fazer coisas excepcionais com as pessoas que da forma tradicional de "domar" jamais fariam. Por exemplo, vi uma vez um cavalo se deitar na grama e colocar sua cabeça sobre o colo de alguém, o que é algo inédito.

O Amor de Um Mestre

Os cavalos de Windermere eram confiantes e gentis, o que era um testemunho do treinamento deles.

Agora, uma história engraçada que aconteceu em Miracielo. Mas na época não foi engraçada, pelo menos para mim.

Ocorreu um grande incêndio em Santa Bárbara que começou no nível do oceano na rodovia. Mas, pulou para 101 e subiu a montanha em direção a Miracielo.

J-R estava monitorando o fogo pelo rádio e vendo as notícias, porque naquela época não havia *internet* ou *Iphones*. Enquanto a situação parecia piorar e, provavelmente, nos alcançaria, J-R disse para preparar o carro, o Lincoln marrom, que usávamos naquela época, e nos preparasse para evacuar. Assim, sai e coloquei tudo de importante no porta-malas, inclusive a chave do carro.

Quando percebi o que fizera, voltei pela estrada para falar com J-R, desmoronando internamente porque deveria dar a ele as más notícias. Voltei para casa e na sala de estar, que estava cheia de gente, timidamente disse que colocara as chaves do carro no porta-malas. Foi um silêncio mortal.

Então J-R disse: –Bem, então esperaremos. Não posso nem começar a descrever a sensação na sala ou o que eu estava sentindo internamente por ter bagunçado tudo. Esperamos por trinta minutos e miraculosamente (sim, certo) o fogo reverteu seu curso.

Mais tarde, J-R me disse que ter as chaves presa no porta-malas, fazia parte do plano para que ele pudesse ficar e trabalhar o fogo. Imaginei que J-R só dissera àquilo para que me sentisse melhor, mas, então, me dei conta de que ninguém teve a ideia de sair e bater no liberador do porta-malas, que estava dentro do porta-luvas do carro desbloqueado. Quando o Espírito mantém de fora a solução óbvia da mente de todos, preciso seguir com a ideia de que "isso fez parte do plano".

O segundo evento de mudança de vida foi quando J-R caiu e se feriu gravemente. Não havia muito que voltáramos para Mandeville porque não podíamos manter J-R longe de Los Angeles e do trabalho que ele fazia ali. Ainda que J-R fora um professor de inglês na escola secundária quando estava em seus trinta e tinha grande expertise na língua, não creio que ele sabia o significado da palavra "aposentado".

No Halloween de 2004, J-R caiu das escadas de sua casa em Mandeville Canyon. Foi um evento que mudaria muito J-R e mudaria tudo para mim.

Nesse dia, filmei as últimas cenas de nosso filme *Guerreiro Espiritual*. Havia persuadido J-R a vir à praia e fazer um camafeu na tarde. Voltei por volta da meia-noite e estava muito cansado. Eu me lembro de estacionar e dizer a mim mesmo: –Uau! Cheguei em casa sem acidentes, tudo está bem! E, então, bati com meu para-choque no canto de um carro que estava estacionado.

Depois de me assegurar que o dano não fora grande, entrei no quarto de J-R porque sempre lhe dizia como fora o dia. Ele me olhou e disse para ir para cama. Mas, eu queria ficar no quarto dele e vigiar a noite, o que significava olhar o corpo dele enquanto ele fazia viagem da Alma. O fato era que algumas vezes, seres poderiam ficar e "tomar conta" ou usar o corpo dele enquanto sua consciência estava fora viajando nos reinos. Assim, queria ficar por perto para me certificar de que nenhuma ameaça se aproximaria do corpo de J-R se isso acontecesse.

Mas, nessa noite em particular, J-R foi bem firme em me mandar para meu quarto. Fiquei surpreso porque até então eu dormiria em seu quarto toda noite. Assim, expliquei a ele que batera com o carro e amassei o para-choque e que iria consertá-lo. Dei um abraço nele e ele me disse para dormir um pouco, que ele estava bem. Fiz o que ele me disse e fui para cama. Parecia uma grande noite, nada para me preocupar. Então...

Dormia quando escutei um grande *bong*. Foi um som horrível. Imediatamente, pensei que algo aconteceu com J-R. Corri pela porta até o porão e, certamente, encontrei que J-R caíra das escadas e machucara seu olho esquerdo.

Aquilo teria um profundo efeito em J-R, mas foi uma mudança de vida para mim, de forma fundamental. Naquele momento, sabia que precisava tomar comando da situação, seja da situação imediata como as que estariam por vir. Ali era onde todos os meus treinamentos para filmes de guerra e J-R me ajudando para permanecer forte, perseverar e não desmoronar estavam em jogo. Acho que foi aí que me levantei e me tornei um homem. Nat, Mark e Erik instintivamente se moveram para situação. Trabalhamos como um time para lidar com aquilo e levar J-R para o hospital.

Muitas vezes, J-R me abraçaria e perguntava: –Onde é o lugar mais seguro na Terra? E eu diria: –Aqui (apontando para a área do coração). E então terminávamos o abraço. Esse ritual começou anos atrás com seu *poodle* chamado Pookie.

Sempre quis estar a salvo, embaixo do guarda-chuva de J-R e não ter que pensar, nem decidir nada por medo de errar. Era muito mais fácil simplesmente seguir a liderança de J-R: gostar do que ele gostava e seguir com o que ele pensava ou fazia. Mas, para minha surpresa, quando aquilo aconteceu, eu estava pronto. Era o momento de escutar a orientação interior, me conectar e confiar em minha intuição, seguindo o que era a verdade em mim como J-R sempre me ensinou.

Assim, carreguei J-R escadas acima e o coloquei no carro. Ele estava consciente, mas desorientado. Comecei a direcionar o que cada um deveria fazer. Eu chamaria os médicos que eu conhecia. As coisas estavam se movendo bem rápido enquanto seguíamos para o hospital.

Um dos momentos mais desafiadores, que me mostrou quanto amadurecera, foi quando um dos médicos do hospital veio dizendo que o olho de J-R precisaria ser retirado. Disse a ele, isso não vai acontecer e tive alguém retirando aquele doutor do caso. Imediatamente, chamei dois grandes oftalmologistas, Dr. Griffith e Dr. Graus e, depois, dois outros grandes homens e médicos Dr. Chang e Dr. Song. Eles se tornaram meus heróis. Sabíamos que o olho de J-R estava machucado seriamente e aqueles eram os médicos que salvariam o olho de J-R. Eu os agradeço e sempre os amarei por salvarem o olho de meu amigo.

Aquela foi minha maior prova. Fui para dentro, segui J-R e o Espírito interior e fiz a melhor escolha para ele. Sei que foi o Espírito e eu estava sustentando a impecabilidade para tudo aquilo. O tema era coragem. Coragem e amor.

Com esse evento, Natanael e eu nos tornamos os principais advogados de J-R na indústria médica para decisões de saúde. Se tivesse três desejos, um deles seria que cada um no mundo tivesse bons advogados, como fui eu e Nat para J-R. Nós sabíamos que erros não eram incomuns nos hospitais e que um erro no cuidado pedido podia ser fatal. Estávamos completamente comprometidos em nos certificar que nada de mal acontecesse a J-R.

Independente do excelente cuidado que J-R recebeu, devido ao extenso dano, sua visão podia nunca mais voltar ao que era. Seu processo de cura foi extenuante para J-R e, não muito mais fácil para mim, porque estava dedicado 100% a ele. Também precisava terminar o filme *Guerreiro Espiritual*, que era nosso projeto. Preciso reconhecer que Nat Sharratt, Erik Raleigh, Rick Ojeda e Mark Arrapine cuidaram de J-R, dando a mim o espaço para completar o projeto do filme.

Foi um intenso par de anos e J-R manteve-se bastante discreto, então, ele não precisou lidar com as preocupações das pessoas por ele.

Em 2006, J-R estava de volta. Ele era mais ele mesmo e muito funcional, ainda que tivesse recuado um pouco em seu trabalho. Ele dava poucos seminários e palestras nos eventos do MSIA. Acredito que fosse outra forma de permitir que seu sucessor John Morton, soubesse que era hora de avançar ainda mais, porque J-R estava colocando sua atenção em outras coisas.

Esse foi o começo no qual eu e J-R fazíamos mais atividades juntos, sem todas as responsabilidades que ele normalmente tinha. O mantivemos mais envolvido em fazer filmes, viajar sem estar sob a pressão de aparecer publicamente e em realizar sessão de autógrafos. Começamos a fazer turismo com J-R, como uma forma de mantê-lo fora, mas perto.

Às vezes, eu sei que o que aconteceu com J-R não foi minha culpa; não poderia ter acontecido se o Espírito não tivesse permitido isso. Foi uma ação espiritual. Mais tarde, J-R me disse que, durante aquele outono, ele assumiu o karma de alguém.

Entretanto, meu ego não aceitava a ideia de que algo passasse a J-R, assim pensei ser minha responsabilidade parar qualquer coisa de ruim que pudesse vir em seu caminho. Eu realmente tentei e se eu pudesse, moveria montanhas para manter a saúde de J-R – ainda que precise admitir era que difícil manter de fora o departamento de "*donuts* e sorvetes".

Agora, minha consciência me mostra mais da ação espiritual. Quando verdadeiramente experimentei essa consciência, passei a não sentir mais o peso da responsabilidade e nem a culpa. Sempre me lembro de J-R me dizendo: –Zeus, ultimamente você é responsável por tudo. Assim, ao longo dos anos, aprendi a ter responsabilidade por muitas coisas. Cresci para amar isso. Se vir algo que precisa ser consertado, é minha responsabilidade consertar. Quando fiz isso, dei a J-R mais liberdade. Eu estava bem com isso. J-R me deu a fortaleza para ter a habilidade para responder.

Agora, tem um par de coisas que está acontecendo comigo e que gostaria de compartilhar. Talvez, seja mais exato que eu precise falar sobre essas coisas. Uma delas era que estava culpando Deus pelo o que aconteceu com J-R e digo realmente com raiva. A outra é que eu poderia estar acima das coisas, assim como em criança, tive a experiência bem convincente de que não poderia lidar com

Marcos Históricos: Mudanças pelo Caminho

coisas importantes em minha vida. E tenho colocado isso contra mim desde então.

Isso ocorreu quando eu era muito jovem. Minha família e eu mudávamos de casa e meu padrasto colocou praticamente tudo que era nosso na mala de seu caminhão de 18 rodas. Não havia lugar para meu irmão menor ou eu, assim meu padrasto nos pediu que o seguíssemos de bicicleta.

Tentamos segui-lo o melhor que pudemos, mas ele ia mais rápido do que conseguíamos acompanhar. Antes de me dar conta, ele se afastara muito e se foi. Não podia mais vê-lo na estrada, quando essa realidade chegou chorei de pânico: Oh! Meu Deus, estou perdido! Meu irmão menor, Eddie, me disse para não me preocupar, ele estava comigo. Fui grato por Eddie ter dito aquilo, mas, isso não mudava nada. Estávamos perdidos e a culpa era minha. E isso pode ser a base de todos os meus gatilhos hoje, quando me sinto perdido. Posso dizer: –E agora? Eu tinha meu irmão, mas precisava aprender que tinha a mim mesmo todo o tempo. Eu tinha os recursos para me conectar com o que tudo sabe em meu interior.

Claro que meu padrasto voltou ao perceber que nos perdera. Mas, eu falhara e o dano estava feito. Desde essa experiência, eu acredito que preciso temer ser responsável por algo realmente importante. Decepcionei meu padrasto e a meu irmão menor. Como posso lidar com algo que realmente importa?

E agora o bem-estar de J-R estava em minhas mãos.

Esse evento com meu pai teve um enorme impacto em mim, isso mudou literalmente minha vida. Até hoje me vejo averiguando as coisas e vendo se tenho coragem para proceder quando tenho que tomar uma ação. Preciso me lembrar de reconhecer que quando penso que estou sozinho, nunca estou porque J-R sempre está aqui.

Relembrando a experiência traumática de meus pais me forçando a escolher com quem ir quando era jovem, só posso imaginar a dor que senti e quão assustador isso foi para meu básico – e ainda é – quando preciso tomar decisões. O ser básico é uma parte jovem de nossa consciência, junto ao ser consciente e o ser superior, que é responsável pelas funções corporais e manutenção de hábitos. Muito parecido a uma criança entre quatro e cinco anos, ele tenta afirmar suas vontades, desejos e seus medos – sobre o ser consciente.

Acredito que J-R me ajudou a me encarar nos últimos 31 anos e ainda continua a fazer isso. Cantar os nomes de Deus me deu altitude para confortar meu ser básico, mente e emoções e ver a totalidade de tudo.

Quando a queda aconteceu e a saúde de J-R foi levada em consideração ainda mais, foi quando descobri que podia lidar com as coisas em crise. Através daquela experiência me tornara um homem, mas isso não aconteceu porque nasci um, aconteceu porque J-R me ensinou a ser dessa forma.

Talvez, me torne um grande homem à minha maneira. Não digo que acho que sou grande em termos de estrelato ou de resultados externos. Digo grande internamente. Existe uma poderosa banda em minha conexão com o Espírito. Quando existem coisas a serem feitas, me movo para elas. Essa é a grandeza de que estou falando. Essa grandeza que ele instilou em mim aconteceu porque ele caiu e eu tive que olhar ao redor e ver como eu iria responder.

Como respondi? Mantive as coisas feitas. Lidei com as coisas mais importantes que se colocavam à minha frente: estava mantendo a saúde de J-R e completando o filme. Quão bem fiz isso veio à minha consciência de uma forma muito especial.

Um dos maiores eventos do MSIA acontece no verão, em geral, em torno de 04 de julho. É nossa Conferência Internacional e as pessoas vêm de todas as partes do mundo para participar nos *workshops* e eventos. A Conferência culmina com duas poderosas reuniões: a reunião de ministros e a reunião de iniciados. Como parte da reunião de ministros, a Igreja dá um prêmio de ministro do ano para duas ou três pessoas cujos ministérios foram exemplares e inspiraram outros na Igreja. Em 2007, Natanael Sharrat e eu recebemos o prêmio. Essa era a forma da congregação de reconhecer e agradecer por cuidarmos de J-R.

Até hoje, sou muito grato por ter trabalhado com J-R até o fim e receber o Prêmio de Ministro do Ano foi agridoce. Algumas vezes, não sei como receber isso. Preciso aceitar que as pessoas apreciaram o que fiz por J-R. Mas, se ao invés disso, J-R estivesse saudável e não precisasse de nosso apoio e eu recebesse um prêmio pelos grandes filmes.

Eu me lembro do que disse quando recebi o prêmio, como sempre faço, brinquei: –Oh! Bem, se nunca ganhar um Oscar, levo esse. Mas, algumas vezes é difícil apreciar o prêmio porque existe uma tragédia conectada a ele. É mais como receber a medalha do coração púrpuro, essa medalha é dada aos militares homens e mulheres que sofreram alguma injúria. Eu aprecio o prêmio, mas a injúria não muito. Mas, fomos reconhecidos. E posso dizer de verdade: –Obrigado, eu captei!

Mas, para mim o Prêmio de Ministro do Ano foi mais como a medalha do coração púrpuro. Estou feliz que o reformulei como meu Oscar. Ainda assim agradeço ao corpo ministerial e a todos que verdadeiramente nos amaram nesse dia e depois. Aqui segue o que estava escrito em minha placa.

> Temos visto suas muitas expressões de liberdade
> e suas muitas comédias, trazendo alegria e risadas.
> Hoje, nós o celebramos
> na sua devoção ao Viajante
> em qualquer hora, dia ou noite
> e como quem serve
> nosso amado de todo o coração.
> Agradecemos que você caminhe com o Viajante,
> se mantenha como Viajante
> e traga um sorriso para o rosto dele.

O Amor de Um Mestre

Muitos conhecem você como um guerreiro espiritual.
Nós o conhecemos como nosso ministro do ano.

REV. JESUS GARCIA.

Baruch Bashan.
Serviço Ministerial em Ação
(Conferência da Promessa Espiritual, 01 de julho de 2007).

"*O vento sopra onde quer e você escuta seu som, mas não pode dizer de onde vem ou para onde ele vai: assim é todo aquele que nasceu do Espírito*".

– (Versão King James, João 3:8).

"*Nós éramos 'EZ-linking³, porque acabáramos de configurar o computador, viajávamos e Zeus trabalhava comigo enquanto seguíamos, tínhamos uma mensagem e entramos em linha para enviá-la a Betsy, depois saímos e pegávamos outra mensagem, entrávamos em linha, enviávamos a Phil, saíamos e era bem eficiente dessa forma.
Mas, que desperdício, por conta de um erro enviei uma mensagem a todo staff da lista de meu computador porque toquei a tecla errada.*

– JOHN-ROGER (REUNIÃO DO STAFF, SOBRE ENVIAR E-MAIL PELA PRIMEIRA VEZ, 1990).

---

³ Nota do Tradutor: facilmente conectados.

CAPÍTULO 29
Pequenos Milagres

Coisas incomuns costumavam acontecer todo o tempo, como eu trabalhava bem de perto com J-R, comecei a olhar para essas coisas como pequenos milagres. Por exemplo, quando cavalgávamos em Windermere, tínhamos rádios para poder nos comunicar se nos separássemos. Em uma dessas cavalgadas, sem perceber deixei cair meu rádio e não conseguia encontrá-lo. Quando mencionei para John-Roger que não conseguia encontrar meu rádio, John-Roger disse que a última vez que se lembrava de ter me visto com ele foi num dos lagos escavados para melhorar a propriedade, era como um pequeno lago artificial. Quando cavalgávamos por ele, os cavalos podiam ter seus peitos profundamente na água.

Pensei que era possível que o rádio caíra no lago, mas se foi assim como saberia onde? Assim, John-Roger me disse para ir ao lago e ele falaria no rádio. Eu concordei hesitante, pensei que não seria capaz de escutar, se o meu rádio estivesse embaixo d'água.

Quando voltamos ao lago, John-Roger clicou o rádio dele e começou a falar: –Chamando Zeus, chamando Zeus.

Olhei para ele, desconcertado, mas captei um movimento no canto de meu olho. Olhei de perto e vi bolhas subindo do fundo do lago. Agitei minha cabeça e entrei no lago até o pescoço, tentando alcançar o local onde as bolhas subiam. E subi com o rádio. Talvez, isso tenha apenas sido J-R sendo prático. Talvez, não. Mas com tudo aquilo no mundo e em minha vida, reconhecer a consistência dos milagres e da graça, definitivamente, me ajuda a tocar o poder superior, o guia interno.

Aqui segue mais um exemplo de como as coisas acontecem quando J-R estava por perto.

J-R tem ensinado sobre o ser básico, que mencionei no capítulo anterior – esse é como a criança interna que faz parte de cada um de nós. É também parte de nossa composição que realmente sabe tudo sobre nossos rituais diários automáticos. Você se levanta, escova os dentes, coloca suas roupas, pega as chaves do carro na cozinha, pega sua carteira e sai. O ser básico tende a saber todas essas rotinas. Quando fazemos coisas que não estamos prestando atenção ou que estamos conscientes, é o ser básico que está lidando com elas.

Naquele dia em particular, não pude encontrar meu cartão de crédito. Não estava em minha carteira, eu o mantinha em um lugar específico, mas não estava lá. Então aquilo foi estranho. Bem, também sou um ótimo "achador", quando as coisas das pessoas estão perdidas. Mas, nesse caso, não pude encontrar meu cartão de crédito. E isso foi bizarro. Mas, eu tinha uma sensação de que poderia estar no lixo porque quando, verifiquei internamente se estava na casa, a resposta era que não estava.

Então, perguntei a J-R se ele pensava que estava na casa. Ele era muito bom em saber coisas, mas ele disse que não vira. Ele sugeriu que usasse a técnica para encontrar coisas, chamada de "alinhando". Essa técnica envolve dizer a si mesmo para "alcançar", pedindo a consciência para se estender pela informação. Como internamente, tive essa ideia de que estava no lixo, sai e peguei algumas coisas da lata de lixo. Estava escuro, a lixeira estava suja e eu não queria fazer aquilo. Disse a mim mesmo que eu queria que o cartão estivesse na casa, assim não precisaria passar pelo lixo (isso me lembrou da piada sobre um cara que procurava pela chave do carro à noite embaixo do poste. Outro cara veio e perguntou o que ele estava fazendo. Ele disse que buscava pela chave do carro que caíra no beco. Então, o cara perguntou: —Se caiu no beco, por que está buscando na calçada? —Bem, porque a Luz é melhor aqui).

Um pouco depois, ainda não encontrara meu cartão de crédito na casa e subi para dormir. Mas primeiro, escrevi um pouco em meu diário. Fui encorajado a ter um diário no qual escreveria as coisas que queria, ou tomaria notas do que acontecera, ou coisas que gostaria de esquecer. Foi-me dito que algo acontece quando você escreve conscientemente, se torna como um contrato consigo mesmo. O ritual de passar o dia em minha mente, de ver como as coisas foram e escrever meus pensamentos se tornou minha vida antes de ir para cama. No final escrevia: Oh! Deus, me ajude! Ou, Muito obrigado! Ou Sou muito grato! Nesse caso, escrevi: Por favor, me ajude a encontrar o cartão de crédito. Eu poderia ter chamado e cancelado o cartão, mas isso era um incômodo. Assim, pedi a Deus para fazer algo. Para me mostrar algum poder!

Naquela noite, tive um sonho com várias cenas, uma foi me vendo rasgando um saco de lixo e esvaziando coisa por coisa. Quando acordei, eu me lembrei do sonho e anotei. No momento em que escrevia, temia ter que sair e pegar cada pedaço de papel nas sete latas de lixo. Mas, me comprometera comigo mesmo a fazer isso, assim que me vesti e fiquei pronto.

Fui para primeira lata, peguei o saco de lixo e segui o que vira no sonho, tirando um pedaço de papel de cada vez. Puxei um, dois, três pedaços. Já ia colocar a mão de novo quando observei aonde ia minha mão e vi minha mão pegando o cartão de crédito! Parei minha mão no ar. E simplesmente louvei ao Senhor. Não podia acreditar. Percebi então a cena que vira no sonho me mostrando que devia olhar o mais perto que pudera.

Aquela foi uma grande realização. Vi que se tivesse um quadro de algo e o seguir isso poderia me ajudar a conseguir o que procuro. Percebi também que não vira o resultado de encontrar meu cartão de crédito no sonho. O sonho apenas me mostrou uma cena fazendo o processo. E esse foi uma chave interessante.

O terceiro incidente que foi significante para mim, veio à noite, depois de perder um anel que era muito importante para mim. Ele tinha o símbolo do "Hu" nele, o antigo nome de Deus. O diagrama sânscrito parece como o Om e é nosso principal logo no MSIA.

Na noite seguinte, em um sonho J-R me disse: –Vá e verifique o carro. Portanto, assim que acordei, fui ao carro, abri o porta-malas e ali estava.

Talvez, vocês tenham experiências como essas e, talvez, isso aconteça com frequência a vocês. Eu notei que essas coisas aconteceram com mais frequência, depois que comecei a trabalhar com J-R.

"Agora Elias disse a Acabe: —Levante-se, coma e beba; pois tem um rugido de uma abundante chuva".

– Versão King James, Reis 18:41.

"Eu pensei: 'Não sei se isso realmente funciona, a menos que outra pessoa o faça'. Então, entrei atrás com a Liz e Zeus foi à frente e começou a dirigir. Ele deu a partida, vendo como eu fazia aquilo e seguiu.

É muito fácil – uma coisa muito, muito, muito fácil de fazer quando alguém que sabe do que se trata, lhe ensina. Se alguém se coloca e lhe diz como dirigir, apenas escute, mas preste atenção a quem os dirigiu. Existe todo um mundo de diferença entre se colocar, falar sobre e se colocar e fazer.

Agora, esses Chevrolets em meu interior estão em um lugar bem confortável. Muito confortável".

– JOHN-ROGER, DCE (SEMINÁRIO NO INSTITUTO PARA PAZ INDIVIDUAL E MUNDIAL, EM UM EVENTO EM SANTA MÔNICA, 1990).

CAPÍTULO 30

A Vida é Apenas um Sonho

Se havia algo que produzia uma ligação de J-R comigo, ou de minha intuição à minha atenção consciente, esse era o sonho. Tive alguns sonhos surpreendentes através dos anos, enquanto trabalhava com J-R e tirei muitos ensinamentos desses sonhos.

Às vezes, tinha sonhos que indicavam que coisas aconteceriam no futuro. Descobri com o tempo que havia um tempo de seis meses entre o sonho e a manifestação no mundo físico, enquanto em outros momentos, como o sonho de meu cartão de crédito, era bem no momento.

Um exemplo de como os sonhos funcionam para mim, foi no começo de meu trabalho com John-Roger, eu tinha uma empresária que gerenciava minha carreira de ator. Ela não estava produzindo muitos resultados e pensei que ela não gostava muito de mim. Eu não sabia o que estava acontecendo. Mas, decidi em um determinado momento que poderia ser mais compassivo do que culpá-la por fazer nada.

Então, tive um sonho no qual eu fui a casa dela e ela não estava lá. Vi umas fotos de sua família e tive uma sensação de grande tristeza vinda de um dos retratos. Era um sentimento estranho e sombrio, como uma depressão. Alguns dias depois, falava com ela na vida real pelo telefone e contei a ela minha experiência, ela surtou. Mais

O Amor de Um Mestre

tarde, descobri que ela era adicta ao álcool e bebia para enterrar suas emoções. Percebi que J-R me ensinava algo, através daquele sonho remoto, ter entendimento e compaixão pelas pessoas.

Quando aprendi, esperava trazer isso à conversa dando à minha empresária oportunidade de endereçar esses sentimentos e depois soltá-los. Mas, não foi por aí que ela foi. Não passou muito tempo, ela me telefonou e seguimos em direções separadas.

Conseguir mensagens em sonhos é algo que definitivamente não foi embora. Posso dizer que fiquei completamente esquisito com a morte de J-R e por um tempo não tinha comunicação interna com ele. Só agora depois de um ano, que essa comunicação começou a voltar.

Essas realizações são todas chaves para mim. Eu as chamo de meus faróis. O propósito dos faróis é prover um aviso, eles deixam ver aos barcos onde estão as rochas e a costa. Acho que esses sonhos e essas experiências são meus faróis para me manter atento de que o Senhor está muito próximo a mim.

Nos primeiros anos em que trabalhei com J-R, enquanto estava focado em minha carreira, tinha uma meta de trabalhar com Tom Cruise. Conhecia Tom dos anos 1980, antes de ambos terem grande sucesso. Depois que me mudei para Mandeville, tive um sonho em que Tom e eu ficaríamos juntos. Era como se fôssemos amigos e atirássemos na brisa.

Seis meses depois eu e J-R fomos ao cinema e assim que chegamos, ele me pediu que comprasse pipoca. Desci e lá estavam Tom e Nicole Kidman. Eles entraram no cinema para conseguir pipoca e algumas outras coisas. Naquela época, Tom estava filmando *Entrevista com um Vampiro*, baseado no *best-seller* de Anne Rice, no qual ele fazia o papel do líder dos vampiros, o Lestat. Eu amava essa série de livros e, como mencionei nos capítulos anteriores, lera todos os três tomos quando comecei a viajar com J-R. Assim quando vi Tom, falei a ele sobre isso e entramos em uma conversa superlegal sobre eles.

A Vida é Apenas um Sonho

Então recordei a ele que jogamos *paintball* juntos nos anos 1980. Ele pensou por um segundo e exclamou: –Meu Deus! Você está certo! Nicole, esse é o cara de que lhe falei. Isso foi superbom, ele falara sobre mim porque estivemos juntos com Emilio Estevez antes dele ser uma estrela e lutamos no jogo *paintball* em uma grande batalha.

Esse foi um exemplo de como meus sonhos às vezes se tornam verdade. Eu pensei que fora interessante que J-R me mandasse comprar pipoca justo quando Tom e Nicole apareceram.

Eu também queria trabalhar com Andy Garcia. Da mesma forma que Tom Cruise e também sonhei que encontrava a Andy. Quando estava no *staff* de J-R nos anos 1990, me esgueirei nos estúdios da Paramount e embosquei Andy no escritório dele. Pedi por um papel e ele mesmo sendo muito gentil comigo (mais gentil do que merecia por ter me esgueirado), ele não tinha nada para mim. Mas, J-R me ensinara sobre perseverança e nunca desistir. Andy não tinha chance, ainda que ambos não soubessem disso naquele momento.

Mas, em 2004, 16 anos depois de começar a trabalhar com J-R e 14 anos depois de emboscar Andy no escritório dele, eu estava em Nova York em uma viagem do *staff*. Tinha deixado meus cabelos e barba crescerem, eu não sabia o que acontecia comigo naquele momento sobre atuar. Recebi uma chamada de Andy que queria que eu fizesse um teste para o papel de seu irmão em *Cidade Perdida*, que era a história da queda de Cuba, mas eu não consegui o papel.

Sentindo-me desanimado e deprimido, compartilhei com J-R o que acontecera e pedi a ele que me colocasse na Luz. Duas semanas depois, recebi uma chamada do Andy que me queria em um teste fazendo a parte do Che Guevara no filme porque eu fora ao primeiro teste de barba, eu parecia bastante desgrenhado.

Fiquei muito excitado porque quando eu era criança, tive uma experiência poderosa com Che, uma figura chave na Revolução Cubana, mas que era originalmente da Argentina. Isso era extra bom porque meus pais, eram cubanos e apesar de ter nascido em Nova York, me considerava cubano.

Tive atração por Che em minha vida, não de uma forma de adoração, mas de um modo de *déjà vu*. Mais tarde, percebi que tinha sido uma espécie de premonição espiritual, pois, ao protagonizar Che, validava minha experiência de *déjà vu* anterior.

Assim, estava muito excitado com a coisa toda. Mas, quando chegou o momento do teste, eu estava muito doente. Tive problemas de estômago e não conseguia decorar as falas. Assim, não foi meu melhor teste. Então, pedi a Andy se podia fazer outro teste e, felizmente, ele disse sim. Eu refiz o teste e para grande surpresa, ele me deu o papel.

Uma das coisas que aprendi dessa experiência foi reconhecer que a forma como via as coisas, não era necessariamente o que Deus tinha em mente. Mas, no momento que comecei a pensar fora da caixinha e me permitir receber a forma de Deus, sem pressionar à minha forma, as coisas tenderam a funcionar. Senti a presença de J-R perto de mim enquanto interpretava Che como nunca sentira antes em qualquer outro papel.

Quando estávamos filmando na República Dominicana, perguntei a Andy qual teste ele gostara mais, se o primeiro ou o segundo. O segundo fora mais polido e o primeiro fora apenas eu, devastado em muitos níveis. E Andy disse que gostara do primeiro e foi, por isso, que me escolhera. E isso me disse muito, de que ninguém tem realmente controle sobre uma performance. Você simplesmente fala sua verdade da melhor maneira que puder e se as pessoas quiserem lhe demitir, irão lhe demitir.

De muitas formas o papel de Che Guevara fora o derradeiro para mim. Representar uma pessoa como ele, nos permite tal liberdade que você não precisa representar um personagem direto, um herói de apenas uma dimensão. Em muitos países, ele é conhecido como herói, mas, isso não importa para mim, porque não sou político. Tratava-se de ter uma verdadeira oportunidade de papel.

A Vida é Apenas um Sonho

O papel de Che foi um papel comparativo para as mudanças de minha vida e meu novo capítulo. Durante as filmagens, Andy veio até mim no *set* e disse que o que sentia fora uma performance de carreira. Depois disso, poderia me aposentar. Ele pouco sabia, quão profético fora aquela afirmação. Talvez, isso fora indicado por ambos, compartilhando o mesmo sobrenome, em todo caso, considero Andy um irmão.

Provavelmente, existem mais experiências em sonhos que poderia relatar quando J-R me enviou a informação das coisas por vir, mas acho que captaram o quadro e o ponto.

Além de meus sonhos de carreira, havia sonhos muito profundos que tinham a ver com meu crescimento espiritual. Por exemplo, uma vez disse a J-R que tivera um sonho no qual via os olhos dele me encarando e escutei um grito, como o pio de uma águia. Ele disse que existem momentos quando alcançamos certos níveis acima da Alma e o "terror de Deus" rompe os apegos, de qualquer coisa dos reinos negativos que lhe engancham e, assim, fica apenas você, puro nos reinos superiores.

Ele falou a mesma coisa de forma diferente em um seminário que ele deu:

> "As pessoas terão missões especiais aqui, serão levadas a lugares superiores, grandes rochas, altos picos, altos pináculos, lugares altos e, então, abandonados às forças da negatividade. **As forças da negatividade entram como pássaros piando com suas garras apenas para rasgar.** Mas, a pessoa que está lá não pode se machucar porque não existe nada para ser machucado. Mas, o que você faz é que começa a liberar todos os medos, as impurezas e essas simplesmente caem e você começa a entrar no ser do 'Ah! Tudo bem! Isso que está acontecendo é muito natural, tudo normal de novo'".

O Amor de Um Mestre

Os sonhos são uma fonte surpreendente e também um quebra-cabeça no qual precisamos encontrar onde conseguir a mensagem completa. Acredito que é um desafio sem fim e um grande exercício espiritual.

*Se vamos formar parte de Deus,
o que precisamos começar a fazer?
Dar, todo o tempo.*

–John-Roger
(Perdoar a Chave para o Reino)

"E foi surpreendente, logo depois disso, quando eu cavalgava, ele fazia o mesmo com graça. De repente, ele se tonou um bom cavaleiro. Eu o seguia, você sabe, e o ensinei até certo ponto, mas, de repente, ele deu um grande salto. Porque ele estava centrado. O cavalo pegou a centralização. Ele não estava fazendo nada, como: 'ei, eu vou me centrar e ser um com o cavalo'. Ele estava apenas lidando com isso e o cavalo captou".

– JOHN-ROGER, DCE (TREINAMENTO PAT, NA CASA DA IGREJA EM WINDERMERE, FALANDO SOBRE ZEUS, 1991).

CAPÍTULO 31

Experimentando Graça

Em 1991, houve um treinamento PAT II e fomos chamados à casa da Igreja, uma casa que pertencia ao MSIA, ao lado do rancho Windermere na propriedade em Santa Bárbara. J-R foi ao treinamento para compartilhar com o grupo, como com frequência fazia e ele me usou como exemplo de como estar em contato com um lugar de paz e graça internamente. Ele estava se referindo ao um retiro anterior que tivemos em Asilomar (Califórnia), chamado Vivendo em Graça.

Como um bônus, no meio do compartilhar de J-R, algo fenomenal aconteceu:

> **John-Roger:** Nós conhecemos a paz do Espírito porque a temos através dessas encarnações físicas nesse nível. E não existe uma maneira que vocês possam entender isso porque essa paz, assim como diz o Senhor Jesus, ultrapassa o entendimento. Mas, não ultrapassa a habilidade de experimentá-la. Mas, depois de experimentá-la, é como entender uma laranja. Você não entende uma laranja, você a come.
>
> Portanto, é muito difícil. Seria como dizer "seu nome do meio é verdadeiro ou falso?" E você segue com, essas coisas não se aplicam, não são aplicáveis, não se relacionam. Mas, em seu interior diz: –Bem, meu nome do meio pode ser falso ou

verdadeiro, tão facilmente quanto outro nome pode ser. Portanto, é uma experiência.

Agora o que existe de mais profundo em você pode ser bem diferente dos outros. Você pode ir mais fundo, ou não tão fundo, ou eu suponho que possa ser na mesma vibração, mas a interpretação seria bem, bem, bem diferente.

Quando finalmente chegamos perto do natal, Zeus dizia: –Sabem não tenho a Graça, quero voltar a Asilomar com todas aquelas pessoas. Quero estar lá, quero que venha comigo e que faça sua mágica. Então eu disse: –Você sabe por que tenho que ir a Asilomar para fazer isso? Não podemos simplesmente descer a rua e dizer "Aqui está Asilomar e fazer isso"?

E foi como: "Não, olha só! Estávamos em Pacific Grove em Asilomar, naquele quarto, com todas aquelas pessoas. E cada uma conta por ser precisamente aquela pessoa. Não sei se isso significava precisamente as mesmas cadeiras". Mas foi assim: "Eu era a Graça", naquela experiência.

Trabalhávamos energeticamente com uma pessoa e ela disse: –Você experimentou Graça lá? (E Zeus disse): –Sim, sim, Oh Deus! Eu realmente queria aquilo. –Bem, se experimentou isso, então a Graça está em seu interior e se está em você, ESTÁ EM VOCÊ! Apenas emergiu lá. Portanto, volte a esse lugar em seu interior onde isso está. –Mas, não consigo. –Vá à Asilomar em seu interior, vá à Graça em seu interior. –Consegui! –Viu somos capazes de fazer isso, se nos derem alguns truques de orientação.

De repente, J-R parou e seus olhos estavam nesses momentos distantes.

Esperem um pouco, estou sob Orientação Espiritual agora mesmo (pausa).

O que se requer de nós agora é que fiquemos bem quietos, enviemos Luz para os mestres no Mundo Interno. Existe algo acontecendo na área da Pérsia que não é nada bom. Não

Experimentando Graça

necessariamente no mundo físico, mas no Mundo Espiritual. E existe um pedido de mais Luz. Assim, vamos chamar nossa Luz Espiritual e, então, enviar aos Mestres de Luz e eles gerenciarão isso (pausa).
Ok! Vamos fazer isso.

Sabem, às vezes, quando você envia Luz, as pessoas dizem: –Bem, o que eu faço? Mantenha esse pensamento e deixem-me terminar com o de Zeus. Porque, de outra forma, ficaremos fragmentados aqui e muita coisa descerá. É como, "diga a palavra mágica, agache e há palavras que caem por todo o lugar".
Assim que ele entrou na mente dele – estávamos em Los Angeles – mas, em sua consciência, fomos à Asilomar encontrar a Graça. – Quando chegar lá, me deixa saber. –Consegui. –Está em você agora mesmo, peça por isso, reconheça isso agora mesmo. –Sim. E, então, Zeus estava cheio da Graça em Los Angeles. Então eu disse: –Observe onde isso está em seu interior, observe como se move, preste atenção a isso agora. Foi de 30 a 40 minutos de uma visão intensa e havia 3 ou 4 de nós sustentando a Luz e a energia. Mas, ele encontrou a Graça. E havia uma paz profunda na sala. Aquela Graça não podia ser mantida por ele. Tudo o que precisou foi uma pessoa para encontrá-la e todos os outros a tiveram por contágio. E pensei: Deus!
E agora ele sabe como voltar a essa área aqui, no coração. Está localizado aqui. Portanto, vamos descer à rua e fazer algo e será assim. (J-R estava batendo em seu peito nos mostrando como ancorar um momento de Graça). E ele queria continuar naquele coração. Mas, sabem, algumas vezes você fica aí, não pode se mover, porque o tipo de coisa que você diz: –Eu quero estar sóbrio em minha embriaguez da Graça. Então, se senta e simplesmente sai de si mesmo. E nos tornamos facilmente cadetes espaciais.
E quando ele acordou, percebeu que tinha Graça nele. Que essa Graça poderia estar em Asilomar, no carro, ou nesse lugar, em um filme, no cinema ou cavalgando.

Foi surpreendente logo depois disso, quando ele cavalgava, cavalgava com Graça. E, de repente, ele se tornou um bom cavaleiro. Eu seguia, você sabe, o ensinei até certo ponto, mas, de repente, ele deu um grande salto. Porque ele estava centrado. O cavalo pegou a centralização. Ele não estava fazendo nada, como: "ei, eu vou me centrar e ser um com o cavalo". Ele estava apenas lidando com isso e o cavalo captou.

Assim, soubemos que quando chegamos lá, não precisamos ficar aqui, nessa casa. Se conseguir isso aqui, bem tudo que fizemos foi despertar aqui e esse despertar é seu, você o pediu, tem autoridade sobre isso, você ganhou, você o enraizou, você o ancorou. Usamos os pontos de âncora para lhe recordar. Como... aqui está, aqui está, aqui está. Quando descer à rua e alguém lhe cortar, você seguirá com... aqui está, aqui está, "seu maluco filho da puta" ... aqui está, aqui está. Portanto, não importa quantas vezes você sair, isso não é importante.

Eu nem mesmo quero escutar quantas vezes eles saem da Graça e da paz. Só quero escutar uma vez como voltam. Isso é o que quero escutar.

Falando em Graça, J-R criou um retiro que costumava acontecer todos os anos por volta do natal em Asilomar, um lindo centro rústico no norte da Califórnia.

Os retiros Vivendo em Graça eram para mudar a vida e produziam profundas experiências espirituais nas pessoas. Eram elementos significantes da Graça. Era o que as pessoas faziam consigo mesmas e as compartilhavam com J-R.

Participar do retiro e desfrutar das Rondas Divinas – um processo opcional do qual as pessoas podiam escolher fazer tarde da noite, no final do dia oficial do retiro – era maravilhoso para mim. E eu sempre empurrava J-R para compartilhar, mesmo quando ele não queria.

Nos últimos anos, J-R estava mais e mais afastado, permitindo que John Morton e Michael Hayes compartilhassem o palco sem

ele. Eu me lembro de uma noite em 2012, no retiro da Graça, quando empurrava J-R e ele não queria se vestir. Eu implorei a ele e disse como sentia falta dele no palco. E disse a ele que as pessoas iam adorar vê-lo e ele me disse: –Por que você não vai?
O quê? Estava chateado. Senti naquele momento que ele não compartilharia no palco mais, essas coisas estavam esmorecendo. Senti uma pancada em meu estômago, ao perceber que ele não subiria mais no palco. Implorei a ele para ir e compartilhar com John Morton e Michael Hayes. E ele disse, não. Queria que ele compartilhasse como nos velhos tempos. Certa vez, me mostraram como fazer a prova muscular e fazer o que Michael fazia, mas em vez disso fiz o programa DCE e escrevi meu tratado pessoal, temi, acho, de ter que subir lá e fazer o trabalho.
Fui ao palco no sábado do retiro, quando as pessoas estão relaxadas e se apresentando. Cantei e compartilhei com os outros participantes. Tentei fazer J-R subir no placo e ele me dissera para subir no palco e compartilhar. Então, foi o que fiz.
E me recordo de dizer a J-R que não haveria maneira de me fazer compartilhar. Com a visão de retrospectiva 20/20, percebo que deveria ter subido ao palco com John e Michael e compartilhado quando as pessoas fizeram perguntas. Mas, foi de outra forma e não fiz.
J-R sempre me encorajou. Agora eu acredito, após pensar e esperar dois anos depois de sua morte, minha consciência está mudando: está querendo crescer e experimentar. Não posso deixar de lembrar como J-R fazia as coisas ou como ele respondia ou reagia, está em meu DNA.
E agora certamente estou dando essa volta. E vou compartilhar.
Espero que encontrem valor no que J-R dizia sobre como a Graça – ou qualquer coisa que experimentamos ao longo do tempo – está sempre disponível porque está dentro, não fora de nós. E espero que isso lhes dê um pequeno senso da magnitude do trabalho que J-R fazia todo o tempo.

"Eu estava com o velho Zeus na outra noite em Cardiff, no País de Gales, e havia esse lugar que se chamava 'Bilhar', então eu disse: –Você quer entrar para jogar bilhar? E ele disse: –Claro.
Então, entramos e ele caminhou até o bar, e disse: – Posso tomar um copo de bilhar?

– JOHN-ROGER, DCE, 1988
(SEMINÁRIO EM CARDIFF, PAÍS DE GALES).

CAPÍTULO 32

Fazendo o Primeiro Filme

Acredito que o maior fenômeno de minha vida, foi viver com os guerreiros espirituais que me apareceram – e isso inclui J-R, eu mesmo, e muitas pessoas na Igreja – fazia o longa-metragem *Guerreiro Espiritual* com John-Roger. Juntos escrevemos o roteiro que se baseou no livro *best-seller* do Los Angeles Times, *Guerreiro Espiritual: A Arte de Viver Espiritualmente*. Vi muitos milagres enquanto trabalhava nesse filme. J-R e eu ainda escrevemos outros roteiros, incluindo os curtas *Minha Linda Havana, Mandeville Canyon* e *Como é ser um Cubano?*

Mas, não sei se faria o filme *Guerreiro Espiritual*, se não fosse por uma experiência muito frustrante perifericamente, envolvendo Steven Spielberg em 2004.

Nessa época trabalhava no show de TV *Crossing Jordan* nos estúdios Universal. Do outro lado da rua estavam os Estúdios Amblin, onde trabalhava Steven Spielberg e onde foi criada a maioria de seus filmes. Estive lá anos antes e recusara um filme chamado *O Milagre Veio do Espaço* por já ter concordado em fazer outro filme.

Esperando entrar no radar de Spielberg, queria dar a ele meu teste para o *Irmãos de Guerra*. Assim quando aconteceu de vê-lo, entreguei a fita e um par de livros de John-Roger para ser educado.

O Amor de Um Mestre

Ele não queria pegar os livros porque não queria ser processado, se alguém o acusasse de roubar ideias deles. Mas, ele ficou com as fitas. Ótimo.

Como não escutei nada dele até o dia seguinte (não que eu seja impaciente ou coisa assim), decidi ir a Amblin e entregar a fita de novo para ele. Não tinha ideia que ele sofrera ameaças por causa do filme *Munique*, que trata sobre o assassinato dos atletas israelenses durante as Olimpíadas de 1972 pela OLP (Organização Libertadora da Palestina). Mas, ele estava e foram tomadas medidas para protegê-lo. Assim, ao voltar ao escritório dele, foi uma grande coisa e o segurança me deteve por algumas horas. Foi em verdade uma experiência horrível e não facilitaram pelo fato de que me esperavam para filmar no *set* do *Crossing Jordan*. Foi mais que frustrante, acreditem.

Usei a frustação para ao invés de me deter, me motivar a falar com J-R sobre o filme *Guerreiro Espiritual*. De certa forma, estava evitando lidar com o filme, depois daquela situação, então, decidi que não deixaria nada ficar no caminho de fazer meu próprio filme.

J-R dera seu "vai em frente" e eu tinha a David (Hubbard) Raynr – o mesmo ator adolescente e diretor que facilitou o evento Insight para adolescente que eu participara anos atrás e que depois se tornou um bom amigo – para dirigir o filme. Passei tudo por ele e aprendi com ele. Mas havia algo com a experiência em Amblin que ainda me incomodava. A cura chegou de uma maneira muito estranha.

Foi assim: uma noite, os meninos do *staff* e eu levamos a J-R em um lugar para jantar sushi. Quando entramos, Steven Spielberg e sua esposa também estavam ali. A esposa dele não tirava os olhos de J-R e era como se ela estivesse sendo puxada pela energia dele.

Dei um jeito de pagar a conta do Steven com o garçom. Quando ele terminou, lhe disseram que a conta dele fora paga. Ele queria saber quem o fizera. O garçom apontou para mim. Sorri e fui até ele contando o que acontecera no dia em que fora detido. Ele não

Fazendo o Primeiro Filme

tinha ideia de que aquilo acontecera e dentro de mim ocorreu uma sensação de perdão e me liberei internamente ao contar a ele sobre tudo aquilo.

Então a esposa dele perguntou quem era aquele homem sentado em nossa mesa, ela disse que sentia tanto amor vindo dele e de todos os amigos dele. Eu não tinha ideia que Spielberg conhecia J-R, mas escutei histórias de Leigh Taylor Young que eles se conheceram antes. Assim, Steven se levantou e apresentou sua esposa a J-R. Steven e J-R se olharam nos olhos e naquele momento fiquei consciente de que havia ali uma conexão. Você podia ver que a esposa de Steven estava atraída pela Luz de J-R e amava realmente a energia. A energia estava poderosa naquele dia.

Algum tempo depois disso, nos organizamos para passar o *Guerreiro Espiritual* em vários cinemas e fizemos cartazes promovendo isso. Corri para Steven e sua esposa em Brentwood e lhes dei um cartaz. Em outra oportunidade que nos encontramos dei a ele outro cartaz e ele olhou para mim e disse: –Cara, você tem muita coragem. Um desses dias eu vou ver esse filme. Isso foi muito legal.

Esse negócio com Steven Spielberg era literalmente um processo de três anos. Apreciei o quanto isso realmente me motivou e quanto J-R me guiou através de tudo, como trouxe a cura sobre isso. Escutara uma série de histórias de John-Roger interagindo com pessoas importantes na indústria do cinema e, talvez, essa experiência o ajudasse a me ajudar.

Mas, voltando ao filme, depois que J-R deu sinal verde, voltamos ao trabalho. Filmamos em muitas locações, incluindo o Oriente Médio, como descrevi em um capítulo anterior. Eu me senti mais vivo do que nunca no Oriente Médio. Amei aquelas viagens; amei liderar e aquela fora a primeira vez que fazia isso como "o cabeça" da produção, chamada de Scott J-R Production. Com todo o treino que J-R me dera enquanto trabalhava no PAT IV (1988-1990) e as duas viagens de PAT IV (ambas em 1995), senti que faria algo semelhante, mas com novas pessoas e naquele momento estava filmando isso. Depois de 19 dias de filmagens, senti que tínhamos completado bastante.

Quando voltamos do Oriente Médio, J-R, John e o restante do *staff* de J-R, fomos às Olimpíadas em Atenas. Depois, filmamos entre 25 e 30 dias em Los Angeles, Utah e Santa Bárbara.

Por volta dessa época minha mãe me chamou da Flórida, dizendo que iria fazer uns exames médicos. Tinha a ver com seu peito; ela não foi muito específica, portanto, desejei boa sorte e disse que estava em meio a filmagens e que a veria quando voltasse. Ela foi ao médico, fez os exames e imediatamente foi agendada para uma cirurgia de *by-pass*. Aparentemente, as artérias de seu coração estavam bloqueadas. Quem sabe?

Portanto, enquanto estava imerso em escrever, filmar, dirigir e atuar no *Guerreiro Espiritual*, minha irmã me chamava todos os dias da Flórida me contando como estavam as coisas com minha mãe e sua cirurgia de coração aberto. Além disso, estava constantemente com J-R ao telefone que, não apenas estava trabalhando comigo como professor espiritual, mas como amigo.

Na verdade, quando soube a primeira vez sobre a cirurgia de minha mãe, chamara a J-R e pedira ajuda. Quando era pequeno queria minha mãe e minha avó em segurança. Eu orava e chorava implorando a Deus para levar minha avó e minha mãe e para ter para elas um lugar no paraíso. Eu as amava muito e anos depois, quando estava com J-R, o Senhor, pedi que ajudasse a minha mãe e minha avó. Ele o fez, na verdade, pedi a ele, se ele poderia trabalhar com elas e ele respondeu: –Através de você eu vou. Minha mãe hoje é uma iniciada e ministra no MSIA. E eu tive a honra de fazer sua ordenação. Estou muito orgulhoso, obrigado J-R.

Depois das filmagens, levou 40 semanas para editar o filme. Dizer que foi bem difícil, é dizer pouco. Existe um ditado no negócio de cinema, de que seu filme nunca será melhor do que seus diários e nunca será pior do que o primeiro corte. Vi como isso é verdadeiro, amei cada uma das 91 horas de filmagens. Por causa disso o primeiro corte foi de 3 horas e 45 minutos, cerca de duas vezes mais que um longa-metragem contemporâneo. No entanto, o processo de edição solidificou toda a história do guerreiro espiritual para mim. Isso acabou por ser um desafio e foi uma lição dentro de uma lição: uma lição de vida e uma lição de cinema.

    A coisa virou de fazer o filme e se tornou uma lição para divertir e ensinar e aprendíamos essa lição mesmo quando filmávamos. Acho que isso faz sentido. Como podemos ensinar algo, sem aprender?

"Eu saí na minha varanda de trás em Miracielo e eu, simplesmente, abri a porta, olhei e (a neve) era como empilhamento, então, eu alcancei, peguei um punhado, entrei e disse: —Zeus, você já jogou com neve antes ou brincou de boneco de neve? Ele disse: —Sim, acho que uma vez. Eu disse: —Aqui está outro. Piuuu! Então, ele se levantou e agarrou mais neve e tentou fazer uma bola de neve. Fizemos muitas —(havia) um pouco de neve lá, quando eu saí".

— John-Roger, DCE, (Treinamento PAT, em Windermere, falando sobre a neve nas proximidades de Miracielo, 1991).

CAPÍTULO 33

Mais sobre Fazer os Filmes

Quando comecei a pensar sobre fazer mais filmes, estava hesitante, porque não me via muito tempo longe de J-R. Sabia que J-R não poderia estar em todas as filmagens, mas eu podia ver que aqueles filmes eram importantes.

Então, eu era muito grato por outros membros do *staff* cuidarem de J-R enquanto estava fora. J-R costumava me perguntar o que pensava sobre muitas coisas, ele gostava de escutar meu ponto de vista. Certa vez, me perguntou se eu ficaria bem, caso uma pessoa nova viesse para o *staff* e morasse em Mandeville.. Eu estava bem com aquelas pessoas e sempre disse que estava bem. Qualquer coisa para J-R, eu estava particularmente feliz que eles concordaram em ficar por perto. Eles contribuíram muito, de muitas formas e apenas o *staff* de J-R entendia o que era ser membro do *staff*. Eu relaciono isso a ser um espartano – guarda republicana de J-R. Éramos íntimos e ligados como irmãos.

J-R sempre me apoiou a fazer os filmes e nunca tive outro que me apoiasse daquela forma. Ele não só me permitiu fazer os filmes, mas me deixou ir pelo mundo, divulgando, comercializando e mostrando cada um. E fiz disso meu trabalho.

Também aprecio John Morton pelo trabalho que fez e vem fazendo. Quando olhava a filmagem, percebi que J-R, John, Michael Feder e outros membros do *staff* na época, além da presidência estabeleceram nos primeiros dias das viagens do PAT IV, as fundações do que eu estava fazendo nos filmes. A revelação para mim enquanto via os filmes em super 8, foi ver que tudo foi estabelecido por J-R e o *staff*. J-R me encorajou a voltar a esses lugares, fiz exatamente isso no filme. Fizemos isso de novo em Israel e com o trabalho que John fazia junto com J-R.

Há um tempo, fiz uma entrevista com David Sand que foi publicada na revista do MSIA, a *New Day Herald*, em novembro de 2013. Incluo sessões dessa entrevista aqui para lhes dar outras visões de como foi fiz o filme e outras coisas e no que também acredito são partes importantes de minha autodescoberta e autorrealização.

Aventuras na Zona Desconfortável
Fazer o Viajante Místico: A Vida e os Momentos
de Dr. John-Roger.
Uma entrevista com Jsu Garcia
por David Sand

Jsu acaba de completar 3 horas e meia do filme biográfico de J-R que estreou na Conferência e em Londres, em 2013. Nós o alcançamos em Los Angeles em outubro, logo após o mês que John-Roger viajou pela Inglaterra, com Jsu e Nicholas Brown organizando e facilitando juntos.

DS: Quando começou a trabalhar no filme?

JG: Agora mesmo está enevoado. No inverno de 2010, depois que completei o filme *O Guia*, fui inspirado a entrevistar os "mais antigos" no MSIA para colocar suas histórias no filme, quando ainda tínhamos uma oportunidade. Laurie Lerner se aproximou e nos ofereceu para produzir, nos conseguindo uma câmara. Foi ótimo ter nossa própria câmara, porque alugar uma toda vez que quiséssemos entrevistar alguém, teria custado uma fortuna.

Mais sobre Fazer os Filmes

Fui capaz de viajar pelo mundo com essa câmara e fazer as entrevistas. Eu não sabia o que estava fazendo. Apenas sabia que juntaria "dados". Thor, o *camaraman* do *Guia*, entrou como diretor de fotografia. Assim que comecei a gravar uma entrevista atrás da outra, perguntando a todos as mesmas cinco perguntas: quando conheceu J-R? Como ele era? Qual sua comida favorita? O que gostaria de dizer a J-R? Durante os momentos de controvérsia como conseguiu fortaleza para continuar?

DS: Em que momento percebeu que estava fazendo um documentário?

JG: Assim que peguei a câmara, percebi que não estava fazendo apenas entrevistas, que era algo maior. Entrevistamos muitos que estavam ali desde o começo, incluindo alguns que já faleceram, como Norma Howe, Joe Ann Cain e Steve Ferrick. Nas gravações era como se o Viajante e a Luz eclipsaram o microfone, como quando compartilhávamos no Vivendo em Graça. As pessoas ficavam intensas, rindo, chorando. Aquilo realmente me afetou. Estava entrevistando pessoas que tinham sangue, suor e lágrimas no Movimento. Aquelas eram as pessoas que criaram o Movimento e faziam parte daquilo. Eu estava completamente humilhado. Só porque vivia com J-R, isso não significava nada – aquelas pessoas eram as pessoas reais. Quando escutei as histórias deles, pensei: Uau, me desculpe, se lhe julguei! Fomos às fontes originais, às pessoas que estavam lá no começo, como Pauli Sanderson e Candace Semigran, que contaram suas histórias em suas próprias palavras.

Queria muitos pontos de vista para que ninguém pudesse alterar ou comprometer minha pesquisa. Não me importava se eram pessoas que deixaram o Movimento, mas que estavam envolvidas enquanto ele florescia – assim como, as linhas de Shakespeare que J-R cita no *Viajante Místico*:

> Os negócios humanos apresentam altos como as marés do mar: se aproveitadas, levam-nos às correntes da fortuna; mas,

uma vez perdidas, corre a viagem da vida entre baixos e perigos. Ora flutuemos na maré mais alta. Urge, portanto, aproveitar o curso da corrente ou perder nossas vantagens.
William Shakespeare (Júlio César, Ato 4, cena 3, 218-224)

    O primeiro par de editores começou a editar as entrevistas e pediu por outras filmagens para preencher os espaços. Esses primeiros editores, especialmente Matt Rondell, que editou *O Guia*, me perguntava coisas, como: "quando o J-R nasceu?". Assim, encontrei filmagens falando sobre isso e logo tinha o filme de toda sua vida. Encontramos seminários nos quais ele falou sobre essa primeira parte de sua vida, como o acidente de carro antes de receber as chaves da Consciência Viajante.
    Assim, juntamos todas essas coisas e tivemos sessões de diferentes momentos da vida de J-R. Criamos um quadro que listava todos esses diferentes momentos e o que tínhamos no filme. Flutuava em toneladas de material, com filmes de 8mm que foram escaneados nos anos 1990. A qualidade do *scanner* era boa, mas, hoje, a qualidade do *escanner* está muito melhor, assim que refiz as cópias (terminamos por copiar 2k e o HD).
    Não sabia onde aquilo daria, mas J-R me deu permissão para acessar os arquivos do MSIA. Assim, pedi a Barbara Wieland, a bibliotecária e arquivista do MSIA, para ajudar. J-R aprovara meu acesso aos arquivos J-R e aos dados para ter uma completa variedade de fontes para fazer o filme *Viajante Místico*. Phil Danza e Barbara Wieland foram capazes de conseguir todos os extratos e mídias dos pedidos dos editores. Seja lá o que pedíssemos dos arquivos, Barbara e seus muitos voluntários eram capazes de encontrar e quando precisávamos de uma mídia, Phil Danza, o diretor da Now Production, junto com Nir Livini, podiam organizar, copiar e capturar a filmagem. Chuck Moore da Now Production podia fazer uma viagem de 24 horas até chegar ao cofre onde toda a mídia de J-R estava guardada para conseguir o que precisássemos.

Mais sobre Fazer os Filmes

Durante esse processo também tivemos a oportunidade de atualizar o sistema de arquivos porque, às vezes, havia discrepância entre o sistema de arquivos, os dados e o que tinha no cofre.

À medida que o projeto cresceu, os editores precisaram seguir com outros projetos porque não conseguíamos pagá-los. Estávamos afundando e eu estava desesperado por encontrar editores. Você não pode realmente editar essas coisas sem "captar" J-R. E isso podia levar anos. Levou 27 anos para "captar" J-R – como muitos de nós. Então, se encontrar um editor que é bom, como você o levaria a um lugar onde ele entendesse J-R, para fazer a edição? Levaria de um mês a dois meses na sala de edição apenas para um editor para "captar" J-R. Finalmente, encontrei dois grandes editores, Aaron Thacker, que fez os gráficos e Josh Muscatine.

Chamei Lisa Day, que editara *Bolas de Fogo*, o filme biográfico de Jerry Lee Lewis, e disse a ela que estava com problemas. Ela me disse para relaxar e construir primeiro um esqueleto, depois agregar todas as diferentes camadas. Ela me deu uma direção, assim começamos a construir os ossos do filme – todas as diferentes fases da vida de J-R – e encontramos todas as filmagens relacionadas a isso. Então, podíamos preencher as partes que faltavam com fotos, entrevistas, seminários, *etc.* Alguém podia falar de alguém na entrevista, eu chamava a Barbara e pedia fotos daquela pessoa. De repente, tínhamos centenas de fotos.

Sem JR, Zoe Golightly Lumiere – meu soldado número 1 – Laurie Lerner, John Morton, a presidência MSIA, Now Productions, todos os doadores de dízimos ao MSIA e semeadores lá fora, nada disso poderia ter sido possível. Eu pude ver como o dinheiro era gasto e o incrível trabalho que estava sendo feito na organização, armazenamento e disponibilização de toda a mídia. Qualquer um agora pode entrar e buscar o que eles estão procurando e acessar a mídia de qualquer ponto da história do trabalho de J-R. Eu era capaz de procurar imagens não apenas por data ou número de seminário, mas também por cidade, para que pudéssemos recriar a história do MSIA em qualquer área que desejássemos. Chegamos a 100 *terabytes* (uma enorme quantidade) de dados. Conseguimos estreitar a 190 *gigabytes* para o filme final. Assim, vocês podem imaginar quanta informação tínhamos. Foi um trabalho árduo de dois anos e não sei, se a máquina rodaria dessa forma de novo. Eu dizia: –Phil, preciso disso AGORA! Phil respondia: –Estou nisso agora. E isso era o mesmo com Greg Fritz, Nir ou Chuck. Mark Lurie era meu braço direito mantendo a parte legal alinhada. Mark sempre teve a atitude de: "estou aqui para você, o que precisar ser feito, faremos". Trabalho de graça. Não tenho espaço para enumerar cada um, entretanto, Now Production (vocês sabem quem são), fizeram um maravilhoso trabalho para o filme *Viajante Místico*. Eu fico com a alegria de ter sido parte da história.

Era quase como se não houvesse nada que eu não pudesse fazer, nada que eu não conseguisse criar, principalmente porque eu procurava J-R e dizia: –J-R, eu preciso entrevistar Larry King, você pode colocá-lo na Luz? A próxima coisa que sei, era que tinha um encontro com Larry King. Eu dizia: –Preciso de Tony Robbins, como vou conseguir falar com ele? Eu encontrei seu advogado no dia seguinte. Eu não fui procurar pelas estrelas, fui procurar pelas pessoas que J-R tocou durante sua vida.

Passamos por um incrível número de rolo de filme para encontrar imagens. Existe mesmo um filme que nunca foi desenvolvido e tivemos que digitalizá-lo para fazer folhas de contato apenas para ver o que estava lá. E, por acaso, algumas das primeiras pessoas da equipe filmaram J-R com as antigas câmaras de filme de 8mm. A maior parte dos gastos do filme foi restaurando toda aquela metragem de 8mm. Tivemos aproximadamente 55 horas desse material que nunca fora visto antes. Fizemos um grande investimento na restauração desse filme de 8mm, graças a John-Roger, Mark Lurie e a todos os ministros e iniciados que deram o dízimo e semearam. O dinheiro de vocês fez esse filme. Obrigado! E o filme é lindo!

Mais sobre Fazer os Filmes

Há também uma antiga entrevista de Laren Bright com J-R que foi filmada com uma câmara que estava presa a um dispositivo de gravação. Essa tecnologia não existe mais, então, tivemos que encontrar alguém que pudesse copiar isso para obtê-lo em um formato que pudéssemos usar.

DS: O que foi ver todos esses antigos filmes?

JG: O filme de 8mm realmente revela uma grande época. É como uma cápsula do tempo. Você vê J-R nesse contexto e, claro, você se apaixona por ele. Imagine ter um filme do tempo de Jesus e ver todas as pessoas com ele. Agora você pode ser uma testemunha de algo incrível que aconteceu no nosso tempo. Em 100 anos, todos nós iremos. O filme será o que as pessoas olham para saber como era. Eu não sei, é digital e quem sabe quanto tempo isso vai durar? Isso pode simplesmente desaparecer com os zeros. Mas a viagem foi incrível e eu estava investigando J-R como um repórter.

Aprendi a ser um repórter e, então, aprendi a ser um estudioso. Eu veria uma pessoa no fundo de um filme de 1970 ou algo e me perguntava quem era ... e, então, o editor vinha a mim todo animado e dizia: −Eu acho que descobri quem era... olha isso! E então, nós o víamos no filme de 8mm. Nós víamos um filme e não tínhamos nem ideia de onde era e, então, o ressalvamos e pronto, víamos um jornal de São Francisco sob a mesa e sabíamos a localização. Tínhamos a época e a localização, de acordo com o corte de cabelo de J-R, ou o carro que ele estava dirigindo, ou qualquer outro detalhe.

Não sei se houve muitas pessoas com tantas imagens de suas vidas como J-R (talvez, George Harrison − eu recomendo o documentário de sua vida, *Living in the Material World*). Eu estava pressionando todo mundo para conseguir todo esse material, especialmente a Now Productions e Barbara Wieland. Mesmo com todo esse material, ainda existem lacunas onde não há filme. Há lugares onde tivemos experiências incríveis, como no Egito em

O Amor de Um Mestre

alguns dos PAT IV, onde não temos tudo filmado, então, tivemos que seguir com fotografias ou entrevistas.

Finalmente, conseguimos uma versão de duas horas. Usamos palavras-chaves para as diferentes montagens do filme que vieram dos modelos do ônibus espacial. A primeira versão de duas horas que terminamos em 2012 foi o Endeavor. O final foi o Atlantis.

Quando selecionamos essa versão de duas horas, obtivemos o *feedback* de que não havia o suficiente dos ensinamentos de J-R. Tínhamos deliberadamente mantido isso atrás porque não queríamos pregar ou fazer proselitismo. Mas, o filme não apresentava uma imagem completa do trabalho de J-R, então, adicionamos 50 minutos dos ensinamentos em profundidade. Ao assistir ao filme, você pode sentir como ele lhe deixa na profundidade da energia. Aaron Thacker adicionou incríveis gráficos 3-D para criar versões tridimensionais de fotos e para mostrar os domínios da consciência, usando um nível de tecnologia de *software* que é usado em filmes de ficção científica. Isso trouxe à imagem a um nível totalmente novo.

Em abril desse ano, nos sentamos com os editores e fizemos um grande quadro descrevendo Atlantis, a versão final. Tivemos um filme de 3h50. Nós tentamos cortá-lo e fomos capazes de cortar algumas pequenas coisas, mas percebemos que às 3 horas e meia, era o filme. Não mais adição ou cortes. Nesse ponto, precisávamos decidir como ordenar o que tínhamos.

Nós o dividimos como títulos de *Haiku* e pequenas seções de filme de 8mm que chamamos de rupturas de capítulo. Ao invés de dizer algo literal, como "Utah – os Primeiros Anos", nós usaríamos citações curtas de J-R no filme e esse *gestalt* (daria forma) a essa parte do filme de um modo que despertasse o interesse das pessoas.

DS: Qual foi o papel de J-R no filme?

JG: A melhor parte do filme foi que precisei trabalhar com J-R. Ele sempre estava envolvido – ele está envolvido em minha cabeça. E esses foram os melhores momentos que tenho de fazer filmes. Eu me pergunto: −O que J-R pensaria? O que ele faria aqui? E sempre tinha a resposta. Às vezes, estava com ele e ficava deprimido. Ele me perguntava o que estava errado e eu respondia: −Não estou conseguindo tal e tal coisa para o filme. E no dia seguinte, recebia um telefonema sobre aquilo. J-R sempre foi meu oráculo ao qual eu podia reclamar e ele magicamente mudava algo. Era como se não houvesse obstáculos para fazer esse filme. J-R era como Ganesha − o removedor de obstáculos. Se J-R não me desse a luz verde, esse filme simplesmente não aconteceria.

Durante todo o tempo, mostramos os clipes do filme a J-R para obter o seu OK. Não posso reivindicar crédito por nada disso. Eu queria me tornar um canal para que o Espírito e J-R falassem. Em todas as minhas decisões, levava primeiro internamente ao Espírito. Todo o tempo escutava a voz de J-R ecoando na minha cabeça: "faça isso direito. Faça isso direito". E quando percebi e me peguei cortando cantos, eu podia escutar J-R na minha cabeça: "faça certo! As pequenas coisas se transformam em coisas grandes".

Eu sabia que precisava ficar forte na convicção do que eu precisava dizer, do que conhecia como J-R. O objetivo geral do filme era mostrar que J-R serviu ao Senhor. Eu só queria colocar o J-R lá fora, tão honestamente quanto pudesse. Então, a parte secundária era torná-la artística e legal. Houve uma vez que um dos editores não pensou que eu me importaria, então, ele editou uma citação de J-R. Quando pedi a ele para reproduzir o original, pude ver que a citação fora alterada, para fazer sentido no filme, mas isso também mudou o significado. Aquilo me recordou a maneira como os ensinamentos de Jesus foram alterados na Bíblia. Voltamos para a citação original. Era muito importante permanecer o mais verdadeiro possível para J-R.

Eu não sentia que precisava estar na defensiva de qualquer coisa. Eu queria revelar tudo. E gostaria que outras organizações espirituais fizessem documentários, como esse sobre si, para que pudéssemos saber mais sobre elas. Muitas pessoas vieram a mim e disseram: —Eu não sabia disso sobre J-R. E eles eram cônjuges de pessoas no Movimento. Eles diziam: —Posso ver J-R completamente agora. Antes o via através dos olhos de minha esposa. Agora entendi. Valeu a pena por isso. J-R colocou energia no filme e você simplesmente entendeu. Ele viu isso em 05 de julho de 2013 e disse que a energia estava nele e que o Cristo está trabalhando com isso.

Eu adoraria levar o crédito por tudo isso, mas não posso. Eu sou apenas o motorista do ônibus. Foi J-R quem abriu a porta, todos simplesmente participaram do cerne. A produtora oficial Zoe era uma trabalhadora imortal. E Laurie Lerner, a amiga produtora, sempre apareceu quando eu precisava de algo.

DS: Mudaram coisas em sua percepção de J-R ao fazer o filme?

JG: Ele é (autoexplicativo), ele é intenso. Eu o conheci por 26 anos, mas muito disso foi depois que ele deu as chaves para John. E ainda era uma escola difícil. Mas, eu posso imaginar o que deve ter sido quando ele tinha 30 anos. Quando eu me mudei com ele, eu realmente tive que aprender a mudar, mas naquela época eu aposto que teve que se mover duas vezes mais rápido ou você ficaria para trás. Ao fazer o filme, vi como ele seguia claramente uma direção interior.

Eu sou amigo de J-R, o cara engraçado. Aqui em Mandeville estamos com o J-R que está apenas se mantendo e essa era a pessoa com quem cresci. Mas, quando ele está dando palestras, esse é o outro J-R. E eu amo todas as pessoas do *staff* que vieram e foram embora. Eles são como estrelas do rock. E as mulheres que estavam por perto nos anos 1970 e 1980 – eu pensava, graças a Deus, eu não as conhecia, então, teria me apaixonado por elas e me casado. Fiquei chocado com quem casou com quem. Fico, sobretudo, chocado com o quanto J-R fez. Por sinal, em um bom dia em Arrowhead, durante PATs, você literalmente se apaixona por todos. Um amor superior. Acho que é uma música.

Amo os primeiros dias, a época *hippie*, quando todos dormiam no chão, trabalhavam duro, quando havia incêndios e alagamentos

Mais sobre Fazer os Filmes

em Mandeville, todos se juntando para ajudar J-R. Aprendi que essas pessoas seguiam a J-R por causa do amor. É disso que tudo isso se trata.

Essa foi a maior lição para mim – você sempre volta para o amor. Cheguei à conclusão de que J-R é quem ele diz que é ou todos estão loucos – porque ele afetou todas essas pessoas. Talvez, ele pudesse ter lavado o cérebro de algumas pessoas – mas, todas aquelas pessoas tinham as mesmas experiências internas. Entrevistei, provavelmente, 100 pessoas. As ondas e os efeitos que J-R teve nessas pessoas foram incríveis. Eu não captei isso quando estava aqui em Mandeville com J-R. Mas, então, quando entrevistei todas essas pessoas, fiquei tocado com a forma como J-R as tocou. Eu pude ver todas as formas em que ele as tocou em particular – não apenas através de seminários – mas, ele segurou a mão de todos que passaram por sua vida. Fiquei emocionado em como aquelas pessoas foram tocadas. As entrevistas levavam em média cerca de 20 a 40 minutos e foram como mini-seminários dentro de mim. Eu entrevistei Steve Ferrick pouco antes de morrer e quando a entrevista terminou, ele disse: –Bem, J-R, minhas malas estão prontas. Isso realmente assusta: entrevistar alguém que sabe que ele está indo e que sabe que está indo com o Viajante.

DS: Você mudou no processo de fazer o filme?

JG: Acredito que me tornei mais impecável. Tornei-me implacável em fazer o filme o melhor que esse poderia ser e em estar conectado com minha visão interna. Com esse foco, acho que algumas vezes fiquei insensível. Quando você está com J-R, se aprende a assumir mais e mais e podemos esquecer que outros podem ser sensíveis e não um "pele grossa", como eu. Assim, estou aprendendo a ser mais delicado com as pessoas. Mas, já aprendi que existe um gigante em meu interior e esse é meu ser verdadeiro, essa parte que J-R ajudou a crescer. E ela cresceu por escutar internamente e por permanecer na verdade. Parte do teste para as pessoas no Movimento e para qualquer outro, é quando nos lançam para fora do caminho, se lutamos a luta, ou se completamos sem magoar ninguém. Eu simplesmente deixava que soubessem: "hei, nós vamos terminar esse filme". As pessoas me diziam que era impossível, eu as respondia com as possibilidades, que eu via nos níveis superiores. Algumas vezes, parecia que as liderava porque tentava explicar algo que via em espírito. Mas, quando meu ser inferior (mental, causal, astral) aparecia, eu sucumbia em dúvidas e no medo que existem nesses níveis. Mas, então, voltava aos meus exercícios espirituais ou ia dormir e viajar. Pela manhã confirmava com J-R, se ainda estava na trilha e ele dizia sim com a cabeça. E aquilo era tudo que eu precisava. Eu falava para a *gang* o que iríamos fazer e, então, deixava a sala e dizia: –Oh, Meu Deus! O que vamos fazer? Mas, era meu trabalho, não deles. Meu trabalho era implorar para J-R e dizer: –Por favor, você precisa fazer algo. Acho que mordi mais do que posso mastigar. Então, ele me ajudava a ver as coisas passando pela mente direto ao espírito. Aprendi que é o Espírito que faz as coisas e é importante articular o Espírito na mente para o pessoal e, ao mesmo tempo, me manter em minha integridade. Como diria J-R: –Ter a coragem de seguir com a verdade, como você a conhece, com uma resposta sincera com cuidado e consideração com outros.

Tínhamos bastante tempo e bastante tempo para os desastres. E, no final, conseguimos mixar o filme na Warner Bros, com Danetracks e Dane Davis, que fizeram o *design* de som para *The Matrix*. Foram pessoas que não estão no Movimento e que amam a JR ou que lhe conheceram e que gostavam do que ele tinha a dizer. Enquanto mixávamos o filme, podíamos ver como os seminários do J-R faziam aquelas pessoas pensar. Alguns eram crentes, alguns eram ateus ... não importava. No meio do trabalho, discutíamos sobre filosofia e espiritualidade. Então, trabalhar com J-R ou fazer um filme com J-R é sempre divertido, mesmo que eu estivesse trabalhando muito. Descobri que não era sobre o que pensávamos, mas sobre como nos reunimos e criamos, era a fusão e a sinergia.

Mais sobre Fazer os Filmes

Foi uma demonstração de "quando dois ou mais estão reunidos lá, ele está".

Foi difícil, mas valeu a pena, quando vimos o resultado na projeção do filme em 05 de julho. Quando vi o auditório cheio com J-R lá, toda dor foi embora. Então, o que eu tirei de fazer esse filme foi uma linha de alta velocidade, com alta largura de banda, na minha conexão com a força e o conhecimento do que é claro e não claro dentro de mim. Às vezes, isso atrita as pessoas porque não faria o filme até que J-R dissesse que eu podia fazer o filme.

Então isso nos traz para o agora. Muitas pessoas querem esse filme em DVD, assim, estamos trabalhando no *Blu-Ray*. J-R disse que éramos como Johnny Appleseed, apenas plantando sementes para disponibilizar os ensinamentos. Se eu pudesse continuar fazendo filmes sobre J-R, eu adoraria. Apresentaremos o filme no festival de cinema em Mar Del Plata, na Argentina.

Estamos mostrando a versão de horas, quero entrevistar mais pessoas e ter mais em *Blu-Ray*. Não quero mudar o filme, mas quero adicionar bônus ao DVD.

Você simplesmente não sabe quem vai captar J-R. Então, estamos conseguindo legendas em muitos idiomas para que as pessoas possam ver o filme em todo o mundo – polonês, japonês, chinês, farsi, hebraico, russo, espanhol, francês, árabe, búlgaro. Algumas pessoas de Abu Dhabi vieram à projeção em Londres. Eles não entenderam todo o idioma, mas captaram J-R. Então, agora estamos fazendo legendas em árabe. Conheço pessoas de diferentes culturas, envie-lhes o filme e perguntei o que eles pensavam. Conheci essas mulheres chinesas no Four Seasons, em Londres, pedi que olhassem o filme e, se podiam verificar se as legendas em chinês eram boas. Elas, provavelmente, pensaram que eu era louco, mas elas acabaram amando.

E quero fazer mais projeções. Fazemos a Maratona J-R, passamos o filme e estamos completamente mergulhados em J-R. Quero fazer projeções em São Francisco e na América do Sul.

DS: O que espera para o filme?

JG: Eu abandonei a ideia de tentar ganhar dinheiro com o filme. Se esse fosse o objetivo, eu seria demitido, e, felizmente, J-R não exigia isso. J-R me disse que às vezes o filme é para aquela pessoa, naquele momento. Havia um homem em Londres que viajou de ônibus da Escócia para ver o filme. Ele entrou no ônibus, logo que terminou para voltar para Edimburgo. Pensei: o filme foi para aquele cara. Ele estava muito mergulhado no filme, quando ele saiu, disse que valera a pena a viagem. Dentro, eu era como "siimmmm!!!" É para isso que se fez o filme. Espero que possamos tocar pessoas assim. Nós podemos estar cansados aqui na Califórnia porque temos muito dessa coisa. Mas, você pode mostrar isso a alguém que está com sede e eles seguem com: –Oh, meu Deus!

As pessoas aqui dizem: –Já fiz Insight, obrigado! E que tal se fizesse de novo? Às vezes, precisa sair de sua zona de conforto. Mostrei o filme a um cara famoso, amigo da Oprah, e ele disse: –J-R me deu as respostas para o livro que estou escrevendo, obrigado. Isso é tudo que precisamos escutar. Não preciso que ele se junte ao MSIA. É sobre isso que J-R era – qual chave podemos dar a essa pessoa que faça com que ela saia e mude ou mude o mundo?

Quando olho para trás, às vezes, fico surpreendido sobre como muitas camadas e níveis esse filme trabalha, o que é comunicado à audiência e como trabalhar com ele me moldou.

Homem: *Você gosta de dormir assistindo televisão?*

J-R: *Não. Realmente, não, porque eu tenho a tendência de incorporar o que estou vendo na TV nos meus sonhos. Isso me assusta. E ... Zeus, você sabe, o que aconteceu nesse dia, ele vai ... Eu vou ouvi-lo amanhã, dizer: – Ontem à noite eu tive um sonho genial! E ele vai me contar e eu vou perguntar a ele: – Havia nele isto ou aquilo. E ele vai responder: – Sim. E eu vou dizer: – Isso aconteceu no filme. – Sim. Mas realmente foi ótimo.*

- JOHN-ROGER, D.C.E.
(TREINAMENTO DE PAT, 1991).

"Ter uma atitude neutra não significa que não se preocupe com você ou com os outros. Você pode ser amoroso e carinhoso e permanecer neutro. A neutralidade surge quando você tem uma perspectiva mais elevada, de onde se aprecie um panorama total e se entenda que o bem maior pode manifestar-se de várias maneiras que, à primeira vista, podem não parecer positivas e elevadas".

– JOHN-ROGER, D.C.E.
(DO LIVRO CUMPRINDO SUA PROMESSA ESPIRITUAL)

CAPÍTULO 34

O que o Espírito Quer, o Espírito Consegue (ou as Coisas Podem Ficar Realmente Tensas)

Viver com um guerreiro espiritual é como ter Deus brilhando sua luz sobre você e não pode seguir errado. É semelhante a receber o trabalho de cuidar de uma criança: você está no modo proteção. Não é um trabalho difícil estar no estado de consciência de proteção e em alerta máximo de consciência, é disso que se trata. Precisa cuidar do que fala e faz. Sempre estar atento. Você está mais no estado de defensiva com relação a outros. Você está apenas cuidando da criança, o que provavelmente é o que Deus faz conosco.

Criar o filme *Guerreiro Espiritual* foi como isso para mim também. O filme era como meu bebê. Cuidei dele, o que requeria muita responsabilidade.

Durante a pré-produção do filme, J-R e eu fomos convidados para um jantar na casa de Katherine e Frank Price, com Jan Shepherd, em um evento anual. Como a maioria dos jantares privados de J-R, eu também estava presente como "a mosca na parede", Frank estava envolvido em testar o DNA para preencher sua árvore genealógica. Ele ofereceu para testar o DNA de J-R e o meu, coletando saliva, colocando num frasco para ser levado a um laboratório em Oxford, no Reino Unido. Depois de umas semanas Katherine nos liga deixando uma mensagem de que J-R e eu tínhamos origens no período de Gilgamesh. Fiz meu dever de casa e aprendi que ele era um rei guerreiro, estampado em estátuas e pinturas segurando um leão pela cauda. Então, J-R me disse que Gilgamesh fora um Viajante. Superlegal! Foi por isso que nomeei nosso LLC depois de Gilgamesh.

Gerenciar dinheiro era parte de minhas responsabilidades e, às vezes, as coisas não seguiam da forma como eu queria, assim aprendi da forma mais difícil, que se algumas vezes, as coisas não seguem da minha maneira é porque não estou vendo a maneira perfeita que o Espírito colocou bem na minha cara.

Trouxe isso para casa quando filmava uma cena na qual eu queria retratar a Alma. Eu me perguntei como poderíamos representar a Alma visualmente, além de um fantasma flutuante, que não teria qualidade emocional.

A cena era muito semelhante a uma cena no filme *Contato*, no qual Jodie Foster está olhando seu pai e se reconciliando (o que na verdade era dentro dela). Em nossa cena, decidira que a forma como retrataríamos a Alma era usando um bebê. E eu reconciliaria coisas com essa criança, o que para mim era como a figura do Cristo ou de mim mesmo. A intenção era fazer isso de tal forma que o amor entre eu e o bebê emanasse da tela e a plateia pudesse ser tocada e abençoada com isso. O bebê parecia estar bem e, mecanicamente, fizemos tudo o que precisávamos fazer. Mas não achava que a magia estava lá.

Nós terminamos e os pais levaram seu bebê para casa. Então, cerca de meia hora depois de sairmos, descobrimos que a câmara falhara e a cena em que passamos duas horas trabalhando não foi registrada. Estávamos com um pepino.

Imediatamente, localizamos outro bebê e a mãe nos trouxe a criança. Mas aquele bebê não queria ter nada a ver comigo. Estava

Lo que el Espíritu Quiere, el Espíritu Obtiene

chorando e agitado. Eu vi um desastre se aproximando à minha frente.

Perdido sobre o que fazer a seguir, basicamente, eu me ajoelhei para meu professor, J-R, e pedi ajuda. Eu disse a ele que isso era apenas louco e não sabia como conseguir o que eu queria fazer acontecer. Com apenas uma pausa, J-R me disse que o Espírito não queria fazer o que eu queria fazer, que queria fazer o que Ele queria fazer. J-R me aconselhou a descobrir o que o Espírito queria fazer.

Perguntei o que o Espírito queria fazer e disse a J-R que, seja lá o que fosse, eu faria.

Acontece que eu convidara meu amigo Michael Hayes e seu filho Danny para o *set* naquele dia. Danny tinha oito anos e era seu aniversário. Ele é um garoto muito amoroso. Eles chegaram no tempo em que conversava com J-R e Danny veio correndo e me abraçou. Ele estava apenas voando alto.

J-R assistiu a tudo isso e, enquanto Danny estava me abraçando, J-R perguntou o porquê de eu não usar Danny. Naquele momento, percebi que Danny estava fazendo exatamente o que eu precisava: ele estava mostrando amor. Entendi!

O diretor viu aquilo e nos perguntou se podíamos filmar com aquela mesma autenticidade, eu não sabia se podíamos fazer isso, assim, oferecemos a Danny um presente de aniversário se ele pudesse fazer de novo. E ele fez tudo perfeitamente. Os presentes continuaram a chegar.

Aprendi essa lição, de fazer o que Espírito quer, não o que eu quero; com frequência, o Espírito apresentará o que quer de forma bem espontânea e natural. Isso não significou desistir da minha vida ou algo assim. Foi apenas uma demonstração de como cooperar com o Espírito, que me deu muito mais do que o que eu esperava.

Em retrospectiva, lembro-me das incontáveis vezes quando algo apareceu e J-R seguia com as coisas, independentemente, de ser o que ele tinha tido em mente ou não. Que ótima lição!

Voz: *Pode tocar em Jesus?*

J-R: *Sim, você pode tocar em Zeus, ele gosta (risos). E nós somos uma das poucas organizações que tem dois Jesus nela. Você conhece aquele que viaja comigo e é meu palhaço pessoal e um que está na sede da Igreja, que cuida de todo o dinheiro. Provavelmente, não podemos estar em melhores mãos".*

– John-Roger, DCE
(P&R, Igreja Unitária, Santa Bárbara, 1991)

CAPÍTULO 35

Técnicas para Seguir pela Vida

Ao trabalhar com J-R, me mostraram muitas técnicas que realmente me ajudaram a superar os tempos difíceis – ou às vezes que não foram tão desafiantes, mas adicionaram um pouco de suco ao dia. Estou compartilhando algumas delas aqui com você. Todas elas são parte dos ensinamentos da escola de mistérios, pelo que sei.

DIÁRIOS

Para mim, escrever no diário e orar se tornaram atividades centrais em minha vida. Não sei quantos diários preenchi, mas posso dizer que em um momento precisei queimar alguns e jogar fora outros. Acredito que alguns deles tinham muito karma escrito e precisava rompê-los. Acho que não existe uma forma especial de escrever em diários, apenas se escreve o que se acha importante.

ORAR

Recordo incontáveis momentos em que orei para receber mensagens. Muitas vezes, funcionou e eu consegui o que esperava aprender. Comecei a fazer seguimento e observei que meus pedidos se preenchiam entre 6 e 12 meses. Por exemplo, decidia que queria trabalhar em algo como ator. Então, eu orava, tinha um sonho que estava naquela situação. Então, entre 6 e 12 meses, aquilo acontecia.

FAZER SEGUIMENTO

Uma das coisas mais valiosas do Programa de Doutorado em Ciências Espirituais, que coloquei em lugar muito profundo em meu interior, era a prática de fazer seguimento das coisas que queria prestar atenção em minha vida. Por exemplo, quantas horas de sono, quanto de água bebera ou áreas importantes em que estava gastando meu tempo. Observei que o que pensava que estava fazendo, não combinava com a realidade do que estava fazendo ao fazer o seguimento. Escrever as coisas é uma forma que as pessoas podem provar para si mesmas o que fizeram porque a memória é silenciosa, fraca e muitas vezes não combina com a realidade da vida.

Quando tento empurrar em minha consciência as experiências que tive – que é outra forma de Deus falando comigo – vejo que se não as escrevo e faço seguimento, pode ficar muito vago se as coisas aconteceram ou não. Além disso, fazer seguimento é uma boa forma de comparar o que penso que lembro e o que fiz de seguimento naquele momento.

ESCRITURA LIVRE

Encontrei que a escritura livre funcionou muito bem para mim, ao viver com um guerreiro espiritual. Vi que era de especial ajuda quando sofria, tinha raiva, ou quando trabalhava com algo que estava me fervendo por dentro. E algumas vezes, é muito bom fazer escritura livre, antes que algo se construa, é muito bom romper as coisas pela semente.

Em vez de descrever o processo aqui, vou indicar o livro de J-R *Guerreiro Espiritual, a Arte de Viver Espiritualmente*, ou em um dos três volumes do *Cumprindo Sua Promessa Espiritual*. Em ambos os livros, encontrará uma explicação profunda sobre o processo. Você também pode conseguir a informação em CD ou MP3, em um dos conjuntos oferecidos pelo MSIA, chamado *Vivendo em Graça*. O *Guerreiro Espiritual* também está disponível para baixar como *audiobook*, no Audible.com

SEMEAR

É um processo no qual você pode energizar a visão do que quer, plantando uma "semente" para isso com Deus, com sua fonte. A semente é plantada e fertilizada com uma doação para aquilo que considere ser a fonte de seus ensinamentos espirituais. Para mim, claro, é J-R.

Você pega uma quantidade de dinheiro que acha que é certo – pode ser 10 centavos, pode ser 100 reais ou mais. E pede ao Senhor para enviar aquilo para você se for o Bem Maior. Você pode semear por um carro. Se quiser semear por um carro de 90 mil reais, internamente pode semear 90 ou 900 reais – ou 50 reais por isso. Assim, de tempos em tempos, eu semeava para um grande filme de sucesso, uma maravilhosa carreira, *etc*. Na verdade, semear me abriu a oportunidade de trabalhar com Mel Gibson em um filme e Arnold Schwarzenegger em outro.

Semear funcionou me trazendo muitas coisas. Mas, ao longo do caminho, aprendi que funciona melhor se pedir para seu Bem Maior. Perdi muito tempo semeando para coisas como, estar no filme com Richard Gere e Julia Roberts. Mas, com esses, eu não estava bem pedindo a Deus para me dar um filme que fosse bom para mim, estava pedindo pelo o que eu queria; não para o Bem Maior.

De fato, quando aprendi a entregar a Deus, posso em verdade dizer, não poderia ter desenhado minha carreira melhor do que Deus fez. Deus me deu bons papéis, com grandes atores e estrelas. Foi inacreditável, a quantidade de trabalho que consegui quando realmente soltei. O quadro de Deus era melhor do que o quadro em minha imaginação.

Ao ver isso foi que percebi que me limitava em meu pensamento. Foi quando percebi que somos todos limitados. Mas, quando toquei a fonte para Deus e construí algo, ou atuei em algo, ou criei com o Divino me observando, eu superei minha mente limitada, minhas emoções limitadas e me expandi.

Onde eu amo viver é fora da caixa, acho que é onde os gênios estão, acredito que todos os gênios estão conectados com o divino e a fonte criativa ainda que reconheçam isso ou não.

Você pode aprender mais sobre detalhes de semear na página do MSIA (www.msia.org/seeding-in-msia).

TRABALHANDO COM SONHOS

Tive muitas experiências em sonhos. Amo sonhar. John-Roger encoraja enfaticamente as pessoas a anotar e fazer seguimento de seus sonhos e de suas experiências nos exercícios espirituais (ex'es). Isso nos dá um mecanismo de *feedback* externo e pode tornar as experiências mais tangíveis.

Essa ideia se entranhou mais em mim quando fiz o programa PTS, Doutor em Ciências Espirituais (DCE).

No princípio dos anos 1980, antes de mudar para casa de J-R, escrevia coisas mais relacionadas aos meus cursos de ator e meus processos que estavam em meu diário. Assim que me mudei para casa de J-R, escrever e fazer seguimento era minha segunda natureza. Era fácil transferir o hábito de escrever para atuar, para tomar notas de meus sonhos e exercícios espirituais, isso fazia deles algo mais real e fortalecia minha habilidade de fazer seguimento.

CONSEGUINDO NEUTRALIDADE

Como ator, aprendi uma espécie de forma taoísta de trabalhar que se aplica a muitas coisas no mundo. Observei que as coisas que perseguia se afastavam de mim e, quando eu parecia desinteressado e desapegado, as coisas vinham a mim.

O trabalho de um ator é conseguir trabalho e realmente ir atrás. Esse foi um jogo que eventualmente parei de jogar. O que funcionou foi fingir que eu não queria. Talvez, uma forma melhor de dizer isso era que precisava liberar meu apego para conseguir aquele papel em particular. Eu, na verdade, precisava ser neutro ou aquilo poderia me matar.

Era a mesma coisa com os encontros, quando eu queria de verdade uma namorada, não conseguia um encontro. Mas, quando estava cuidando de mim completamente e mergulhado no que estava fazendo, apareciam oportunidades de relacionamento com as garotas. Elas estavam interessadas em mim. Mas, tentando ser interessante e tentando conseguir uma garota, ou um trabalho como ator, isso simplesmente não funcionava. Nos cursos para ator aprendi: "esteja interessado, não tente ser interessante". O Tao ou na "Zona" é onde me foco no momento. J-R me ensinou a usar o Tao de muitas formas. A capacidade de querer, não de perseguir.

Para mim esse era o caso em quase tudo que queria na vida. Quando buscava, se fosse para que tivesse, eu teria. Portanto, pressionar para ter, não fazia muito. Era mais o negócio de me perguntar o porquê eu queria aquelas coisas, ficar claro para mim que as queria, então, relaxar e permitir que elas chegassem.

Não era apenas sobre o "sonho americano": posso dizer com certeza essas coisas em nossa cultura que de vez em quando idealizamos, não são para o Bem Maior. Segue uma afirmação que constantemente digo para mim: "Quero viver minha vida e conseguir as coisas que sempre quis".

Viver minha vida e alcançar as coisas que sempre quis, não excluem umas das outras. Mas, preciso colocar muita energia nas coisas, senão estaria me enganando. Criar uma família, uma carreira e todas essas coisas que as pessoas querem na vida, requer uma grande quantidade de energia. É impossível dar 100% para cada uma dessas coisas. Assim, observei que é preciso escolher o que realmente se quer e colocar sua energia e seu foco nisso.

O Amor de Um Mestre

Existem muitas outras técnicas que aprendi com J-R e você as pode encontrar nos seus escritos e seminários no MSIA. Website www.msia.org.

"*O amor próprio, meu senhor, não é um pecado tão vil, como autonegligente*".

– WILLIAM SHAKESPEARE (*HENRIQUE V*)

John-Roger: *Quando ensinava a Zeus como cavalgar e ele não fazia o que eu queria, eu pegava as rédeas e o açoitava. Está cavalgando Zeus?*

Zeus: *Sim*

J-R*: Ensinei Ginger? Virgínia? Ensinei, certo Jack? Quem mais me viu? Connemara me viu. Ele é um cavaleiro melhor agora do que era? Você é um cavaleiro melhor agora do que era então?*

Zeus: *Sim, muito melhor.*

J-R: *A chicotada lhe ajudou?*

Zeus: *Sim. Acho que chicoteou o ego para fora daqui.*

J-R: *Não ele. Ele é um bom cavaleiro. Mas ele pensou que ele estava em um filme que não estávamos filmando.*

– John-Roger, DCE
(Seminário PAT, Casa da Igreja)

CAPÍTULO 36

Escola e Escolas de Mistério

Eu abandonara a escola. Assim quando fui viver e trabalhar com J-R, ele me encorajou, e não fora encorajado antes, a conseguir meu GED (Exame de Desenvolvimento de Educação Geral), como uma forma de completar. Resolvi seguir seu conselho e estou muito feliz porque o fiz.

Estudei para os exames e, na verdade, tirei melhores notas do que na época de minha escola de 2º grau porque em minha adolescência estava meio perdido. Certamente, não me motivava estudar coisas que não pareciam relevantes para mim, naquela época. Assim, quando voltei à escola de 2º grau depois de ganhar experiência de vida, achei que o material era mais significativo. Eu me comprometi e no teste fui bem.

Mas voltando àquela época, deixei a escola de 2º grau e fui atuar. Naquele ponto, podia não estar na escola de 2º grau, mas era definitivamente um estudante. As aulas de representação me desafiavam de maneira diferente do que a escola de 2º grau, essas aulas não eram como passear no parque.

Hoje tenho 53 anos. Tive uma carreira de ator, representando em mais de 51 filmes – muitos deles de grande porte. Eu também dirigi três filmes com John-Roger. Apesar disso tudo, em algum momento, eu tomei consciência da razão de vir a Terra nessa época em particular, nessa dispensação, para mim foi para participar nas escolas de mistérios e para conhecer o mestre da Corrente do Som, John-Roger, voltar ao coração de Deus e servir.

Durante o Programa de Mestrado em Ciência Espiritual (MCE) dos Seminários Teológicos para Paz & Universidade de Filosofia (PTS), percebi que estava fazendo isso. Eventualmente, me graduei no Programa de Doutorado em Ciência Espiritual (DCE). Enquanto recebia meu certificado de conclusão por viver nos princípios espirituais – o que era uma experiência maravilhosa – também me encontrei vivendo com um guerreiro espiritual, o que foi uma experiência profunda. De fato, meu tratado pessoal, os papéis finais do programa de doutorado, tem como título *Vivendo com um Guerreiro Espiritual: Uma Visão de Viver com J-R e Meu Guerreiro Espiritual Interno*. Também me graduei na Universidade Santa Mônica (USM) e recebi meu certificado de conclusão, outro degrau de minha busca para consciência do eu e do Eu. Isso de conseguir educação, foi algo que J-R sempre me encorajou a fazer.

Nunca frequentei uma escola regular e, na verdade, não vejo muito uso para essas graduações. Sei que são significativos para algumas pessoas e não quero minimizar seu valor. Mas, com frequência, vi pessoas com graduação que não podiam fazer o que o certificado indicava. Assim, inscrevi na ideia de John-Roger do "certificado do fazer". Então, eu admiro as pessoas por sua habilidade de completar, não por ter um pedaço de papel.

Para mim, fui graduado no que as pessoas chamam de escola das cabeçadas. Eu prefiro pensar como escola da vida ou, melhor ainda, a escola de John-Roger.

Observei que no Programa de Doutorado em Ciência Espiritual e no Mestrado em Psicologia Espiritual da USM, você não consegue o certificado, até que possa demonstrar que pode fazer o que diz que pode. Quando algo aparecia em minha vida, John-Roger, com frequência, me perguntava se queria a informação ou a experiência. De certa forma, a informação é boa para o intelecto, mas você pode ser persuadido por muitos diferentes pontos de vista baseados em informação.

Mas, não se pode discutir sua experiência, ela não pode ser negada. Se continuar me dizendo que se for para cozinha preparar algo, posso me queimar, eu tenho a informação, mas posso não saber a implicação disso. Se estiver cozinhando e me queimar uma vez, eu compreenderei completamente seu aviso e não farei de novo. Não importa o que me diga, não pode tirar de ter sido queimado, ou de fazer isso intencionalmente de novo.

Inteligência espiritual também é experimental. É chamada de Sabedoria. Trabalhar com J-R é puro aprendizado por experiência.

"A disposição de fazer dá a capacidade de fazer e por Deus, essa é a verdade, mas você não pode fingir. A disposição de sair e limpar o esterco dos estábulos, então, eles perguntaram ontem à noite: –Quantos querem fazer os estábulos? Talvez, fosse a noite anterior. Zeus levantou a mão e disse: –Eu quero fazer isso.
E alguns outros como, Jim e uma garota, que estava ali, disseram: –Eu quero fazer. Eles saíram e se divertiram. E isso foi o que eu ouvi – alguém disse: –Com todo esse esterco de cavalo, só pode ter um pônei em algum lugar. Eles concluíram e adivinhem quem quer ser escolhido para fazer de novo? Os mesmos. Por que?
Porque eles se divertiram com isso".

– JOHN-ROGER, DCE
(TREINAMENTO PAT, EM WINDERMERE).

CAPÍTULO 37

Sobre Relacionamentos & Amar

Quando pesquisava este livro e escutava incontáveis horas de seminário, percebi quão irritante poderia ser. Especialmente, enquanto gravava J-R porque sempre o incomodava em tentar fazer com que ele me dissesse coisas que queria saber das quais ele não queria falar. Apesar do muito irritante que eu poderia ser, para mim, a mensagem final de J-R sempre foi amor. O amor transcende tudo e com isso você obtém a transcendência da Alma.

Mais ou menos, no último mês de vida de J-R, experimentei intenso amor por ele. Eu me encontrei perguntando o porquê de não amar outra pessoa como amava J-R. Acabei aprendendo que o amor por J-R era espiritual e um dos meus trabalhos era aprender a encontrar formas de experimentar esse nível de amor com cada um. Era como se colocasse J-R ao redor de cada pessoa que conhecia para ter um relacionamento com ela.

Quero muito trabalhar o compartilhar de meu amor. A maior parte do tempo é fácil compartilhar meu amor com minha noiva, Nicole. Mas, enquanto observava J-R fazer isso, aprendia a ser amoroso com qualquer um e com cada um. É uma forma pura de amor – nada romântico ou sexual. É tão puro que concede instantaneamente liberdade ao receptor. Claro, que o corpo físico mal representa isso. Mas, para parafrasear a J-R, se alguém perguntasse

O Amor de Um Mestre

o que Zeus estava fazendo, era sempre preciso responder que ele estava trabalhando em seus maus hábitos.

Escutava a um seminário de J-R outro dia e ele mencionou um poema de um homem chamado Abou Ben Adhem, que J-R disse ter sido um Viajante e comentou que esse poema era seu favorito.

Abou Ben Adhem (oxalá sua tribo se incremente!)
Despertou uma noite, de um profundo sonho de paz,
E viu a Luz da lua em seu quarto,
E enriquecendo isso, era como um lírio florescendo,
Um anjo escrevia em um livro de ouro.

Essa grande paz, impulsionou a Ben Adhem a ser audaz,
E para presença no quarto ele perguntou: –O que escreves?
A visão levantou sua cabeça e com a visão
cheia dos mais suaves acordes,
Respondeu: –O nome daqueles que amam ao Senhor.

–E o meu é um desses? Disse Abou.
Não, não é, respondeu o anjo.
Abou falou mais baixo, mas sem perder o ânimo,
disse: –Te rogo então isso,
Escreve-me como alguém que ama a seus semelhantes.

O anjo escreveu e se desvaneceu. Na noite seguinte,
Ele veio com uma grande Luz de despertar,
E mostrou os nomes dos abençoados pelo amor a Deus,
E vejam o nome de Ben Adhem encabeçava a todos.

Tenho que dizer que esse poema também descreve J-R

"*Mas, teu eterno verão, jamais se extingue,*
Nem perde o frescor que só tu possuis;
Nem a Morte virá arrastar-te sob a sombra,
Quando os versos te elevarem à eternidade:
Enquanto a humanidade puder respirar e ver,
Viverá meu canto e ele te fará viver."

– WILLIAM SHAKESPEARE (SONETO 18 - DEVO COMPARAR-TE A UM DIA DE VERÃO?)

"Fui criado por prostitutas e ladrões e aprendi a amar".

CAPÍTULO 38

Na Vida, Todas as Coisas Boas Chegam a um Final

Experimentei dois mundos com J-R.
 Em um víamos os seminários antigos juntos e sentíamos a alegria do amor e a majestade do Espírito. Aquilo era mesmo interessante porque eu o via usando uma gravata ou um relógio no vídeo e isso me levava de volta àqueles momentos em que, após o seminário, estaríamos dirigindo por horas, enquanto J-R trabalhava para limpar-se de todo o lixo que ele recolhera durante o seminário.

Com frequência, íamos a muito práticos, durante a noite, para que trabalhassem com ele nos níveis energéticos. J-R me disse uma vez que um Viajante não poderia curar a si mesmo. Eles precisavam ir a alguém que identificassem e verbalizassem o problema. J-R um dia disse: –Lembre-se que se puder nomear algo terá domínio sobre isso. Mas como Viajante, quando algo o afetava, ele não tinha permissão para nomeá-lo. Ele precisava de alguém fora de si mesmo, refletindo de volta a condição que estava presente nele. Uma vez identificado isso, então J-R podia trabalhar com isso para clarificar.

Esse "captar coisas" era a razão de J-R sempre ter o *staff* ao redor dele. Eles poderiam atuar como um amortecedor, assim se algo vinha sobre ele e pudéssemos pegar isso. Depois, ele podia nos clarificar, porque ele poderia não ser capaz de clarificar a si mesmo. Assim, J-R sempre estava clarificando o elo mais fraco no *staff*.

Em outro mundo, o que estava presente, o corpo de J-R estava se preparando para a transição. Com frequência, checava com J-R para me certificar de que ele estava bem para continuar até que as rodas caíssem. Ele sempre dizia "claro", assim fazíamos. E seguimos até as rodas caírem.

Mas, até que isso acontecesse, havia muitas noites longas e difíceis de tentar curar e ajudar J-R. Teríamos que pedir ajuda a Michael Hayes ou ao Dr. Ed. Wagner.

Esse padrão de dias bons e dias ruins parecia ser o último estágio de treinamento do pessoal e meu para que nos tornássemos fortes guerreiros espirituais. As qualidades de resignação e perseverança estavam sendo fortalecidas e testadas. Aqueles foram tempos difíceis, mas cheios de amor por J-R.

Claro, você sabe o resto.

Para mim, tudo o que posso dizer é, Deus te abençoe, J-R! Tem sido uma cavalgada infernal.

"Energia e persistência conquista qualquer coisa".

– Benjamim Franklin

*Você precisa ir para "si mesmo",
para descobrir a essência de Deus.
Os exercícios espirituais lhe levam a si mesmo.
Eles começam a descascar as camadas, às vezes, bem
gradualmente e outras vezes em um lindo esfregão.*

– JOHN-ROGER
(CUMPRINDO SUA PROMESSA ESPIRITUAL VOL II)

Epílogo

J-R, com frequência, dizia que verificaria as coisas por um período de dois anos antes de poder entendê-las. O mais interessante é observarmos os dois anos de aniversário de J-R passar e para ser honesto sinto como se emergisse de um longo túnel escuro.

Sei agora conscientemente que vim aqui para me conectar com J-R, conseguir a iniciação na Corrente de Som e voltar para casa no coração de Deus.

Aos 16 anos, no bairro de Coconut Grove em Miami, Flórida, eu tocava violão e cantava para os céus desejando saber o que era o amor verdadeiro. Ao longo do tempo, procurando e buscando meu novo caminho espiritual, muitas vezes me achava agonizante em completo desespero por não saber o que estava por vir. Embora, não soubesse disso na época, estava rezando para encontrar meu professor, para encontrar John-Roger. Décadas mais tarde, voltaria a Coconut Grove com J-R, enquanto eu estava no *staff* fazendo o trabalho do Viajante. Lembro-me de olhar pela cidade a partir da varanda de um hotel, apreciando aquela conexão depois de tantos anos e sintonizando as colunas da Luz, que JR deixara para trás não muito longe dali, na casa de Rama Fox, quando organizou seminários do lar nos anos 1970. Senti que chegara a um círculo completo e a minha oração tinha sido respondida. E hoje, eu continuo esse trabalho no melhor de minha capacidade.

O Amor de Um Mestre

Graduei, recentemente, na Universidade de Santa Mônica, num curso de dois anos em Psicologia Espiritual. Meu projeto de 2º ano foi este livro, *O Amor de um Mestre*, que acabo de completar. Fiz disso o meu ministério pessoal para começar a viajar e compartilhar o que eu chamo de J-R Maratona: oito seminários J-R, de uma hora, seguidos pelo filme *Viajante Místico*, que é o documentário da vida e dos momentos de J-R. Eu também estou desfrutando das conexões internas que tenho com J-R durante minhas sessões de Aconselhamento Espiritual com outros. Fazer isso está no meu coração e é minha bênção. Acho que J-R me acompanha do meu lado direito, através de todas essas atividades e em todos esses lugares. Estou descobrindo que as pessoas querem exibir os filmes *O Guia* e *Guerreiro Espiritual*. Como Joseph Campbell diz: "siga as suas bênçãos e as portas se abrirão".

Após a passagem de John-Roger, comecei a notar muitas experiências espirituais que alterariam minha consciência. Eu me encontrei consciente das muitas camadas nos reinos multidimensionais dos níveis astral, causal, mental, etéreo, da alma e acima. E fiquei, particularmente, consciente das armadilhas nos reinos mental e causal quando sofria no luto. Acho que não existe realmente nada a relatar, exceto que contar essa história foi uma maneira muito terapêutica de objetivá-la para que assim eu pudesse olhar para isso e me reconhecer.

Como um amigo me disse uma vez, eu precisava chorar minhas lágrimas. Estou ciente dos diferentes níveis de consciência no qual o sofrimento estava acontecendo. Essa foi uma experiência interessante que me permitiu verificar constantemente, enquanto John-Roger fisicamente não estava aqui, o fato é que ele está dentro. Agora estou tendo essas experiências. J-R sempre disse que o aprendizado experiencial é a chave e estou aprendendo com minhas experiências.

Nutri essas experiências com J-R enquanto ele estava vivo, cuidando dele, fazendo os filmes e trabalhando com ele. Agora estou

Epílogo

percebendo que tudo foi para me fortalecer para quando fosse o tempo dele deixar o corpo. Vi ele fazer isso e ele fez isso com estilo, graça e facilidade. Mas, por 26 anos, vi J-R sair e entrar de volta. Aquelas foram experiências que vi.

A chave é o Cristo. J-R demonstrou o amor mais puro que já vi ou já experimentei em minha vida. Estou muito claro internamente que nunca superarei sua morte. Eu não acredito que seja verdade que uma pessoa necessite superar a perda de um ente querido. É preciso entrar e estar dentro disso. O tempo cura a parte emocional até certo ponto. Mas, a realidade é que falta algo. É como aquelas séries em que alguém perde um braço ou uma perna e, às vezes, sentem a sombra do membro "fantasma".

Sinto J-R constantemente ao meu redor, mesmo no físico, e quero me inclinar e fazer uma pergunta ou pegar o telefone e ligar para ele. Acho que o problema é que não estou com pressa de perder essa conexão – na verdade, agora acho que há algo lindo no sofrimento.

Faz dois anos e experimentei o Bhandara, a celebração da passagem de J-R, em 22 de outubro às 2h49 da manhã. Depois de dois anos, essas são as coisas reveladas à minha consciência. Realmente, a perda de J-R fisicamente foi um catalisador para eu seguir em frente e continuar seu trabalho. Se eu pudesse desejar alguma coisa, gostaria que você, ao ler este livro, se sinta inspirado a procurar se conectar à Corrente do Som e voltar para o coração de Deus para servir seus irmãos e irmãs.

Mas, em última instância, nada mudou por dentro. A conexão, a sabedoria espiritual e o talento que aprendi com J-R estão melhores do que nunca.

Percebi que ele deixou conosco o segredo que foi o que Jesus disse. "Os milagres de Jesus não eram realmente milagres no sentido não poderem ser repetidos". Ele disse: "Aquele que em mim crê, também fará as obras que eu faço; e obras ainda maiores que estas ele fará, porque eu vou para o Pai" (João, 14:12). Jesus prometeu isso para nós. Ele nos fez herdeiros de seu reino de Luz – não os mundos da ilusão, mas os reinos puros do Espírito. "Cada um de nós herdará o trono, se seguirmos a Luz e o caminho da Luz, que é o Espírito Santo" (John-Roger, no *Cumprindo Sua Promessa Espiritual*).

J-R, você está mais vivo que nunca dentro de mim. Eu te amo. "Para onde dois ou três estão reunidos em meu nome, eu estou no meio deles" (Bíblia, versão King James, Mateus, 18:20).

Isso é realmente o que ficou no final, J-R deixou seu amor ... o amor de um Mestre. E continuarei seu trabalho de compartilhar o amor comigo mesmo e com os outros. Podemos realmente fazer o que J-R fez e ainda mais porque J-R foi ao Pai.

– Jesus Garcia, DCE.
22 de outubro de 2016
Los Angeles, Califórnia.

Posfácio

Escrevi este artigo poucos meses após o manuscrito do livro estar completo. Eu queria compartilhá-lo aqui porque envolve algumas das minhas experiências não cobertas no livro.

SEGUINDO OS PASSOS DE UM MESTRE
Maratona J-R e a exibição do Viajante Místico na Europa, 2017.

Passei por um intenso período de aflição depois que John-Roger morreu. Não havia nenhum manual que pudesse me preparar para isso. O dilema para mim foi como permanecer naquela energia que experimentara com ele por 26 anos. Mas, J-R deixou muito para trás, seja nas pessoas ou nos lugares que visitou enquanto estava no planeta. Ele plantou colunas de Luz por toda parte. Ele disse que somos todos os condutores da energia divina, então, eu me acendi pela mesma energia que J-R deixou por esses lugares.

A maior parte de minha vida estive viajando ao lado de J-R e com nossa equipe, entrando e saindo dos aeroportos. Então, assim que sigo para um aeroporto, toco essa energia e volto ao fluxo espiritual que experimentei com J-R, quando me liguei a ele em 1988, ele me disse que se ficasse com ele tempo suficiente, ele mudaria meu DNA. Quando visito esses países onde J-R viajou, volto fazendo o trabalho do *staff* e isso libera algo dentro de mim, no meu corpo físico e também nos níveis acima. Eu toco na transformação que ele criou em mim no meu DNA.

Minha ordenação e todas as minhas iniciações, exceto uma, ocorreram na estrada – Síria, Inglaterra, Rússia, Lake Tahoe e Las Vegas (que J-R adorou). Então, agora estou viajando pelo mundo, conhecendo outros iniciados e ministros, fazendo aconselhamento e mostrando o filme *Viajante Místico* e os Seminários de J-R. Eu viajei com meu próprio centavo para países distantes, onde o *staff* não conseguiu ir, para iniciar pessoas que, de outra forma, teriam que esperar muito para sua iniciação. Essas pessoas estavam muito agradecidas pela oportunidade.

Minha mais recente viagem foi para a Inglaterra, Bulgária e Suíça. Estar na estrada novamente revigorou meu relacionamento com J-R e plantei colunas de Luz para reforçar as que colocamos há muitos anos atrás. Não se trata apenas de chegar a um aeroporto, a um táxi, *etc*. É como andar onde Jesus andou quando estávamos em Israel. Estar seguindo os passos de um Mestre.

Por muitos anos, sonhei que voava em um avião que não conseguia pousar. Com frequência tenho esses sonhos antes de viajar. Quando eu perguntava a J-R, ele costumava dizer que eu viajava na alma. Sempre amei viajar tanto no Espírito como fisicamente e estou aprendendo a confiar que o físico pagará por si mesmo. Em maio de 2017, vou começar um passeio pela América Central e do Sul. Comemorando o aniversário de J-R com os Seminários J-R de um dia e exibindo o filme *Viajante Místico*, em 24 de setembro, no novo local da livraria Jornada Mística, em Venice (Califórnia), onde J-R fez noite de autógrafos e vou apresentar o meu novo livro, *O Amor de um Mestre*.

Minha última viagem à Europa começou por Londres, onde tive 10 dias para me preparar para a Maratona J-R e a exibição do filme *Viajante Místico*. Nathalie Franks e Andrew John Clark foram líderes servidores maravilhosos. Fui capaz de agilizar o processo de apresentar o filme, comprei um lindo projetor e agora era capaz

Posfácio

de apresentar os vídeos mesmo em uma sala sem equipamentos. Obrigado J-R. Pude ficar um par de dias na casa de ministros e depois no Airbnb e, assim a viagem saiu barata.

Em 11 de fevereiro de 2017, aproximadamente 27 pessoas apareceram para Maratona J-R, com dez horas de Seminários de J-R e o filme *Viajante Místico*, no hotel Columbia, onde J-R e John fazem seminários desde os anos 1980. Usei o cartão de meu celular para criar um ponto e assim baixar os vídeos para o Facebook ao vivo e onde quer que viaje. Superlegal!

Londres foi um lugar para eu realmente ser criativo e curar. Eu me encontrei reestruturando e reescrevendo muitas das memórias de J-R. Tornou-se mais sobre encontrar a energia sutil que ele deixara para trás nesse planeta através de colunas de Luz. Tentei ir onde ele foi para me recarregar e alinhar com o que J-R deixara ali para nós. Quando percebi isso, percebi que estava passando melhor e isso ultrapassou muita tristeza. Senti como se tivesse um espaço para respirar.

Eu tive muitos sonhos nos quais choro e acordo chorando nesse mundo físico. Lembro-me de J-R dizendo: –É melhor limpar o karma lá no Espírito do que aqui embaixo. Foi ótimo correr para as pessoas e conversar sobre como conheceram J-R. Novas pessoas vieram e foi uma experiência de "quando dois ou mais estão reunidos em meu nome, eu também estou". Senti a energia de J-R lá. Lembrei então da afirmação: "Você também pode fazer o que eu faço e ainda maior porque vou ao Pai". J-R foi ao Pai. Estou vivendo minha cena ideal para ser capaz de entrar em contato com a energia e depois, transmiti-la a outras pessoas.

A Bulgária era um território inexplorado para mim. John esteve lá muitas vezes e eu escutara que J-R viajou por lá entre 1986 e 1987. Mais uma vez eu pensei: "Aqui estou na energia, seguindo não as memórias, mas caminhando através das colunas de Luz e da energia que J-R deixou aqui".

Hristina, Theodora e outros ministros do MSIA me cumprimentaram e começamos com uma reunião de ministros. Algumas dessas pessoas nunca conheceram J-R e, no entanto, elas carregavam sua energia. Para alguém como eu que teve o benefício de tantos contatos físicos com J-R, isso lhe coloca em seu lugar para encontrar pessoas como essas.

Quando mostramos o filme *Viajante Místico*, participaram 80 pessoas. Elas bateram palmas, riram e amaram; alguns estavam chorando. O caminho tinha sido preparado. Muitos deles fizeram Insight e descobri que um líder da Grande Fraternidade Branca, o **Mestre Beinsa Douno**, morava na Bulgária. Eu tenho legendas embutidas no filme *Viajante Místico* para que esse possa ser exibido em todo o mundo e uma das línguas é a búlgara.

Então fui para Thessaloníki, na Grécia, dirigindo quatro horas e de volta para iniciar alguém que esperava pacientemente que um iniciador chegasse a essa parte do país. Eu realmente amei isso. Pensei que estaria disposto a gastar todo o dinheiro do mundo para poder ajudar alguém a se conectar a J-R, John e a Corrente de Som; e me chegaram os pensamentos de como sentiria se eu estivesse longe de Los Angeles e todos os iniciados e organizações do MSIA, e algum cara americano percorresse todo aquele caminho para se conectar com outro ente querido, outra alma para os Viajantes e Deus. Isso me faz pensar que esse é o meu ministério e isso não mudou muito desde que J-R estava vivo.

Fui da Bulgária para Suíça e uma vez mais o mesmo tema de seguir a energia que J-R deixara para trás. Foi para nós como mergulhar e ativar o Condutor de energia divina em nosso interior no mundo e nos conectar uns com os outros.

Tivemos um lindo seminário com ministros e amigos na área de Neuchâtel, Suíça. Veronica Sandoz e amigos, junto com muitos amigos do ministro do MSIA, Robert Waterman, compartilharam o amor por John-Roger na estreia suíça do filme *Viajante Místico*. Enquanto a Suíça é uma combinação de alemão, italiano e francês,

Posfácio

Neuchâtel é muita francesa e extremamente linda. Pela graça e através de amigos, Nicole e eu ganhamos uma viagem de trem ao redor daquele país magnífico.

Enquanto fazíamos tudo isso, eu estava tendo maciços *flashbacks*, lembranças de estar lá com J-R, com John e família. Então, depois J-R e eu cobrindo o mesmo terreno. Em 1997, J-R estava tentando fazer com que eu soubesse como ver templos etéreos que estavam na área. Eu fui ao hotel onde ficamos em Zermatt para almoçar com nossos amigos. Havia um céu claro e nuvens que rodeavam as montanhas, me lembrei de que J-R dizia que os óvnis, às vezes, se escondiam atrás das nuvens e que os templos etéreos estavam bem nos picos das montanhas. Ele me ensinara a olhar obliquamente, não diretamente, para ver outras dimensões. Se olhar diretamente o perde. Parecia que J-R estava na viagem, então, chamamos a viagem de "O Tour do Templo Etéreo". Nós estávamos nos divertindo com isso porque não tínhamos participantes físicos – somente nós e, talvez, alguns amigos invisíveis. Foi fantástico e um lindo presente para terminar nossa viagem.

Não importa para onde vamos. De volta aos dias em que estávamos na estrada com J-R por seis meses do ano. Quando dois ou mais são reunidos, especialmente ministros e iniciados, "Ele" está dentro de mim. Esperando para subir a bordo de um avião, significa que vamos trabalhar e J-R e o Espírito estão comigo. O trabalho está em toda parte. Eu só quero agradecer a todos pelo apoio e muito obrigado, John-Roger, pelo apoio interno que continua aumentando.

Obrigado!

*Se apresentando em uma posição de aceitação,
você segue para Luz. A medida que a Luz entra
em sua vida, ela pode lhe modificar.
A Luz pode lhe elevar e purificar.
Ainda não vi nada
que não possa ser feito através da Luz.*

– JOHN-ROGER
(CUMPRINDO SUA PROMESSA ESPIRITUAL VOL II)

APÊNDICE A
Recursos

Nesta seção, eu apresento alguns recursos que achei particularmente valiosos no meu aprendizado e crescimento durante os anos em que vivi com J-R e além.

John-Roger Filmes

Viajante Místico (documentário)
O Guia (longa-metragem)
Guerreiro Espiritual (longa-metragem)

John-Roger Livros

J-R escreveu muitos livros ao longo da vida. Eu não acho que exista nenhum ruim nesse grupo, mas aqui está uma lista dos que eu mais gosto:

Passagem ao Espírito
O Livro do Caminho de Saída
Quando Você Volta para Casa? (coautor com Pauli Sanderson)
Cumprindo sua Promessa Espiritual
Guerreiro Espiritual: A Arte de Viver Espiritualmente
Sexo, Espírito e Você
Relacionamentos: Amor, Casamento e Espírito

Viagem nos Sonhos
Pelo Resto de Sua Vida (coautor com Paul Kaye)

Livros de John-Roger no Audible.com
Guerreiro Espiritual: A Arte de Viver Espiritualmente
Mundos Internos da Meditação
O Livro do Caminho de Saída
Vivendo os Princípios Espirituais de Saúde e Bem-Estar
Promessa Espiritual
O Evangelho de São João: Herança Espiritual do Homem/A Promessa Espiritual

Seminário de John-Roger

Ao longo dos anos, J-R apresentou, literalmente, milhares de seminários. Esses são alguns dos meus favoritos, com os números de ordem da loja *online* do MSIA:

Passagens aos Reinos do Espírito (novembro, 1981) – 7037
Você Está Experimentando sua Prosperidade? (agosto, 1980) – 3411
A Maldição Abençoada (junho, 1983) – 8210
Apoderamento Autêntico – 7426
Radiação Nuclear do Ponto Zero – 7061
Jornada para o Oriente – Egito e Israel – 3924
O Caminho de Saída – 7051
O Fio Dourado da Divindade – 7466
Rompendo os Laços que Limitam – 7277
Centrando para Encontrar a Alma – 7918
Duvidando do Cristo Sempre Presente – 7196
O Humor é o Bálsamo para o Karma – 8132
Curando a Ferida – 7292
Cristo Ressuscitou – 7389
Contribuições com J-R no Alasca – 8207
Inteligência vs. Intelectualismo – 2144

Recursos

Para mais informações visite: www.msia.org/store

Websites de Interesse

www.soultranscendence.com
www.mysticaltraveler.com
www.SpiritualWarriors.com
www.john-roger.org
www.msia.org
www.pts.org
www.jsugarcia.com
www.mysticaltraveler.com

"Se você for amado, ame e seja adorável."

– BENJAMIN FRANKLIN

APÊNDICE B
Os 12 Sinais do Viajante

O primeiro sinal é que o Viajante vive como um cidadão comum e corrente. Tudo bem, vive como um cidadão comum e corrente. Qualquer "estilo de vida" de um homem comum também pode ser o do Viajante. Ele vive uma vida comum, não uma vida elevada ou inferior. A ordinariedade é a condição antes de Deus. Quando você se torna comum e deixa de se considerar como único ou separado, você flui com o Espírito, tal como está presente e se torna um com ele e, portanto, com Deus.

O segundo sinal é que os Viajantes não fazem nada para se distinguir das pessoas entre as quais vivem; alguns e, vou dizer o termo líderes religiosos, colocam batas de cor bege, togas de cor de açafrão, turbantes brancos, todo tipo de parafernália para se separar e se colocarem longe das pessoas com as quais são unos.
Isso equivale a se mudar para uma comunidade completamente nova com todas as pessoas que ama e, logo, se colocar em um monte com uma casa e uma bandeira, passando a cuidar do monte da bandeira para ser singular e estar afastado das pessoas que ama e adora e com as quais você quer estar. E isso não tem sentido, se você estabelece sua bandeira de separação, você se torna um líder de mastro de bandeiras, não um líder amoroso com as pessoas.

Há momentos razoáveis em que os líderes devem ser separados dos outros, assim como há momentos razoáveis em que todos devem estar separados uns dos outros. Há momentos razoáveis em sua vida quando você deve levar um tempo para você, longe das distrações dos outros – tempo de orar, meditar, descansar e se revitalizar. Estou falando sobre a atitude de "eu sou especial, único e maior que você". Esse tipo de separação não é parte da expressão do Viajante.

O terceiro sinal é que ele nunca separa seus iniciados, ou no grupo um do outro, ou permite um sistema de castas para evolução. Isso delineia o que já está presente, é como dizer: "ela está naquela cadeira e ele está na cadeira lá". Isso é apenas identificar escolhas que já foram feitas; não é fazer essas escolhas. O Viajante nunca dividirá seu povo encorajando roupas separadas, chapelaria, habitação, ornamentos ou outros métodos de separação. O Viajante incentiva a experiência da unidade em todas as formas.

O quarto sinal é que o Viajante não se esconde em uma floresta, uma montanha, ou em uma caverna. Será que alguém que se separou e meditou em uma área remota por muitos anos se tornou um viajante mais tarde? Claro, se ele sair da caverna e descer para "batalhar" pelas Almas das pessoas, para compartilhar seu amor e para se colocar na linha de frente para a salvação de suas Almas. O "campo de batalha" para a Alma é onde o poder negativo é mais presente e isso está nos campos de desejo emocional, decisão mental e ganho financeiro. Nesses níveis, o poder negativo fica no trono. O Viajante vem diretamente nesse campo de esforço para demonstrar como o poder positivo pode prevalecer no meio da negatividade.

O quinto sinal do Viajante é que ele não está interessado em fundar religiões ou organizar seitas. Seu trabalho com pessoas atravessa toda a humanidade, independente da raça, credo, cor, situação, circunstância ou ambiente. Seu trabalho engloba toda a humanidade.

O sexto sinal do Viajante é que ele não promete riqueza ou sucesso mundano. Eu não sei quantas vezes eu disse às pessoas: −Não te prometo nada no mundo físico e quando se trata do mundo espiritual, não há necessidade de prometer porque está se cumprindo todo o tempo. Prometer o mundo espiritual para você é como prometer que pode respirar. Está acontecendo. Está em andamento. Você está participando disso agora. Não há necessidade de prometer o que já está presente. Algumas pessoas tentam manipular o Espírito para trazer-lhes riqueza ou poder na manifestação mundana. Eles vão para psíquicos, usam placas ouija ou fazem perguntas de pêndulos na tentativa de "obter uma vantagem" no jogo da vida. Às vezes, eles tentam canalizar os mestres ascencionados, pedindo informações. O problema é que o mestre ascendido não está lá para dizer se a informação é certa ou errada, então, a pessoa consegue manipular as informações e assim manipular outras pessoas que dependem da informação. E se eles começam a encaminhar informações contraditórias do mestre, há confusão adicional. A orientação interna dada pelo Viajante nunca irá contradizer os ensinamentos exteriores do Viajante. Existe uma unidade entre o Viajante interior e o Viajante externo que impede a contradição. Algumas pessoas tentam manipular o mundo em torno delas pela aquisição de encantos espirituais, amuletos, medalhões e assim por diante. O Viajante nunca dará nenhum desses dispositivos como meio para ganhar o sucesso mundial. Coisas como cruzes, estrelas de David, pingentes Hu, alfinetes e corações de cristal podem ser usados para refletir de volta a você a natureza de Deus. Assim, tais lembretes podem ter valor para você se as usa de forma valiosa. Eles não são magnetizados ou carregados para serem usados para qualquer tipo de controle, viagem, adivinhação ou qualquer coisa paranormal.

O sétimo sinal do Viajante é que ele não chama espíritos mortos ou pratica qualquer forma de coisas ocultas. Chamar espíritos mortos pode parecer com o entrar em um estado de transe e chamar um espírito para falar através de você. O Viajante não pratica esse tipo de coisa. O Viajante está ciente de que quando uma Alma se afasta desse mundo físico, sua experiência aqui acabou e que ela foi para outro lugar para continuar sua experiência em outro nível. Tentar trazer uma Alma de volta para este nível pode causar atraso espiritual. Não é uma ação amorosa ou espiritualmente clara.

O oitavo sinal do Viajante é que ele é espiritualmente perfeito e pode prolongar a perfeição espiritual aos seus iniciados, conectando-os à Palavra de Deus, que purifica e traz a perfeição para eles. Isso não é feito no nível físico porque nada pode ser perfeito nesse nível físico, exceto a mudança. A Palavra de Deus produz perfeitamente uma mudança, que se reflete interiormente na forma espiritual, não externamente na forma física que se une em torno da forma espiritual. A forma física nunca será perfeita e porque não é perfeita, está sempre em estado de mudança. Assim que você nasce, já tem doença da morte em você. Por seu nascimento no mundo físico, você estabeleceu suas limitações e contratou o final dessa forma. O que é perfeito, o Espírito e a Alma, não terminam com a morte física. A perfeição é infinita. A bagagem imperfeita ligada à Alma sofre o processo de purificação através da iniciação na Corrente do Som. Não é diferente de tirar a pérola de um molusco. Você só precisa abri-lo, chegar lá e pegar a pérola. É essa "pérola de excelente preço" com a qual lidamos. Eu ouço que os teólogos às vezes se referem à Alma como "aleijada". Isso é apenas um absurdo. Não há Alma que esteja paralisada. Todas as almas são perfeitas. Qualquer um que diga o contrário não viu a Alma.

O nono sinal do Viajante é que ele vem como um doador não como um "tomador". Ele dá a própria essência da vida. Ele dá incentivo e apoio. Ele dá a semente do despertar da fé e da esperança, mas, ao mesmo tempo, que ele dá essas qualidades, ele as destrói porque a experiência da realidade é a base que você deve defender. Se você ficar em qualquer outra qualidade, cairá. Se só tem esperança e fé sem realidade, em algum momento, ficará desanimado e dirá: "aonde eu vou com toda essa fé e esperança? O que está fazendo por mim?" É como se alguém continuamente lhe dissesse que o cheque está no correio, mas nunca chega a você. Você tem fé e espera que você o receba, mas nunca acontece. Em algum momento, você começa a se perguntar o que está acontecendo. Quando você entra no carro, se dirige à casa da pessoa, pega o cheque, se dirige para o banco e deposita o cheque, então, você tem a realidade da experiência.

O décimo sinal do Viajante é que ele vem para dissipar a superstição, dissipo muitas superstições pelo ridículo. As pessoas me dizem o que estão fazendo e eu digo: –Por que você faria isso? Eles dizem: –Porque espero que isso aconteça. Eu respondo: –Você quer dizer que seguirá o A esperando conseguir o L? Espera que duas paralelas se interceptem? Não vão. Sabe que não vão. O que você está promovendo é superstição. Se você tem dois eventos que estão conectados e você muda um para afetar o outro, essa pode ser uma abordagem válida. Mas, se tem dois eventos que não estão conectados e você muda um na esperança de afetar o outro, você está com problemas. Costumava jogar basquetebol com um amigo e ele era melhor que eu, no entanto, era supersticioso. Ele precisava estar em uma determinada parte da quadra para fazer "cesta". Era fácil cuidar dele. Se pudesse fazer com que se movesse daquele "ponto", centímetro a centímetro, o tirava do jogo. Ele tinha outra superstição, ele precisava driblar duas vezes antes de lançar. Então, tudo que eu precisava fazer era contar, ele driblava um e eu tocava na bola tirando das mãos dele. Conversei com ele de como eu podia ler seus padrões. E ele me disse: –Mas se não driblo duas vezes, ela não entra. E ele estabelecera aquilo tão firmemente em sua consciência que parecia ser assim. Aquilo era realidade ou superstição? Superstição. Não existe uma conexão entre número de vezes que você dribla uma bola e acertar a cesta. Simplesmente não estão juntos. Mas, estavam para ele. Eventualmente, eu fiz a vida dele tão infeliz na quadra que o forcei a aprender a variar suas jogadas. Ele precisava aprender a lançar de outros pontos. E ele precisava aprender a variar o número de dribles antes de lançar. Se você tem filhos e os observa começando a criar superstições, fale com eles sobre isso. Se permitir que continuem – o que se inicia como um padrão inofensivo – pode se tornar uma compulsão e guiar a uma obsessão. Esses padrões podem se fechar no subconsciente e no inconsciente e criar um bloqueio ao progresso espiritual. Uma vez que essas coisas se alojem, pode levar muito trabalho para mudar.

O décimo primeiro sinal do Viajante é que ele não faz milagres para exibição pública. Ele pode fazer isso para o avanço espiritual de um iniciado. Os iniciados experimentam milagres todo o tempo porque eles vivem os milagres, ao invés de esperar por um. A princípio, os iniciados e neófitos podem procurar pelos fenômenos dos milagres, ainda que eu saiba que existem pequenos milagres cotidianos no momento perfeito. Eu também recomendo fortemente que se livrem de todas as superstições e vivam suas vidas plenamente. Quando eles fazem isso o tempo automaticamente se torna perfeito. E, assim, não precisam manipular o mundo deles, eles podem se dirigir a uma loja, esperar na frente e ter um carro saindo, abrindo uma vaga. É como se alguém estivesse guardando aquela vaga para eles. Eles não precisam se sentar e criar em suas mentes ou tentar encontrar alguma outra forma de fazer isso, apenas acontecerá. Esse é o fenômeno da sintonia espiritual.

As pessoas dizem que Deus está mais perto que sua próxima respiração. Certo! Ele é a próxima respiração. E você nem precisa esperar pela próxima. Deus está completamente presente, não está apenas no futuro, ou apenas no passado, Ele está no presente. Quando você vive no momento, está vivendo no tempo de Deus. Se você faz ginásticas mentais, está vivendo à frente de si mesmo e distorcerá o momento. O momento é muito melhor, se você se mover com o fluxo do tempo que o Espírito já trouxe para você. E quanto a planejar? Você pode planejar – no agora. Como se faz isso? Você não pode estar no presente e planejar o que virá em sua mente no mesmo momento porque duas coisas não podem ocupar o mesmo espaço ao mesmo tempo. Mas, você pode mudar o foco de sua atenção rapidamente, pode olhar para uma coisa, pensar em outra coisa, ou manter a atenção nas três, movendo sua atenção de uma para outra tão rapidamente que parece ser um contínuo, mas essas são ações separadas. À medida que você desenvolve sua mente, poderá manter mais coisas em movimento, que parecem acontecer ao mesmo tempo. Tem pessoas que jogam xadrez com quinze ou vinte pessoas ao mesmo tempo. Eles simplesmente caminham ao longo das mesas, movendo as peças, depois dão a meia volta e fazem o mesmo, mantendo os movimentos. Mas, como essas coisas são feitas na mente, não é bem a coisa de planejar à frente, mas, o estar no agora. Algumas pessoas têm essa consciência desde a forma espiritual, em vez da forma mental, desse modo, eles podem planejar à frente e ainda estar no agora. Essas pessoas nem pensam, elas apenas se tornam o jogo. Elas conhecem todo o processo e todos os movimentos antes de serem feitos. Mas, se movimentam pelo jogo em um processo do agora. Eles não fazem um movimento antes do tempo, mesmo que vejam que está chegando. Entendem isso? Você não precisa fazer nada antes do momento que tenha que fazer. Algumas vezes, você pensa que tem, mas não tem. Você sempre pode esperar até que o momento empurre a ação sobre você. Quando o momento certo aparece, não poderá negar a ação. Antes do tempo, poderá pensar que certa ação será necessária, mas ela pode mudar antes que o momento se apresente.

O Amor de Um Mestre

O décimo segundo sinal do Viajante é que ele depende exclusivamente da Palavra de Deus – não a Palavra de Deus, tal como esta é impressa em um pedaço de papel ou escrita em um livro, mas da Palavra de Deus que é dada internamente. O Viajante dá o nome de Deus a seus iniciados, para que eles possam fazer como ele. Com isso, estamos todos na mesma fila, comemos da mesma mesa e vivemos do mesmo amor. Não existe mais separação, tristeza, terror ou mágoas porque estamos todos juntos. Nenhum homem é uma ilha, homem algum fica sozinho. A alegria de cada homem é alegria para mim. E cada tristeza do homem, é minha e eu não suporto a expressão de sofrimento em meus iniciados. O sofrimento é quase sempre uma resposta baseada em uma falsa expectativa. Algumas pessoas que seguem certos ensinamentos religiosos falam sobre sofrimento e a tristeza que experimentam pela "perda" de Jesus, o Cristo. Isso não tem sentido. Como Deus e a consciência do Salvador estão verdadeiramente presentes, não existe espaço para sofrimentos e tristezas. Existe apenas alegria e abundância, sem importar o que estiver acontecendo. A ilusão da "perda" não mantém seu poder, quando o Espírito está presente em nosso coração. Sempre existe alegria na presença do Senhor. E a presença do Senhor não é uma de vez em quando, ela é constante, contínua, momento a momento da realidade. Quando você se foca no Senhor, encontra que Ele está presente com você. Ele nunca se afasta de você, você apenas se distraiu com outros níveis.

Quando você foca no Senhor, vem para conhecê-Lo. Quando conhece o Senhor, você pode amá-Lo. As chaves para conhecer e amar ao Senhor estão em seu interior. Essas coisas não podem ser ensinadas, você precisa despertar para elas. Quando você conhece Deus, conhece o Viajante porque ele se torna um emissário ou um agente do Deus supremo. Não existe separação. O Viajante vem para lhe assistir no despertar consciente para o Senhor. Enquanto você agrega a fortaleza da consciência ao conhecimento intuitivo e amor, poderá se mover mais profunda e elevadamente, na consciência dos reinos espirituais. E uma vez mais meus amigos, permitam-me enfatizar que conhecerão ao Viajante, ao viver o amor que está presente em toda humanidade. Jesus, o Cristo, disse isso dessa forma: "Por essas coisas todos os homens saberão que vocês são meus discípulos, pois vocês amam uns aos outros" (João, 14:34). Um professor é aquele que vive a qualidade do amor. Existe apenas o professor ou o Guia agora.

Vocês são sofisticados e podem seguir para Deus diretamente. Deus é amor vivente e você precisa ser o mesmo amor vivente para alcançá-Lo. Deus é tão grande que para explorar todos os níveis de Deus se requer tal compromisso amoroso com o tempo, que não sobrará tempo para escolher pessoas, caluniar ou se deprimir. Você só tem um tempo – eternidade. Tudo está presente em seu interior. Deus preparou uma mesa farta para você. Deus colocou Almas engenhosas aqui. Estamos além das escrituras. Maomé completou as escrituras, Bahá'u'lláh completou as escrituras. E tudo que se precisa fazer é amar. Deus mora entre as pessoas escolhidas. Deus mora no coração. Deus é maior que o coração. Deus é tudo, não uma parte. Ame Deus com todo seu coração. Ame a si mesmo com a mesma devoção. Ame tudo que vem a você, como ama a Deus. Mas, pratique encontrar o amor em seu interior antes de procurar fora. Com amor nada é impossível. Com amor, você pode ultrapassar todas as coisas. Pode ultrapassar seus medos, inseguranças, distúrbios, tudo. Através da consciência Crística, que é sua herança, você nasce de novo e ressuscita em Espírito.

Buda disse: "Sou a Luz da Ásia", Cristo disse: "Eu sou a Luz do mundo", o Viajante disse: "Eu sou a Luz de todos os universos". Isso não é uma promessa espiritual. É uma realidade. Está presente agora, como todos os santos, salvadores e mestres de todos os tempos. Você respira o mesmo ar que Bahá'u'lláh, Maomé, Jesus, Salomão, Davi, Moisés, José, Abrahão e todos os outros que respiraram. Quando se sintoniza com o Cristo, você se sintoniza de volta à herança de toda linhagem de energia e poder. O Amor e a

Luz deles vêm diretamente através de você e a única maneira que você tem de manifestar isso é pelo amor. Amar é a glória de Deus manifestada. À medida que você se torna um em consciência com a linha espiritual de autoridade, experimentará tanta alegria e paz, como nunca imaginou.

(Extrato de John-Roger, DCE, *O Caminho para Maestria*).

"Gênio sem educação é como prata na mina".

– BENJAMIN FRANKLIN

*Quando você descobre
que a fonte de sua felicidade e regozijo
está em seu interior,
você também encontra a Paz.*

– JOHN-ROGER
(AMANDO CADA DIA PARA PACIFICADORES)

APÊNDICE C

Glossário de Termos

*M*uitos dos seguintes termos foram usados em *Amor de um Mestre*, outras frases, não mencionadas especificamente, foram incluídas como referências comuns por John-Roger ou usadas, frequentemente, dentro da comunidade MSIA. A maioria dessas definições é extraída do conjunto de três livros, *Cumprindo Sua Promessa Espiritual*, por John-Roger, DCE. Outros termos definidos são retirados de *Gemas Espirituais*, pelo Grande Mestre Hazur Baba Sawan Singh.

Afirmações – é uma declaração positiva que se repete para si mesmo a fim de gerar uma mentalidade elevada e resultados positivos.

Alma – a extensão de Deus individualizado no interior de cada ser humano. O elemento básico da existência humana, sempre conectado a Deus. O Cristo Interno, o Deus interior.

Ani-Hu – um canto ou um tom usado no MSIA. "HU" é um nome antigo de Deus em sânscrito e "ANI" agrega a qualidade de empatia e unidade. Veja também *Exercícios Espirituais* e *Tom*.

Aura – o campo de energia eletromagnética que rodeia o corpo humano. Tem cor e movimento.

Baruch Bashan – palavra hebraica que significa "as bênçãos já foram dadas". As bênçãos do Espírito existem no aqui e agora.

Bem-Amado – a Alma, o Deus Interior.

Chakra da Coroa – é o centro psíquico no topo da cabeça

Consciência da Alma – um positivo estado de ser. Uma vez que a pessoa está estabilizada na consciência da Alma, ela já não precisa estar limitada ou influenciada pelos reinos inferiores da Luz.

Consciência do Viajante Místico – uma energia da fonte mais elevada da Luz e do Som cuja diretiva espiritual na Terra é despertar as pessoas às consciências da Alma. Essa consciência sempre existe no planeta através de uma forma física.

Consciência do Preceptor – uma energia espiritual de fonte elevada que existe fora da criação. Manifesta-se no plano em uma incorporação física (como, John-Roger) a cada 25.000 a 28.000 anos.

Corrente do Som – energia audível que flui de Deus através de todos os reinos. Energia espiritual na qual a pessoa segue para retornar ao coração de Deus, também conhecido como Shabd ou Shabda. Veja também *Shabd e Exercícios Espirituais*.

Devas – seres não físicos dos reinos dévicos que servem à humanidade cuidando dos elementos da natureza. Eles apoiam a função em si de todas as coisas naturais do planeta.

Diretoria Kármica – um grupo de Mestres Espirituais não físicos que você encontra antes de incorporar e que lhe assistem a planejar a sua jornada espiritual na Terra. O Viajante Místico tem uma função nesse grupo.

Glossário de Termos

Dissertações – ver *Dissertações para Consciência da Alma*.

Dissertações da Consciência da Alma - livretos que alunos no MSIA leem mensalmente como parte de seu estudo espiritual, apenas para uso individual e pessoal. Eles são uma parte importante dos ensinamentos do Viajante no nível físico.

Dízimo – prática espiritual de dar os 10% dos incrementos para Deus ou à fonte dos ensinamentos espirituais.

Doutor em Ciências Espirituais – (DCE) Programa de Graduação dos Seminários Teológicos para Paz & Universidade de Filosofia.

Escola de Mistérios – escolas em espírito, onde os iniciados recebem treinamento e instrução. Iniciados à Consciência Viajante estudam nas escolas de mistérios que estão sob os auspícios do Viajante Místico.

Espelho Cósmico – o espelho no topo do vazio ou no topo do Reino Etéreo, logo abaixo do Reino da Alma. Tudo que não foi clarificado nos níveis físico, astral, causal e mental é projetado no espelho cósmico.

Espírito – também conhecido como Espírito Santo; a essência da criação infinita e eterna.

Espírito Santo – a energia positiva da Luz e do Som que vem do Deus Supremo. A força de vida que tudo sustenta em toda criação. Com frequência usa a Luz magnética para fazer trabalho nos reinos psíquico-materiais. Só trabalha para o Bem Maior. É a terceira parte da Trindade ou Divindade.

Equilíbrio de Aura – serviço oferecido por membros treinados pelo MSIA que ajuda a equilibrar a aura e dissipa a negatividade usando um pêndulo de vidro.

Exercícios Espirituais (ex'es) – prática ativa da Corrente do Som, a união da Alma com Shabd, praticando a corrente da consciência para escutar o Som internamente, reunindo a mente e a atenção à Corrente do Som ao cantar um tom espiritual como Hu e o Ani Hu ou o Tom Iniciático. Assiste a pessoa a romper as ilusões dos reinos inferiores e, eventualmente, se mover à consciência da Alma. Veja também *Tom Iniciático, Corrente do Som e Shabd*

Ex'es – exercícios espirituais.

Fitas para Consciência da Alma (Séries SAT) – CDs ou MP3s de seminários dados por John-Roger para estudos individuais e privados somente. Eles são uma parte importante dos ensinamentos do Viajante no nível físico.

Fundação John-Roger – uma organização que estabeleceu um dia Global de Integridade no dia 24 de setembro, levando prêmio de Integridade Internacional a luminares, como Madre Teresa, Bispo Desmond Tutu, líder do Solidariedade Lech Walesa, Dr. Jonas Salk e outros, entre 1983 e 1987.

Grande Fraternidade Branca – seres espirituais não físicos que trabalham a serviço para humanidade na linha espiritual do Cristo e do Viajante Místico. Eles podem assistir com clareza espiritual e elevação.

Guerreiro Espiritual – pessoa espiritualmente focada que se expressa com impecável honestidade, usando a "espada da verdade" do coração e vive a vida com saúde, bem-estar, felicidade,

Glossário de Termos

abundância, prosperidade, riquezas, amando, cuidando, compartilhando e tocando a outros. Do seminário de áudio e livro com o mesmo nome.

Hierarquia Espiritual – forças espirituais não físicas que vigiam esse planeta e outros reinos psíquico-materiais.

Hu – um tom ou som, um nome antigo do supremo Deus em sânscrito. Veja também *Exercícios Espirituais* e *Tempo*.

Iniciação – no MSIA, o processo de estar conectado à Corrente do Som de Deus, conhecido como Shabd ou Shabda. Veja também *Tom Iniciático, Shabda, Corrente do Som*.

Instituto para Paz Individual e Mundial – uma organização sem fins lucrativos, formada em 1982, para estudar, identificar e apresentar o processo para guiar para paz.

Karma – é a lei da causa e efeito. Aquilo que você semeia, colherá. É a responsabilidade de cada pessoa por suas ações. A lei que dirige e às vezes domina a existência dos seres físicos. Veja também *Reencarnação e Roda dos 84*.

Labirinto para Consciência da Paz & Jardins (LCP & J) – o nome oficial de PRANA, desde 2002. A propriedade possui um labirinto construído de pedras e jardins para meditação que são abertos ao público. *Ver também PRANA*.

Linhagem de Viajantes – a linhagem de energia espiritual que se estende da Consciência do Viajante Místico, na qual os estudantes do Viajante Místico funcionam.

Luz – a energia do Espírito que permeia todos os reinos de existência. Também se refere como a Luz do Espírito Santo.

Luz Magnética – a Luz de Deus que funciona nos mundos psíquico-materiais. Não tão elevada quanto à Luz do Espírito Santo e nem sempre funciona para o Bem Maior. *Veja também Luz e Espírito Santo.*

Mente Universal – localizado na parte mais elevada do reino etéreo na divisão entre os reinos positivos e negativos. Retira sua energia do mundo mental. A fonte da mente individual.

Mestres Ascencionados – seres espirituais não físicos de elevado desenvolvimento espiritual. Fazem parte da hierarquia espiritual. Eles podem trabalhar em qualquer reino acima do reino físico. Veja também *Hierarquia Espiritual.*

Mestrado em Ciências Espirituais – (MCE) Programa de Graduação dos Seminários Teológicos para Paz & Universidade de Filosofia (PTS).

Mestre Interno – é a expressão interna do Viajante Místico, existindo no interior da consciência das pessoas.

Mestres da Luz – professores espirituais não físicos que trabalham nos reinos psíquico-materiais, assistindo as pessoas em seu progresso espiritual.

Mestre dos Sonhos – um Mestre Espiritual que o Viajante trabalha e que assiste a cada um a equilibrar ações passadas enquanto sonham.

Ministro – uma pessoa do MSIA que foi ordenada no sacerdócio de Melquisedeque. *Ver também Sacerdócio de Melquisedeque/Ordem, Ministro e Ordenação.*

Glossário de Termos

Ministério – foco espiritualmente carregado de servir a si mesmo, a outros, a comunidade e ao mundo, quando ordenado, como ministro no MSIA. Veja também *Sacerdócio de Melquisedeque/Ordem, Ministro e Ordenação*.

Movimento da Senda Interna da Alma (MSIA) – uma organização fundada por John-Roger, cujo maior foco é trazer às pessoas a consciência da Transcendência da Alma.

Nível dos 10% – nível físico da existência que se contrasta com o nível dos 90% da existência de uma pessoa, que está além do reino físico. Veja também *Nível dos 90%*.

Nível dos 90% – é a parte da existência da pessoa que está além do nível físico. É a existência nos reinos astral, causal, mental, etéreo e da Alma. Veja também *nível dos 10%*.

Níveis Externos/Reinos – os reinos astral, causal, mental, etéreo da Alma e acima da Alma. Têm também sua contraparte externa à consciência das pessoas, de uma forma maior. Ver também *Níveis/Reinos*.

Níveis Internos/Reinos – os reinos astral, causal, mental, etéreo e da Alma, existem no interior da consciência das pessoas. Veja também *Níveis Externos/Reinos*.

Oceano de Amor e Misericórdia – outro termo para Espírito no nível da Alma e acima. Veja também *Reino da Alma e Espírito*.

Ofício do Cristo – o Cristo é uma função espiritual, muito parecida à presidência dos Estados Unidos. Muitas pessoas preencheram esse cargo, Jesus, o Cristo, o preencheu mais completamente que qualquer outro. Essa função é uma das mais elevadas nos Reinos da Luz.

O Novo Amanhecer (New Day Herald) – diário do MSIA impresso bimestralmente por muitos anos. Agora só está disponível *online*, exceto para tópicos especiais.

Olho Espiritual – a área no centro da cabeça que vem do centro da fronte. Usado para se ver internamente. Também conhecido como *Terceiro Olho*.

Ordem dos Sacerdotes de Melquisedeque – autoridade espiritual que emana do Cristo que se originou com o Sacerdote do Altíssimo na Bíblia que conheceu Abrahão. É a linha de energia na qual se ordena os ministros do MSIA. Veja também *Ministério, Ordenações*.

Ordenação – uma cerimônia sagrada de ordenação de um novo ministro ao sacerdócio de Melquisedeque carregado para ministrar a todos, independentemente de raça, credo, cor, situação, circunstância ou ambiente. No manual Ministerial do MSIA, John-Roger diz: "Uma vez que uma pessoa é aprovada para ser ordenada ministro, ocorrem dois níveis de ordenação". A primeira preenche a lei, impomos as mãos – e aqueles que mantêm as chaves para Ordem de Melquisedeque comunicam a outra pessoa à linha de energia espiritual eletromagnética. A outra ordenação é o presente do espírito através da Ordem de Melquisedeque, uma Bênção Espiritual. Quase todos os ministros têm as mesmas palavras no início de sua bênção ministerial; então, a Ordem de Melquisedeque se estende e diz e agora o Espírito coloca sua bênção. À MEDIDA QUE CUMPRIR COM SEU MINISTÉRIO ENTÃO O ESPÍRITO LANÇARÁ AS BÊNÇÃOS SOBRE VOCÊ. *Veja também Sacerdócio de Melquisedeque/Ordem, Ministro, Ministério*.

PATs – *ver Treinamentos para Consciência da Paz*

PRANA – tem como acrônimo "Ashram da Rosa Púrpura da Nova Era", residência do grupo e o quartel general do MSIA e PTS, desde 1974, localizado no coração de Los Angeles, próximo ao centro da cidade. A propriedade foi renovada e renomeada Labirinto Consciente para Paz & Jardins, em 2002. Veja também *Psíquico, Mundos Materiais.*

Rancho de Windermere – 142 acres de terras do MSIA nas montanhas Santa Ynez, acima de Santa Bárbara, Califórnia, originalmente estabelecida pelo Instituto para Paz Individual e Mundial.

Reencarnação – incorporação repetida da Alma nos reinos físicos para purificar seus débitos, certos e errados, trazendo equilíbrio e harmonia. Veja também *Karma e Roda dos 84.*

Registros Akáshicos – vastos registros espirituais, no quais as completas experiências de cada Alma são registradas.

Reino Astral – reino psíquico-material acima do reino físico. O reino da imaginação. Entrelaça-se com o físico como uma gama vibratória. Ver também *Níveis Internos/Reinos* e *Reino Material. Reinos Materiais.*

Reino Causal – reino psíquico-material acima do Reino Astral e abaixo do reino mental. Entrelaça de alguma forma com o reino físico por gamas vibratórias. Veja também *Níveis/Reinos/Reinos Materiais.*

Reino da Alma – reino acima do Reino Etéreo. O primeiro dos Reinos Positivos e o verdadeiro Lar da Alma. O primeiro nível onde a Alma está consciente de sua verdadeira natureza, de seu ser puro e de sua unidade com Deus.

Reino Etéreo – reino psíquico-material, que está acima do reino mental e abaixo do reino da Alma. Igualado ao nível inconsciente ou subconsciente. Algumas vezes conhecido como Reino Esotérico. Veja também *Níveis Internos/Reinos e Psíquicos. Reinos Materiais.*

Reinos Físicos – a Terra. Reino psíquico-material onde os seres vivem com um corpo físico. Veja também *Níveis Internos/ Reinos e Reinos Psíquico-materiais.*

Reino Mental – Reino psíquico-material acima do Reino Causal e abaixo do Reino Etéreo. Relaciona-se com o universo da mente. Veja também *Níveis/Reinos e Reinos Psíquico-materiais.*

Reinos Negativos – ver *Reinos Psíquico-materiais.*

Reinos Psíquico-materiais – cinco Reinos Negativos Inferiores, chamados de físico, astral, causal, mental e etéreo. Veja também *Reinos Positivos*

Roda dos 84 – reencarnação, ciclo de reincorporação. Veja também *Karma e Reencarnação.*

SATs – Veja também *Fitas da Consciência da Alma (Série SAT)*

Satsang – (sânscrito) um discurso espiritual ou uma reunião sagrada, como quando uma congregação é dirigida por um Mestre; para contemplar os ensinamentos do Mestre e se envolver em uma meditação prescrita; associação da Alma com *Shabd* ou Corrente do Som internamente. Veja também *Seminário, Shabd e Corrente do Som.*

Seminários – se refere a um tipo de Satsang (discurso sagrado) a uma assembleia de estudantes de John-Roger ou John Morton; também cd, vídeos, o *download* da palestra como foi dada. Veja também *Satsang.*

Glossário de Termos

Seminários Insight – uma série de seminários experimentais e transformacionais, desenhada por John-Roger e Russel Bishop, em 1978, para prover as pessoas com ferramentas práticas e acessíveis para viver uma vida de sucesso, baseada nas verdades universais de amor, aceitação e responsabilidade pessoal.

Seminários Teológicos para Paz & Universidade de Filosofia (PTS) – escola privada sem denominação, fundada por John-Roger, como um ramo educacional do MSIA, cujo propósito é apresentar os ensinamentos da espiritualidade prática integrando os mundos espirituais e físicos.

Senhores do Karma – veja *Diretoria Kármica*.

Semear – uma forma de oração a Deus para conseguir algo que se quer manifestar no mundo. É feito plantando uma "semente" (doando uma quantia em dinheiro) para o Bem Maior na fonte dos ensinamentos espirituais da pessoa.

Ser Básico – uma parte da consciência responsável pelas funções do corpo. Mantém os hábitos e os centros psíquicos do corpo. Também é conhecido como ser inferior. Lida com as orações entre o físico e o ser superior. Veja também *Ser Consciente* e *Ser Superior*

Ser Consciente – o ser que faz escolhas conscientes. É o "capitão do barco", no sentido de que pode invalidar o ser básico e o ser superior. Ser que vem "em branco". Veja também Ser Básico e Ser Superior.

Ser Falso – pode ser pensado como o ego – uma personalidade individualizada que percebe incorretamente a si mesmo, sendo fundamentalmente separada de outros e de Deus.

Ser Superior – o ser que funciona como guardião espiritual, dirigindo o ser consciente para as experiências, que são seu maior progresso espiritual. Seu conhecimento do padrão de destino acordado antes da incorporação. Veja também *Ser Básico, Ser Consciente e Diretoria do Karma*.

Shabd *(ou Shabda)* – nome em sânscrito para Corrente do Som; a palavra de Deus que se manifesta como um Som Espiritual Interno e que a Alma manifesta no corpo como consciência. Também é conhecido como Corrente de Vida Audível. Existem cinco formas de *Shabd* dentro de cada ser humano, cujo segredo, só pode ser transmitido por um verdadeiro mestre. Ver também *Corrente do Som e Exercícios Espirituais*.

Terceiro Olho – ver também *Olho Espiritual*.

Terceiro Ouvido – ouvido espiritual invisível pelo qual ouvimos internamente e escutamos a Corrente do Som de Deus.

Tisra Til – o assento ou sede da mente e da Alma no corpo humano, localizado no centro da cabeça, atrás da fronte entre as sobrancelhas, onde a energia da Alma se reúne. Por causa das nove portas (olhos, ouvidos, nariz, boca e as duas aberturas inferiores) que nos guiam externamente, essa área é chamada de décima porta ou portão, a única que nos guia para o interior.

Tom – som espiritual, como o "Hu", "Ani Hu" ou outra palavra carregada que se canta internamente (algumas vezes, externamente).

Tom Iniciático – no MSIA, palavras espiritualmente carregadas, são dadas na iniciação da Corrente do Som. O nome do Senhor dos reinos em que a pessoa se inicia. Veja também *Iniciações*.

Glossário de Termos

Transcendência da Alma – o processo de mover a consciência além dos reinos psíquico-materiais para o Reino da Alma e além.

Treinamento para Consciência da Paz (PATs) – uma série de retiros espirituais entre 7 e 5 dias oferecido pelos Seminários Teológicos para Paz & Universidade de Filosofia, em vários locais ao redor do mundo.

Twaji – olhar de contemplação, vindo de um Mestre Espiritual, o Olhar de Deus.

Viagem Astral – ocorre quando a consciência deixa o corpo físico para viajar no Reino Astral.

Viagem da Alma – viagem em Espírito aos reinos da consciência além do Reino Físico. Algumas vezes, conhecida como experiências fora do corpo. Ela pode ser feita nos reinos internos de cada um ou nos reinos externos, nos elevados reinos do Espírito. Veja também *Níveis internos/Reinos Internos e Reinos Externos/Reinos*.

Universidade Santa Mônica (USM) – instituição privada, sem fins lucrativos, que é pioneira no Programa de Mestrado em Psicologia Espiritual, de 1981 a 2016, e que continua a oferecer programas internacionais de educação centradas na Alma. John-Roger foi o fundador e Chanceler; John Morton serve hoje como Chanceler; Drs. Ron e Mary Hulnick são os codiretores.

*A Terra é chamada de "sala de aula deste universo".
As pessoas muitas vezes são reunidas
para aprenderem uns com os outros.*

– JOHN-ROGER
(SEXO, ESPÍRITO, CASAMENTO E VOCÊ)

Agradecimentos

Tem um número de pessoas que gostaria de reconhecer sem o qual esse livro, nunca existiria.

Sempre primeiro a John-Roger, por numerosas razões que não dá para mencionar, mas eu vou tentar. J-R, realmente, apreciei que me permitisse estar com você nessa vida. E faria isso de novo na batida do coração. Aonde quer que você vá, eu vou. Você me ensinou tanto e estou em dívida com você. Sempre lhe perguntei antes de ir dormir e continuo a perguntar:

–Vamos fazer Ex'es, J-R?
–Claro! Você primeiro.
–Me leva com você?
–Claro!

Quero continuar trabalhando com você para sempre John-Roger. Te amo!

Nicole Tenaglia, obrigado por seu amor e me sustentar nos momentos difíceis. Nós nos mantivemos fortes um para o outro, mantendo os olhos no Senhor. Obrigado por se sentar como passageira e me permitir dirigir como fazia com J-R. Te amo e duas vezes aos domingos!

Elda e Delile Hinkins, eu conheci vocês há dois anos e nos tornamos família imediatamente. Obrigado por seu amor e gentileza ao longo dos anos e, especialmente que depois Roger Hinkins, AKA

O Amor de Um Mestre

John-Roger passou ao espírito. Sou eternamente grato ao DNA dos Hinkins instilado em meu sangue. Amo vocês para sempre.

LDM, você apoiou John-Roger e seu *staff* pessoal por muitos anos, viagens pessoas, *etc*. Não me esquecerei. Muito obrigado pelos dias de natal que passamos com sua família. Eu te amo.

Zoe Golightly Lumiere, obrigado por sua infinita devoção a J-R, sua lealdade e pela grande jornada que tivemos. Você é um grande soldado e Guerreiro Espiritual. Na missão de "Levar J-R". Você nunca falhou, obrigado, te amo.

John Morton, obrigado por me servir de exemplo de devoção a nosso Viajante John-Roger, por continuar a se apresentar e por manter as coisas que ele representava. E por ser meu irmão mais velho. Te amo.

Laren Bright e Penélope Bright, vocês são incríveis ao transformar ideias em palavras. Vocês estavam lá para mim no começo como minhas facilitadoras para os seminários em casa de J-R, em 1986. Deus os abençoe e eu amo vocês.

Nat Sharratt, foi uma longa jornada para você e para mim. Você se fortaleceu durante a ferocidade e a força da tempestade/jornada do paraíso. Você achou, como eu, o olho da tempestade onde moramos. Te amo, irmão.

Keith Malinsky, minha amiga desde 1982. Você fez um trabalho enorme ao transcrever horas e horas de mp3s. Eu realmente agradeço sua amizade. Percorremos um longo caminho. Eu te amo, minha amiga.

David Sand, obrigado por muitas viagens junto com J-R. Agradeço todas as ótimas imagens e gráficos que você capturou para documentar a vida de um Grande Mestre e sua amizade. Te amo.

Leigh Taylor-Young Morton, obrigado pelos seus cuidados e seus exemplos de devoção. Continue sorrindo e brilhando.

Agradecimentos

Nicia Ferrer, minha mãe. Eu rezei por você e vovó Rosa Rey para serem levadas para casa por J-R e estou muito feliz que J-R tenha as duas. Te amo, mãe e vó.

Ron Hulnick, obrigado por seu apoio dias depois que John-Roger faleceu. O almoço com o escorpião foi um aprendizado. A USM foi um laboratório que ajudou a tornar minhas peças quebradas mais fortes. Te amo.

Mary Hulnick, eu sempre amarei suas leituras sobre os manuais da USM; realmente foi uma bela lembrança de que era assim que adorava aprender nos tempos de graduação na escola. USM veio mesmo dos ensinamentos de John-Roger e ele escolheu dois professores para dirigir e demonstrar esse amor ao mundo.

Howard Lazar, meu querido amigo. Obrigado por me sustentar e encorajar a ser forte. Você me ajudou em muitos momentos difíceis. Obrigado por representar J-R em *O Guia*. Te amo.

Heidi Banks, obrigado por seu amor e apoio a mim e J-R. Obrigado por sua ajuda.

Marilyn e Irwin Carasso, obrigado para sempre por seu amor e apoio. Obrigado por estarem. Amo vocês.

Laurie Lerner, eu vi você ajudar J-R e o *staff* de muitas maneiras e por muitos anos. Obrigado, Laurie. Te amo para sempre. Raphi também.

Zane Morton, obrigado por me deixar ser seu segundo pai. Eu te amo. Obrigado por ministrar para mim, filho.

Clare Morton, te amo.

Betsy Alexander, trabalhamos juntos e eu realmente aprendi com você. Obrigado por me deixar emprestar partes do seu Glossário do CSPE. Realmente apreciei. Obrigado por estar com John-Roger até o fim. Você é uma guerreira. Eu te amo

Nathalie Franks, obrigado pelo seu apoio e eu te amo. Londres nos liga para sempre.

Barbara Wieland, você é incrível e muito engenhosa, sempre atestarei o trabalho que você fez por mim e J-R no *Viajante Místico*. Te amo.

Phil Danza, 29 anos na mesma casa com J-R. Obrigado por estar lá para mim em Mandeville, após a passagem de John-Roger. Te amo sempre.

Brooke Danza, 29 anos vivendo juntos ... incrível. Viver com J-R foi incrível. Viver com os Danzas foi fácil. Te amo.

Presidência (Paul, Mark e Vincent), obrigado por manter o MSIA, John-Roger e apoiar meu ministério. Amo vocês.

Jason Laskay, te amo para sempre. Você serviu ao chefe durante muitos anos. Don Jason os cães de J-R te amarão para sempre, você é um bom homem.

Jan Shepard, obrigado por estar quando as coisas ficaram difíceis. Obrigado por servir a J-R e por ser minha mãe judia. Te amo.

Rick Ojeda, obrigado por se apresentar para J-R e para mim. Foram momentos lindos e aprecio sua devoção e dedicação ao Mestre.

Erik Raleigh e Mark Harradine, obrigado por se apresentar para J-R e para mim. Apenas um membro pessoal de J-R sabe o que é isso, e quero dizer que os amo, meus amigos.

Ishwar Puri-ji, você e Toshi estavam presentes e me trouxeram entendimento interno. Vocês também perderam seu mestre físico e agradeço por permitir que me apoiasse em vocês como consolo. Os amo por isso. Sempre seremos amigos. Os amo.

Toshi Puri, desde o momento em que lhe vi soube que estávamos conectados. Realmente o aprecio e aprecio como você ama e apoia a Ishwar.

Nicholas Brown, obrigado irmão por tudo que fez por mim e por John-Roger e por todas as viagens que dirigimos juntos. Te amo muito.

Marc Alhonte, obrigado por ajudar, apoiar e criar a liberdade que precisava para meu ministério.

Agradecimentos

Melba Alhonte, você tem sido minha luz para todas as viagens e por todo seu apoio a mim e a J-R, te amo, obrigado.

Christine Lynch, você e Jim criaram um lar para mim, para nutrir-me na Grande Maça. Te amo

Jim Lynch, obrigado por me sustentar e amo a seus animais. Te amo.

Katherine e Frank Price, obrigado por se apresentar mesmo depois de meses da partida de J-R. Vocês sempre foram anfitriões amorosos para com J-R, e senti a amizade e o amor dos Price.

Hollie e Robert Holden, obrigado pelos jantares e me dar as boas-vindas à sua amorosa casa, com seus filhos amorosos. Amo vocês.

Carrie Doubt, meu líder do projeto, graças ao seu empenho e encorajamento durante USM e fora da USM. Você é Luz. Te amo.

Howard e Jeeni Lawrence, obrigado por me sustentarem e amarem ao atravessar as coisas. Obrigado por me manter indo às aulas. A luz de vocês me nutriu. Eu amo vocês.

Pauli e Peter Sanderson, obrigado pela luz e amor de vocês. Eu os amo.

Veronique e Babadandan, obrigado por serem meus amigos. Eu realmente amo vocês, pessoas. Amo vocês.

Teri Breier, obrigado pela mão e seu amor pelo *Amor de um Mestre*. Você é uma deusa de escritora. Te amo.

Wayne Alexander, obrigado por estar lá para mim.

Jesus Garcia, papai, eu te amo. Obrigado por estar.

Terry Garcia, minha madrasta, eu te amo sempre.

Lana Barreira, você me nutriu e cuidou de mim. Seu coração é do Brasil.

Paulina Haddad, obrigado por sua amizade e tudo o que você fez para J-R e as crianças, te vejo em breve.

Juliana Rose, obrigado por me deixar ser eu.

Rinaldo & Maritza Porcile, fui seu voluntário e cresci. Obrigado a ambos pelo amor e o apoio que me têm dado ao longo dos anos. Eu os amo.

Ministros do Reino Unido, obrigado por todo o seu apoio e amor por John-Roger em nossas viagens.

Reymi Urrich, obrigado por me apoiar e aos filmes de John-Roger.

Yoci Touche, obrigado pelo seu apoio e amor.

Ozzie, Maravilla e o resto da família Delgadillo, amo vocês e aprecio o seu apoio a John-Roger e ao meu Ministério.

Myles e Olga Abrams, eu realmente amo sua amizade.

Angel Harper, obrigado pela sua luz e amor. Eu te amo.

Timothea Stewart, amo você sempre.

Steve Small, você estava lá no início trabalhando com J-R. Eu amo você e aprecio seus muitos anos de apoio.

Obrigado a todos os terapeutas que testemunhei, ao longo dos anos, auxiliando J-R e funcionários, obrigado pelos ensinamentos que observei. Deus abençoe a clínica Baraka.

Roberta e Bertrand Babinet, obrigado pelas muitas memórias com J-R.

Michael e Alisha Hayes, obrigado pelo seu apoio a J-R e ao pessoal. Amo vocês sempre.

Ed Wagner, obrigado pelo seu amor e apoio a J-R e a muitos no MSIA. Te amo.

David e Serene Denton, eu me lembro do amor e do apoio a J-R e a mim. Obrigado, amo vocês. Deus os abençoe.

Bryan Mcmullen, obrigado por toda sua ajuda e apoio a mim.

Anjos de J-R: Rodi, Trish, Joan, Nancy, Christina, Shannon, Annie e Terri.

Sally Kirkland, obrigado por eventos em Hollywood em que convidou J-R e a mim através dos anos e por me dar um papel principal à sua frente. Te amo.

Agradecimentos

Cate Kirby, obrigado Cate, por fazer as coisas fáceis para J-R e o *staff* ao longo dos anos em nossa descida ao Sul, obrigado pela dedicação e amor para com o *Amor de um Mestre*.

Rosemarie Jeangros, obrigado por apoiar a Cate, precisamos de seus olhos e luz nesse projeto, te amamos.

Nora, você é minha Betsy da América do Sul e do México e muito mais. Obrigado por estar lá para mim.

Sat Hari, obrigado por sua luz e apoio a J-R e ao *staff*. Te amo.

Claudia Flores, grande guerreira, você apoiou J-R e a mim ao longo dos anos e eu quero lhe agradecer e enviar bênçãos a você e à sua família, te amo.

Marjorie Eaton, obrigado por seu amor contínuo e apoio a meu trabalho. Deus lhe abençoe. Te amo.

Ana María Arango, eu escutei de seu pai e aprendi que você é especial, maravilhosa, surpreendente, artista, um anjo-*designer*. Te amo sempre.

Alberto Arango Hurtado & Ilse Arango, minha vida mudou quando passei um verão com ambos. Eu amo vocês sempre.

Diego Forero, meu amigo, obrigado pelo cuidado e pelo carinho. Te amo.

Juan Cruz Bordeaux, eu te amo, meu irmão de outra mãe.

Graciela Borges, obrigado por amar e apoiar J-R no filme *Viajante Místico*, durante nossa última viagem a América do Sul. Te amo.

David e Kathryn Allen, obrigado novamente por seu amor e apoio. Amo vocês.

Martha Soto, obrigado por seu apoio ao compartilhar sobre J-R através do *Amor de um Mestre*. Amo você.

Marco Mejia, meu irmão, muito obrigado. Você é meu herói. Amo você.

Jorge Garcia, obrigado por me apoiar, receba meu amor.

Mavi Sooror, amo você e obrigado pelos momentos divertidos que passamos em 1988 em Yoci no Egito. Receba meu amor.

O Amor de Um Mestre

Monica Mestre. Que Deus te abençoe e obrigado por apoiar a mim e a J-R. Receba meu amor.

Gaby Grigo, obrigado por abrir as portas na Venezuela, para os filmes *Guerreiro Espiritual* e o *Viajante Místico*, e também para o livro *O Amor de um Mestre*. Amo você

Kaiser Petzoldt, meu irmão, obrigado por ser meu amigo e minha família. Receba meu amor.

Romina Gonzales e Gaza Mendonza, obrigado por seu apoio e amor. Receba meu amor.

*"O vento sopra onde quer.
Você o escuta, mas não pode dizer
de onde vem nem para onde vai.
Assim acontece com todos os nascidos do Espírito".*

– João 3:8

"... a maior semelhança que temos com todos esses grupos que vêm da Corrente do Som seria a Surat Shabd Yoga da Índia, por Hazur Sawan Singh, que é o grande Mestre que a introduziu através da linha dos Sikhs. Eu tenho essa mesma linhagem espiritual".

– JOHN-ROGER, DCE (PERGUNTAS E RESPOSTAS EM GUSTAVUS, ALASCA. 30 DE MAIO DE 1982).

Sobre o Autor

Rev. Jesus Garcia, DCE, passou 26 anos trabalhando e aprendendo com o professor e Viajante Místico John-Roger, DCE, fundador da Igreja do Movimento da Senda Interna da Alma (MSIA). Garcia foi iniciado na Corrente do Som de Deus por John-Roger e ordenado, como ministro pela Ordem dos Sacerdotes de Melquisedeque, por John Morton, que no momento sustenta as chaves da Consciência do Viajante Místico.

Em colaboração criativa com John-Roger (também conhecido como J-R), Garcia, um respeitado veterano do cinema de Hollywood – coproduziu três longas-metragens – *Guerreiro Espiritual, O Guia* e *Viajante Místico* – e três curtas-metragens. Desde a passagem de J-R, em outubro de 2014, Garcia continuou seu ministério, compartilhando os ensinamentos de John-Roger, projetando o filme *Viajante Místico*, conduzindo *workshops* de espiritualidade prática e dando aconselhamentos espirituais para estudantes e iniciados do Viajante ao redor do globo.

Como ator, Garcia apareceu em filmes populares, como: *A Hora do Pesadelo, Quem Ficará com Polly? Fomos Soldados, Guerreiro Espiritual, Efeito Colateral* e *A Revolta de Atlas*. *O Amor de um Mestre* é seu primeiro livro. Ele reside em Los Angeles, Califórnia.

Scott J-R Productions.
C/O Jesus Garcia, D.S.S.
1626 Montana Ave Suite 624.
Santa Mônica, Califórnia 90403.
Copyright ©2018 Scott J-R Productions.
Todos os direitos reservados.
www.soultranscendence.com.
utah7@mac.com

www.ingramcontent.com/pod-product-compliance
Lightning Source LLC
Chambersburg PA
CBHW071108160426
43196CB00013B/2503